영혼들의 지혜

마이클 뉴턴 연구소 LBL 사례 연구

영혼들의 지혜

삶과 삶 사이에서 새롭게 얻은 지혜

앤 클라크·카렌 조이·조안 셀린스케·마릴린 하그리브스 지음
박윤정 옮김

헌사

마이클 뉴턴(Michael Newton, 1931~2016) 박사는 생과 생 사이로 떠나는 LBL 최면요법의 개발자이자 마이클 뉴턴 연구소의 창립자다. 그를 기리는 의미로 이 책을 선물하게 되어 정말로 기쁘다. 뉴턴 박사는 연구를 통해 전 세계 수많은 사람들의 삶을 치유하고 변화시켰으며 힘과 용기를 불어넣어 주었다. 그리고 이제는 200명이 넘는 마이클 뉴턴 연구소의 연구원들이 그의 유산을 이어가고 있다. 그들은 전 세계 40개국에서 14개의 다양한 언어로 LBL 최면요법 세션을 열어 영혼 세계의 약속과 비밀을 밝히고 치료를 돕고 있다.

영혼들의 지혜

감사의 글

이런 책을 쓰는 데는 정말로 팀 전체의 노력이 요구된다. 마이클 뉴턴 연구소 소속의 연구원 26명과 그들의 피술자 62명이 이 책의 탄생에 기여했다. 또 르웰린 월드와이드의 전문 편집자들도 많은 도움을 주었다. 안젤라 윅스에게 특별히 고마움을 전하고 싶다. 그녀는 작업을 하는 내내 우리를 이끌어주었다. 그리고 우리의 작품을 더욱 훌륭하게 다듬어준 애니 버딕에게도 고마움을 전한다. 자신의 이야기를 자진해서 이 책에 공유해 준 너그러운 피술자들에게도 특별히 고마운 마음을 전한다. 그들 덕분에 LBL 세션을 통해 그들이 얻은 지혜를 우리 모두 활용할 수 있게 되었다.

마이클 뉴턴 박사를 기리며

앞의 헌사를 이미 읽어보았을 것이다. 그 아름다운 헌사의 말은 마이클 뉴턴 연구소 소속의 모든 연구원들이 뉴턴 박사에 대해 갖고 있는 생각이며, 뉴턴 박사가 인류에게 남긴 유산을 고스란히 드러내준다.

이런 말을 뉴턴 박사의 87번째 생일에 쓸 수 있었으면 더욱 좋았을 것이다. 애석하게도 역사는 그가 2016년에 세상을 떠났다고 기록하고 있다. 하지만 우리는 지금도 뉴턴 박사가 곁에 있음을 느낀다. 뉴턴 박사가 시작한 일을 우리가 계속 이어가는 동안, 그가 무한한 지지를 우리에게 보내고 있다는 것이 느껴진다.

《영혼들의 지혜》를 내자는 아이디어는 앤 클라크가 처음으로 냈다. 쉽지 않은 기간이지만 이 아이디어를 완전한 프로젝트로 성사시킬 길이 이미 닦여져 있는 것 같았다. 이 모든 일이 진행된 속도는 우리의 의지보다 훨씬 큰 에너지가 작용하고 있음을 보여준다.

이 책에는 인간의 몸으로 부딪히는 난관들을 헤쳐나가기 위한 영적인 지혜가 압축되어 있다. 뉴턴 박사는 언제나 지상의 삶에서 변화된 정신 자세와 지혜를 되찾고, 영적인 영역이 우리에게 제공하는 고차원

영혼들의 지혜

적인 지혜들을 통해서 세계의 문제들을 바라보게 되기를 꿈꾸었다. 이 책에는 이러한 그의 소망이 실질적으로 반영되어 있다. 그러므로 이 책이야말로 그에게 바치는 깊은 존경의 선물이라고 믿는다.

2011년 뉴턴 박사는 마이클 뉴턴 연구소의 연구원들에게 다음과 같은 아름다운 말을 남겼다.

영적인 통합을 원한다면 현재의 종교적 수행법에 의존하지 말아야 한다. 삶의 커다란 수수께끼에 해답을 얻으려고 과학에 의존해서도 안 된다. 과거의 제도화된 믿음 체계를 갖고 있든 아니든, 우리 단체는 개개인에게 새로운 방식을 제공할 것이다. 그리고 개인의 정신에서 깨달음이 솟아나게 해줄 것이다.

21세기 같은 복잡한 세상에서 사람들은 그 어느 때보다도 확신을 필요로 한다. 신성한 우주 의식이 순수한 영적 질서 안에 존재한다는 확신 말이다. 하지만 자신의 정신 안에서 이 원칙을 발견해야만 진정한 확신이 생겨난다. 우리의 노력을 통해 많은 사람들이 이런 깨달음에 이르면, 생존 경쟁에서 발생하는 외적인 갈등들도 크게 줄어들 것이다. 또 인류의 윤리적인 나침반도 더욱 강력한 의미를 지니게 될 것이다. 그 윤리적 나침반이 개인의 깨달음에서 생겨난 것이기 때문이다.

우리는 뉴턴 박사를 언제나 선지자로 인식한다. 하지만 그는 겸손하고 유머러스한 보통의 사람이기도 했다. 환한 미소와 호탕한 웃음의 소유자였으며, 수업 중에는 재미있는 이야기로 배꼽을 쥐게 만들다가 나중엔 눈물을 쏙 빼게 했다.

그에게는 이런 면들이 모두 있었다. 하지만 그는 다른 어떤 것보다도 하나의 역할을 더욱 강력하게 해냈다. 바로 가장 중요한 영계의 대사와 같은 역할이었다. 그는 우리 자신의 영혼과 교감하고, 내면에 있는 불멸의 지혜에 다가갔으며, 가장 깊고 심오한 진리에서 비롯되는 지혜에 이르도록 우리에게 문을 열어주었다.

뉴턴 박사를 아는 사람들은 그에 관해서라면 사소한 점들도 이야기해 주고 싶을 것이다. 가령 그가 자연 속에 있기 위해 산속을 거닐기를 즐겼다는 것을, 캘리포니아에 있는 그의 집 정원에 사람 머리만큼 커다란 크리스털들이 있었다는 것을, 그가 진실성을 아주 중요하게 여기고 '약속은 반드시 지키는' 엄격한 사람이었다는 것을, 책에 서명할 때는 늘 그가 아끼던 펜을 사용했다는 것을…. 이뿐인가? 그는 수년간 독자들에게 편지를 받았으며 이 중 많은 편지에 직접 답장을 보냈고, 특별히 감동적이었던 편지들은 서류철로 정리해서 집에 보관했으며, 이따금 이 편지들을 읽으면서 그의 연구가 지닌 중요성을 다시금 가슴에 새겼다.

또 그가 멋진 아내 페기와 수십 년 동안 결혼 생활을 이어왔으며, 아내가 인생의 동반자이자 현명한 상담가, 지주 같은 존재라고 이야기할 때는 그의 두 눈이 환하게 빛나고 목소리는 사랑으로 가득 차 있었다는 것도 이야기해 주고 싶다.

마이클 뉴턴 박사는 이제까지 우리가 알았던 영혼의 연구자들 가운데서 가장 중요한 업적을 남긴 인물 중 한 명이다. 그를 직접 만날 기회가 없었던 수많은 사람들의 마음과 정신에도 그는 커다란 영향을 미쳤

다. 이 책에는 뉴턴 박사가 시작한 연구의 반향이 담겨 있다. 그의 기여는 계속해서 우리 안에 살아 있다.

우리의 연구와 작업은 그의 파급효과와 같다. 여러분 모두가 이 책 《영혼들의 지혜》를 만끽하길 바란다.

피터 스미스(마이클 뉴턴 연구소 소장)

차례

들어가며

삶에 불어닥친 시련들에 고통만 받지 않고 그것을 통해 배우고 성장하려면 어떻게 해야 할까? 삶은 고달플 수 있고, 우리에게 많은 문제와 불유쾌한 일들을 떠안길 수도 있다. 하지만 우리는 모두 영적인 존재이며 특정한 목적을 갖고 이 세상에 왔다. 이것을 기억하면 우리 자신에게 닥친 고난들을 다른 시각으로 바라볼 수 있다.

우리는 영적인 존재이며 우리의 진정한 집은 영계에 있다. 영계는 우주적인 조화와 사랑, 연민, 용서, 평화가 가득한 공간이다. 물론 지상에서도 이러한 것들을 경험할 수 있다. 하지만 영계와 달리 지상에는 불화와 갈등, 격한 감정, 불의, 아픔이 있다. 그럼에도 다행인 건 우리가 지상에서 우리의 의지와 능력에 따라 자신의 환경을 유익하게 만들어 갈 수 있다는 사실이다.

우리는 영적으로 배우고 진화하기 위해 인간의 몸을 받아 이 세상에 태어난다. 하지만 영혼 에너지의 일부는 언제나 영계에 남겨두고 온다. 그리고 자기 개선을 위한 윤회의 과정을 통해 우리는 되풀이해서 지구로 돌아온다. 영혼의 궁극적인 깨달음을 향한 여정에서 가르침을 더 얻기 위해서다.

윤회는 죽음 이후에 영혼이 새로운 몸으로 지상에 돌아오는 것을 의미한다. 이를테면 새로운 연극에서 예전과는 다른 역할을 수행하는 것이다. 이 새로운 삶에서 죽음을 맞이한 후에는 영계로 돌아가 방금 마친 생을 돌아본다. 그리고 이 생에서 얻은 배움을 통합한 후에 지상에서의 다음 생을 계획한다.

지상에 와서 사는 것은 멀리 있는 학교에 들어가는 것과 같다. 각각의 삶을 계획하는 것은 우리 자신이다. 삶의 계획을 세울 때는 지혜롭고 친절하며 사랑과 도움을 주고 싶어 하는 존재들이 우리를 지지하고 인도할 것이다. 우리는 이 삶의 계획을 영계의 고향에 머무는 동안에 세운다. 이것은 마치 수업 시간표를 짜는 것과 같다. 하지만 우리가 배우고 싶은 것, 이 배움을 위한 계획, 이런 계획을 세운 이유에 대한 기억은 윤회 후에 곧 희미해진다.

윤회를 하고 나면, 우리는 몸을 자신과 강하게 동일시하며, 현생의 상황이 전부라고 믿는다. 하지만 지상에 다시 태어날 때 우리는 모든 전생의 경험은 물론이고 생과 생 사이의 영적인 경험들도 전부 갖고 온다. 전생에서 기인한 질병이나 죄책감, 털어버리지 못한 두려움이 이후의 생에까지 이어진다. 다시 말해 과거의 카르마가 우리의 영혼 속에 들어 있으며 이것은 새로운 생에서 우리의 감정과 행동에 영향을 미친다.

카르마는 징벌을 위한 것이 아니다. 영적으로 진화할 수 있도록 우리가 전생에서 했던 모든 행위를 균형 있게 바로잡기 위한 것이다. 그래서 전생에 얻은 몸의 상처들을 설명할 수 없는 통증이나 상흔, 신체적 기형 등과 같은 형태로 새로운 생에서 경험하게 된다.

영혼들의 지혜

지상에서 인간의 몸을 가진 영혼으로 살아갈 때는 우리가 배움을 위해 계획했던 경험들이 펼쳐진다. 이 경험들은 우리가 계획했던 것과 다르게 펼쳐질 수도 있다. 지상에서는 우리에게 자유의지가 있고, 영계에서 세운 계획을 고수하지 않을 수도 있기 때문이다. 혹은 우리의 삶에서 지지자의 역할을 하기로 했던 다른 영혼들이 이 계획에 따르지 않을 수도 있다. 거기다 영혼의 진화를 위해서 이런 사건들을 계획했던 기억도 희미해진다. 이로 인해 이제는 사건들을 도전이나 난관, 장애로만 인식하게 된다. 이런 경험들이 불러일으킨 문제를 부당하고 아주 성가신 것으로 여기는 것이다.

우리는 이 세상에 홀로 오지 않는다. 영계의 지혜로운 원로Elder나 사랑하던 사람의 영혼, 천사, 영혼의 안내자가 우리 개개인을 친절하고 따스하게 인도한다. 거기다 우리의 고차원적인 자기higher self와도 연결될 수 있다. 이 고차원적인 자기는 자신의 영혼 에너지의 한 부분이며, 이 영혼 에너지는 불멸의 존재인 우리 자신과 늘 연결되어 있다. 하지만 이 모든 잠재적 지원을 우리는 인식하지 못할 수도 있다. 기억을 잃어버렸기 때문이다. 지상의 삶에 온전히 참여하기 위해서 기억을 잊기로 합의한 것이다.

삶과 삶 사이로 가는 최면요법

그렇다면 이 감추어진 지혜에 어떻게 다가갈 수 있을까? 여러 가지 방법이 있지만, 삶과 삶 사이의 최면요법은 특히 개개인에게 영적 통찰과 지혜를 제공한다. LBL 세션 중에는 최면을 통해 깊은 트랜스 상태에 들어가 불멸의 영혼인 자신을 경험하고 영계를 방문하기 때문이다. 이

때 우리는 현생을 위해 우리가 세웠던 계획을 알게 되며, 영혼의 안내자와 스승들도 만난다. 그리고 영혼의 가족이나 망자가 된 사랑하던 사람의 영혼과 재회하기도 한다.

트랜스 상태에서도 우리의 의식은 온전히 깨어 있다. 그래서 영계의 지혜에 다가갈 때 다음과 같은 질문들을 던질 수 있다.

- 마음이나 몸의 고통을 경험하고 있는데, 이것의 이면에 어떤 원인이 있는 걸까?
- 도움이 안 되는 삶의 패턴을 어떻게 끊어내야 할까?
- 이 힘든 관계들은 내게 무엇을 가르쳐주려는 것일까?
- 죽은 후에는 어떻게 될까?

해답은 세션 중에 얻을 수 있다. 나아가 이 해답들을 숙고하면 훨씬 유익한 정보도 얻게 된다. LBL 세션은 일반적으로 4~6시간 정도 진행된다. 이 경험은 대단히 심오해서 우리의 삶에 큰 변화를 일으킨다. LBL 세션에서 얻은 통찰이 삶에 엄청난 영향을 미치는 것이다. 이로 인해 여러 생을 사는 동안 우리를 괴롭혔던 문제들을 새로운 시각에서 바라보고, '고착 상태'에서 벗어나 영적으로 커다란 성장을 경험한다.

LBL 세션을 받기 전에는 전생퇴행을 경험한다. 전생퇴행은 최면요법을 통해 시간을 거슬러 과거의 생으로 돌아가는 것이다. 이때 보통은 접하기 힘든 경험이나 기억들에 다가간다. 그리고 과거의 생들을 다시 경험하면서 현재의 생에 전생들이 어떻게 영향을 미치고 있는지를 알아낸다.

이전의 생들은 마음이나 몸에 상흔을 남길 수 있다. 하지만 이런 상흔들은 전생퇴행 중에 저절로 치유된다. 과거의 생들을 경험하는 과정에서 자신이 지닌 유용한 기술이나 특별한 재능, 지식, 성격적 강점 등을 기억하기 때문이다. 전생퇴행은 다른 영혼들과 맺었던 영계의 계약에 대한 정보들도 밝혀준다. 그 덕분에 우리는 현생의 관계들을 더욱 잘 이해하게 된다.

LBL 세션은 최면요법가와 피술자의 예비 작업으로 시작된다. 최면요법가는 피술자를 파악하고, 그가 이 경험을 얼마나 기꺼이 받아들일지를 평가한다. 또 피술자에게 해답을 얻고 싶은 질문 목록을 작성하게 한다. LBL 세션을 시작할 때는 먼저 천천히 최면을 유도한다. 이 최면유도는 피술자를 특정한 뇌파 상태로 인도한다. 이런 뇌파 상태로 들어가야 영혼의 기억이 저장되어 있는 초의식superconscious mind에 다가갈 수 있기 때문이다.

최면 상태에 들어가면 우리의 몸은 깊이 이완되고 곧이어 움직임을 거의 멈춘다. 처음에는 즐거웠던 어린 시절의 기억들을 떠올리다가, 갈수록 더 어린 시절의 자신을 경험한다. 그러다가 어머니의 자궁 안에까지 이른다. 자궁 안에서는 다가올 생에 대한 생각들을 되새겨볼 기회를 얻는다. 또 우리의 탄생을 어머니가 어떻게 느끼고 있는지도 이해하게 된다. 우리는 이 시점에서 우리 영혼의 정체성에 눈을 뜨기 시작한다.

이후 계속 시간을 거슬러 올라가면서 자신의 질문과 관련 있는 전생을 방문할 것이다. 자신의 본질과 성격, 특징, 환경, 그 생의 주요한 사건들을 파악하고 나면, 그 생의 마지막 날로 돌아간다. 그러고는 생의 죽음을 통과해 영혼으로서 자연스럽게 영계로 이동한다. 지상을 떠나

기 전에는 자신이 죽은 존재임을 인식하고, 위에서 자신의 몸을 내려다본다.

최면요법가의 인도에 따라 계속 이동하면서 우리는 영원의 느낌을 경험한다. 또 부드럽게 위로 끌어 올려지거나, 터널 안으로 빨려 들어가는 듯한 느낌도 받는다. 그리고 흰빛을 보거나 선명한 색깔과 소리, 혹은 환영들을 경험한다. 또 빛나는 존재들을 만나서 텔레파시로 그들과 소통한다. 자신의 영혼의 안내자도 만나며, 이런 경험을 할 때 무조건적인 사랑과 평화, 기쁨을 느낀다.

영계의 문을 통과한 후에는 일반적으로 영혼의 안내자와 함께 시간을 보낸다. 영계에 대한 오리엔테이션을 받고, 방금 마치고 온 생에 대해 대화를 나눈다. 또 자신의 영혼 그룹을 만나서 현생에 있는 사람들 중에 누가 그 일원인지를 알게 된다. 이렇게 영계로의 기쁜 귀향을 경험한다.

우리의 영혼은 인간의 몸을 갖고 태어날 때마다 서로 다른 양의 영혼 에너지를 가지고 온다. 영혼 에너지의 일부는 영계에 그대로 남겨둔다. 이로 인해 영혼 그룹의 구성원들이 인간의 몸을 갖고 있을 때에도 우리와 연결될 수 있다.

우리는 영계에서 만난 안내자를 통해 몇몇 의문에 대한 답을 얻고, 마음속에 품고 있던 문제들을 해결한다. 또 영계의 '도서관'을 찾아가 '삶의 책'을 다시 살펴보고 더욱 깊이 있는 정보를 얻는다. 이 '삶의 책'에는 우리의 영혼이 몸을 입고 살았던 모든 생의 기록이 담겨 있다. 그러므로 이 책에서 전생의 경험과 도전을 다시 살펴보고, 미래도 살짝 엿볼 수 있다. 또 지혜로운 원로들의 평의회에 참석해서 현재의 생에

대한 정보를 얻고, 자신이 어떻게 나아가야 하는지도 파악한다. 평의회 의원들과 함께하는 동안에는 자신이 준비한 몇몇 질문을 해서 해답을 얻을 수도 있다.

해답을 얻지 못할 경우에는 삶을 선택하는 공간을 방문한다. 여기서는 우리가 준비했던 현생의 계획과 목적을 알게 된다. 어디서 어떤 몸을 갖고 누구로 태어날지에 대해 우리가 했던 선택을 돌아볼 수 있다. 또 인간의 몸을 갖고 함께 살아갈 다른 영혼들, 예를 들어 부모와 형제자매, 친구처럼 우리의 삶에서 중요한 역할을 하는 영혼들에 대해서도 다시 살펴볼 수 있다.

LBL 세션 중에는 다른 경험들도 한다. 영계에 있는 학습 센터와 교실, 휴식과 치유의 공간을 방문하는 것이다. 또 영계에 있는 동안 전문적으로 공부하는 분야와 활동들도 알게 된다. 영계에서 우리는 영혼 그룹과 여행을 하거나 레크리에이션 활동을 할 수도 있다. 혹은 헤어졌던 연인을 다시 만날 수도 있다. 아니면 우리에게 상처를 주었던 영혼을 다시 만나서 치유의 기회를 가질 수도 있다. 어떤 경우든 우리는 도움을 받는다. 우리의 고차원적인 자기와 더욱 긴밀한 관계를 형성하고 영혼의 안내자와 소통을 하기 때문이다.

LBL 세션을 받은 사람들은 많은 도움과 치유를 경험한다. 다음은 LBL 세션에서 흔히 경험하는 것들이다.

• 죽음의 공포를 없앤다.
• 삶의 도전들을 새로운 시각에서 바라본다.
• 현재의 관계들을 새롭게 통찰한다.

- 본질을 바라보는 시각이 변화한다.
- 믿음과 가치가 달라진다.
- 대인 관계로 인한 상처들을 치유한다.

이런 결과들은 우리의 삶을 크게 바꿔놓는다. 삶의 어려운 상황들을 이해하고 더욱 성공적으로 이겨내려 노력하다 보면, 영적인 성장도 빨라지고 현생도 더욱 순탄하고 즐거워진다.

마이클 뉴턴 연구소

이 책의 최면요법가들이 LBL 세션에서 사용하는 방법은 마이클 뉴턴 박사가 개발한 것이다. 뉴턴 박사는 25년 동안 사람들을 치료하는 과정에서 영혼퇴행을 무수하게 시행하였고, 이를 통해 LBL 세션을 고안했다. 이 시기에 뉴턴 박사는 영계의 지도를 그려내고 피술자들을 영계로 인도하는 방법을 개발했다. 2000년에는 세션을 이끌 최면요법가들을 훈련시키는 작업을 시작하고, 연구를 뒷받침해 줄 작은 협회도 결성했다. 연구가 확장되면서 이 단체는 2005년에 마이클 뉴턴 연구소로 발전했다. 현재 이 연구소에 속한 최면요법가는 전 세계적으로 200명이 넘는다. 2018년의 경우에는 마이클 뉴턴 연구소의 최면요법가들이 40개국에서 14개 언어로 5만 회 이상의 LBL 세션을 이끈 것으로 추산된다.

삶과 삶 사이가 무엇인지 잘 모른다면, 이 책의 저자들이 쓰고 르웰린 출판사에서 펴낸 《삶과 삶 사이에 대한 안내서 Llewellyn's Little Book of Life Between Lives》(2018, 국내 미출간)를 읽어보기 바란다. 이 책은 새로운

사례 연구들을 통해 LBL 세션 과정을 새롭고 간결하게 설명하고 있다. 또 초기의 마이클 뉴턴 연구소에서 2010년에 펴낸《영혼들의 기억 Memories of the Afterlife》을 참고해도 좋다. 이 책은 뉴턴 박사가 편집했으며 마이클 뉴턴 연구소 회원들의 사례 연구를 담고 있다. 이외에 뉴턴 박사의 다른 저서 세 권,《영혼들의 여행Journey of Souls》(1994),《영혼들의 운명Destiny of Souls》(2001),《영혼들의 시간Life Between Lives》(2004)도 참고하길 바란다. 새로운 사례들을 탐구하고 내세 연구에 관하여 더 자세히 알고 싶다면, 마이클 뉴턴 연구소의 온라인 저널〈내세 이야기Stories of the Afterlife〉를 구독하는 것도 좋다.

'삶과 삶 사이Life Between Lives'는 뉴턴 박사가 처음으로 만들어낸 말이므로, 마이클 뉴턴 연구소에 저작권이 있다. 마이클 뉴턴 연구소에 속한 연구원들은 공인받은 LBL 최면요법가다. 이들은 고도의 훈련을 받았으며 엄격한 윤리 강령을 따른다. http://www.newtoninstitute.org에 들어가 보면 LBL 최면요법가들의 정확한 활동 지역을 확인할 수 있다.

이 책에서 다루는 내용

LBL 세션에서 피술자들이 받는 조언은 개인적인 것이다. 하지만 이런 개인적 조언들은 우리 모두가 삶에서 일반적으로 경험하는 상황들과 무관하지 않다. 그러므로 피술자들이 세션에서 얻은 통찰과 지혜는 여러분이 삶의 난관을 헤쳐나가는 데도 도움이 될 것이다.

이 책에는 피술자들이 LBL 세션을 통해 받은 지혜로운 조언들이 담겨 있다. 피술자들 모두가 그들의 경험을 공유할 수 있게 흔쾌히 허락해 주었다. 삶에서 자신과 비슷한 난관에 봉착해 있는 사람들에게 도움

을 주기 위해서다. 그 덕분에 여러분은 이 책에 소개된 피술자들의 경험과 사례에 공감하면서 자신의 상황을 달리 바라보게 될 수도 있다.

1장에서는 건강에 심각한 문제가 있던 피술자들의 이야기를 다루었다. 몸을 건강하게 돌보고 유지하는 것은 몸을 갖고 이 세상에 태어난 존재의 고유한 경험이다. 건강 문제는 우리를 고통스럽게 할 수도 있지만 성장의 기회를 제공할 수도 있다. 그런 차원에서 여기에 소개한 사례들은 의학적 조언보다 영적으로 성장할 수 있는 지침들을 제시할 것이다.

지상의 삶이 갖는 또 하나의 고유한 측면은 갈등이나 두려움 같은 강렬한 감정들을 이겨내야 한다는 것이다. 영계의 조화로움과 무조건적인 사랑, 용서에 익숙한 영혼은 지상의 삶에 적응하기가 힘들 수도 있다. 그래서 2장에서는 우울이나 불안과 관련된 사례들을 다루었다.

3장에서는 상실감을 치유하는 문제를 다루었다. 사랑하는 사람을 잃는 경험은 삶에서 아주 고통스러운 시련의 하나다. 죽음을 끝으로 보는 사람은 사랑하는 사람의 죽음으로 절망과 자포자기에 빠질 수 있다. 이 장에서는 애도를 위한 지혜로운 조언을 발견할 것이다.

지상에서 타인과 맺는 관계는 영적인 진화의 기회를 제공한다. 우리는 사랑을 주고받으며, 연인과의 관계에서 행복을 맛보기도 한다. 하지만 연애 관계는 우리를 아주 애타게 만들기도 한다. 4장과 5장에서는 연애 관계의 어려움과 관련된 사례들을 다루었다.

6장에서는 가족과의 갈등과 관련된 사례들을 소개했다. 가족과의 갈등은 아주 고통스러우며 오랜 기간 영향을 미친다.

7장의 사례들에서는 상생의 관계를 만드는 지혜를 소개했다. 우리는

관계 속에서 타인에게 도움을 주거나 용서하는 법을 배운다. 관계는 기쁨과 충족감을 안겨주고, 가장 가치 있는 가르침을 선물하기도 한다.

이 세상에 몸을 갖고 태어난 이상, 우리는 자신과 가족을 부양할 방법을 찾아야 한다는 책임감에 직면한다. 또 일의 어려움이나 경제적 궁핍에 부딪히기도 한다. 그러나 우리는 이런 경험들을 통해서도 강력한 배움을 얻는다. 8장에는 직업과 경제적 책임, 가족에 대한 책임 사이에서 균형을 찾는 문제, 그리고 일과 돈에 대한 조언이 담겨 있다.

9장에는 해로운 습관이나 중독과 관련한 사례들이 소개되어 있다. 지금 시대에 중독증은 심각한 문제를 야기한다. 상당히 파괴적인 결과를 불러오기도 한다. 하지만 영적 지혜와 도움을 받으면 중독을 뛰어넘어 영적으로 진화할 수 있을 것이다.

죽기 직전의 임사 체험을 하고 나면 강력한 변화와 치유가 시작된다. 10장에서는 끔찍한 사고와 임사 체험의 사례들을 탐구했다.

11장에서는 노화와 임박한 죽음에 대응하는 상황을 다루었다. 세계의 많은 지역에서 젊음에 큰 가치를 부여하고 있으며, 대다수의 사람들은 노화가 불러일으키는 난관들에 제대로 준비가 안 되어 있다. 노년은 삶의 경험을 반추하고 통합하면서 배움을 확고히 다질 수 있는 기회를 제공한다. 여기서 소개한 사례들은 앞에서 이야기한 문제들을 폭넓게 다루기 위한 것은 아니다. 그보다는 치유를 불러오는 영적인 지침을 제공하기 위한 것이다.

모든 삶은 영적 지혜의 집단 저장고에 저장된다. 그리고 삶과 삶 사이에서 우리가 만나는 안내자와 지혜로운 존재들은 우리가 경험하는 삶의 커다란 난관들을 이해하게 도와준다. 가령 친구와 가족, 연인과의

관계를 헤쳐나가는 법이나 질병과 경제적 문제, 중독을 극복하는 법을 알려준다. 무엇보다 중요한 것은 삶을 둘러싼 가장 강력한 비밀을 밝혀준다는 점이다. 죽음은 끝이 아니라 영혼이 위대한 춤에서 내딛는 또 하나의 스텝에 지나지 않음을 드러내주는 것이다.

이 새로이 드러난 지혜를 여러분과 나누게 된 것은 피술자들의 너그러움과 영혼퇴행 요법가들의 헌신 덕분이다. 이 책을 통해 여러분도 영혼의 여정에서 길을 찾아 나가는 데 필요한 용기와 통찰들을 모든 방면에서 발견하길 바란다.

1
건강이 위기에 직면했을 때

상처로 인해 영구적인 손상을 입거나 중병에 걸렸다는 사실을 알게 되면 마음속에서 두려움이 일어난다. 갑자기 소소한 문제들이 별로 중요하지 않게 여겨지고, 이 위기가 자신과 사랑하는 사람에게 어떤 영향을 미칠지 두려워지기 시작한다. 위기는 치명적인 것이 아닐 수도 있고, 파멸에 가까운 것일 수도 있다. 그러나 어떤 경우든 위기는 변화를 예고하며 삶을 찬찬히 살펴볼 최적의 시간을 마련해 준다.

건강상의 위기 또한 모닝콜 같은 역할을 하고, 삶을 차분히 점검할 기회를 제공한다. 건강상의 위기로 일시적으로 삶의 속도를 늦추게 될 수도 있고, 심각한 경우엔 다시는 전과 같은 상태로 돌아가지 못할 수도 있다. 영구적인 장애나 병을 갖게 되면 삶의 방식을 전면 개조해야 할 수도 있다. 아니면 건상상의 위기가 죽음의 가능성이나 임박한 죽음을 예고하는 것일 수도 있다.

그러나 어떤 심각한 건강 문제라 할지라도 그것은 우리가 영계의 고

향에 있을 때 특별한 교훈을 얻기 위해 이미 계획한 것이다. 특별한 교훈을 얻기 위해서 심각한 병이나 상처 같은 주요한 사건들이 특정한 시기에 일어나도록 선택한 것이다. 물론 자잘한 병이나 상처들은 이렇게 선택한 것이 아니다.

이 장에서 소개하는 사례들은 자신의 건강 문제를 더욱 잘 파악하고 이런 문제가 영적으로 어떤 의미를 지니는지를 알고 싶어 하는 사람들의 이야기다. 이들이 받은 지혜로운 조언은 다른 많은 문제에도 적용할 수 있다.

몸이 보내는 메시지

발레리Valerie는 67세의 이혼녀였다. 그녀는 직장 생활을 성공적으로 해냈지만 은퇴를 2년 앞두고 심각한 사고를 당했다. 차에서 짐을 꺼내 나르던 중에 뒷걸음질하다가 넘어져서 어깨가 부러진 것이다. 그녀는 이 사고로 은퇴 일정을 조금 앞당겨야 했다. 이 일은 감당할 만했다. 그런데 첫 번째 수술이 성공적이지 않았다. 이것은 정말로 받아들이기가 어려웠다. 이로 인해 그녀는 재수술을 받아야만 했다.

이후 기나긴 재활 기간이 이어졌다. 이 때문에 그녀가 생각해 두었던 은퇴 후의 계획들이 크게 틀어졌다. 게다가 대단히 독립적인 그녀의 성격은 상황을 더욱 견디기 힘들게 만들었다. 어깨를 치료하는 동안에는 스스로 할 수 있는 일이 많지 않았다. 이런 상황이니 좌절감을 느끼지 않을 수 없었다. 다행히 어깨가 잘 치료된 덕분에 그녀는 곧 일상으로 돌아갈 수 있었다. 그런데 이게 끝이 아니었다.

회복기에 이따금 나타나던 위 역류 증상이 악화된 것이다. 이로 인해

제대로 식사를 못 하게 되면서 몸무게도 줄었다. 그녀는 약물 치료와 식이요법으로 이 증상도 마침내 다스릴 수 있었다. 하지만 문제가 완전히 해결된 것은 아니었다. 백내장 수술을 은퇴 후로 미뤄두었던 탓에 시력이 급격하게 떨어졌다. 이로써 낙이었던 독서도 힘들고 피곤해졌다.

결국 그녀는 백내장 수술을 받았다. 수술은 잘 됐지만 나중에 특이한 합병증이 발생했다. 이 합병증은 일시적으로 그녀의 시력에 영향을 미쳤다. 시력이 회복될 때까지는 몇 주 동안 운전도 못 하고, 일상적인 다른 일들도 할 수 없었다. 이런 상황에 짜증이 났고, 더불어 이렇게 많은 건강 문제가 연달아 일어나는 이유가 궁금해지기 시작했다.

그러던 중에 다시 넘어지면서 골반에 금이 갔다. 그녀는 이제 우울증과 걱정에 휩싸였다. 거의 2년 동안이나 연달아 발생하는 건강 문제에 시달렸기 때문이다. 낙상 사고는 특히 그녀에게 타격이 컸다. 이번에 입은 부상은 아주 고통스러웠으며 심신을 나약하게 만들었다. 다시는 제대로 못 걸을지도 모른다는 두려움이 가시질 않았다. 몸이 그녀에게 무엇을 말해주려는 것인지 알고 싶었다. 누군가의 도움이 없이는 일상적인 활동을 할 수 없는 상황에 연거푸 빠지게 되는 이유가 무엇인지 궁금했다. 이러는 사이 거침없던 자신감까지 점점 시들어갔다.

그녀는 이런 건강 문제들을 통찰하고픈 마음에 LBL 세션을 예약했다. 그리고 세션 중에 그녀의 영혼이 이렇게 많은 문제를 계획한 이유를 발견했다. 그녀는 자신의 고차원적인 자기와 연결되면서 다음과 같은 통찰을 얻어냈다.

제 건강 문제들은 제게 삶의 속도를 늦추고 변화가 필요한 삶의 영역을

살펴야 한다는 점을 알려주었어요. 저는 다른 사람들을 잘 재단하는 편이고, 연민의 마음으로 대하지도 않았어요. 독립적이고 자족적인 자신의 모습에 자부심을 느꼈고, 다른 사람들도 그러기를 바랐죠. 하지만 갑자기 닥친 건강 문제들 덕분에 모든 걸 다른 시각에서 바라볼 기회를 갖게 되었어요. 이제 저는 무언가를 스스로 할 수 없다는 것이 얼마나 힘든 일인지 잘 알아요. 이것처럼 우울한 일이 있을까요!

발레리는 건강 문제와 신체 기능의 장애를 2년 넘게 되풀이해서 경험했다. 이로 인해 심신이 취약해지면서 다른 사람들의 비판 없는 지원과 연민을 받아들일 줄 알게 되었다. 타인의 친절과 공감이 그녀의 안녕에 아주 중요하다는 점을 인정하게 된 것이다. 또한 그녀는 언제나 그렇게 독립적일 필요는 없으며, 타인의 도움을 받아도 된다는 점을 깨달았다. 그 덕분에 그녀는 다른 사람들에게 더욱 깊이 공감하며 가까이 다가갈 수 있게 되었다. 다른 사람들을 도울 준비도 되었다. 그녀는 이렇게 말했다.

저는 도움이 필요했고, 가족과 친구들이 저를 아주 많이 보살피고 지원해 줬어요. 이 일은 제게 큰 영향을 미쳤지요. 새로운 시각을 갖게 되었어요.

세션이 끝날 무렵 발레리는 그녀가 받은 모든 도움에 정말로 고마움을 느낀다고 말했다. 또 그녀의 건강 문제도 이제 나아지리라는 느낌이 든다고 했다. 타인을 향한 그녀의 태도가 변화했기 때문이다. 그녀의

느낌은 정확했다. 고관절 재활 치료를 마치고 문제없이 걷게 된 것이다. 추적 조사를 해보니, 그녀는 손자들을 보러 가기 위해 여행을 준비하고 있었다.

이렇게 모든 일이 순조롭게 흘러갔다. 그런데 친구들과 휴양지에서 시간을 보내다가 그만 미끄러져서 또다시 팔꿈치가 부러지고 말았다. 그녀는 수술 후 다시 재활 치료를 시작했다. 하지만 이번의 경험은 아주 달랐다. 그녀는 우선 필요한 도움을 요청했다. 단기 지원을 받고 사람들과 정기적으로 어울릴 수 있게 되었다. 그녀의 태도는 아주 긍정적이었으며, 상당히 빨리 일상으로 돌아갔다. 가끔은 이렇게 사후 시험 같은 일도 일어난다. 이로써 우리는 배운 것을 실전에 적용할 수 있게 된다.

두 번의 생에서 되풀이된 암

몰리Molly는 64세의 미망인이었다. 식구가 아주 많았으며 대부분 가까이 모여 살았다. 그녀는 요리와 손님 접대를 잘해서 종종 많은 친척을 집으로 초대해 대접하곤 했다. 또 보살피는 것을 잘하고 가족들에게 헌신적이어서 자주 손자를 봐주고 나이 많은 어머니도 극진히 부양했다. 그녀는 아주 활동적이어서 늘 가족을 위해 무언가를 했다.

그런데 그녀에게 알 수 없는 증상들이 나타났다. 검사 결과 난소암 진단을 받았다. 그녀는 충격에 휩싸였다. 수술로 종양을 제거하리라 결심했다. 하지만 이후에 화학 치료를 받을지에 대해서는 확신이 서지 않았다. LBL 세션을 준비하는 동안 그녀는 다른 고충도 털어놓았다. 어머니와 잘 지내기가 힘들다는 것이었다. 한창 중요한 일에 몰두해 있을

때 그녀의 어머니가 자주 전화를 걸어서 관심을 요구한다고 했다. 이런 일은 그녀를 짜증스럽게 만들었다. 가끔은 정말로 화가 났다.

최면요법가는 그녀를 전생으로 인도했다. 그녀는 중년의 기혼 여성이었으며 남편과 여러 명의 자식을 두고 있었다. 시대는 1934년 즈음이었고, 사는 곳은 약간 시골스런 지역이었다. 그녀의 이름은 '로즈'였으며 작은 체구에 연한 갈색 피부, 검은 머리카락을 갖고 있었다.

가족을 위해 온갖 일을 떠안고 모두를 보살피느라 힘들어요. 계속 이렇게 살 수는 없어요. 가족 중 누군가가 늘 무언가를 원해요. 그래서 제가 할 일이 너무 많아요. 어린 딸들하고 놀아줄 시간도 없어요. 큰 애들하고도 이야기를 별로 못 하고요. 스트레스에 짜증이 나요. 제 자신을 위한 시간이 1초도 없어요.

최면요법가는 도와주는 사람이 없는지 물었다.

없어요. 다 제 몫이에요! 모든 일을 다 제가 해야 해요. 하지만 계속할 수는 없어요! 제가 원하는 방식대로 가족들을 보살필 수 없으니까요. 지금은 제 두 딸과 함께 있어요. 메리와 헬렌이지요. 아이들은 마루 위에서 놀고 있어요. 하지만 저는 너무 바빠서 아이들에게 조금도 관심을 기울일 수가 없어요. 그래서 기분이 좋지 않아요.

최면요법가는 아이들이 그녀의 현생에 누구로 등장했는지 물었다. 그러자 몰리는 이렇게 대답했다.

오, 이럴 수가! 어머니하고 이모예요!

전생의 로즈는 기운이 없어 보였다.

저는 너무 피곤해요. 몸 상태도 별로 안 좋고요. 그렇지만 계속 해야 돼요. 병들어 가고 있는데 누구에게도 말할 수가 없어요. 딸들은 아직 너무 어려요. 저를 필요로 하죠. 가족들도 저를 필요로 하고요.

다음 장면에서 로즈는 죽음을 맞이하고 있었다. 더 이상은 일어날 수도 없었다. 딸들은 아직 많이 어렸고, 그녀는 아이들을 두고 떠나야 하는 게 마음이 아팠다. 딸들과 전혀 시간을 함께하지 못한 것도 후회스러웠다. 자신을 좀 더 잘 돌봤다면 어땠을까 하는 생각도 들었다. 그 순간 몰리가 흥분해서 소리쳤다.

로즈는 제 외할머니예요! 제가 저의 외할머니로 태어났던 거예요!

몰리는 그녀의 외할머니를 한 번도 만난 적이 없었다. 몰리가 태어나기 전에 돌아가셨기 때문이다. 하지만 외할머니가 난소암으로 돌아가셨다는 건 알고 있었다. 또 그녀의 어머니와 외할머니가 사이좋게 지내지 못했다는 점도 알고 있었다. 어머니에게 들은 바로는, 외할머니가 가족들 때문에 늘 바쁘거나 피곤하거나 아파서 딸(몰리의 어머니)에게 제대로 된 관심을 기울이지 못했다고 한다. 세션이 끝날 즈음 화학 치료 문제가 거론되었다.

안내자들이 말하는데, 화학 치료는 전혀 효과가 없을 거래요. 정말로 중요한 건 태도를 바꾸는 거랍니다. 이번 생은 제게 기회예요. 무슨 일이든 제가 저의 외할머니였을 때와는 다르게 해볼 수 있는 기회요. 지금 저는 잘하고 있어요. 하지만 제 외할머니처럼 저도 가족을 보살피는 일에 제 에너지를 전부 쓰고 있어요. 제 자신을 돌보는 일에는 조금도 에너지를 못 쏟고 있죠. 제가 피곤하거나 상태가 안 좋을 때도 보통은 가족들에게 말하지 않아요. 그냥 그들을 위해서 그 자리에 있어주려고만 하죠. 제가 무엇을 필요로 하는지는 생각하지 않아요.

제게 정말로 필요한 것은 제 자신에 대해 더 많이 생각하고, 타인을 보살피는 데 지나치게 몰두하는 대신 저를 잘 보살피는 것이에요. 저의 감정과 욕구를 더욱 많이 공유하는 것이 제게는 필요하죠. 균형이 가장 중요해요.

몰리는 그녀가 원했던 의학적 조언은 구체적으로 얻을 수 없었다. 하지만 삶의 불균형과 부족한 자기 보살핌은 경계하게 되었다. 몰리는 다른 사람을 보살피는 일에 너무 몰두한 나머지 자신을 제대로 보살피지 못했으며 가족들과 더욱 친밀한 관계도 맺지 못했다. 건강한 관계 속에서 서로 도움을 주고받는 대신 몰리가 일방적으로 거의 주기만 하고 있었다. 이로 인해 가족들과 함께하는 시간도 제대로 즐기지 못할 정도로 종종 고갈된 느낌을 받았다.

앞에서 이야기한 발레리의 사례에서처럼 건강 문제는 '모닝콜'과 같은 역할을 한다. 더 나은 균형과 개인적 성장을 이루도록 우리의 삶을 점검하게 해주는 것이다.

세션이 끝날 즈음, 안내자들이 몰리와 어머니와의 관계 문제를 다루어주었다.

현생에서는 저와 어머니의 역할이 바뀌었어요. 전생에서는 제 어머니가 저의 딸이었는데 현생에서는 저의 어머니로 태어났죠. 전생에서 제가 어머니였을 때 우리의 관계는 별로 좋지 않았어요. 지금 현생의 삶은 그녀와 더 친밀한 관계를 발전시킬 수 있는 기회예요. 어머니는 지금도 전생의 어린 시절에 제게서 받지 못한 관심을 갈구하고 있어요. 이번 생은 그녀와 더 균형 잡힌 관계를 구축할 수 있는 하나의 기회라고 볼 수 있어요. 저는 그녀가 갈망하는 관심을 더 많이 줄 수 있어요. 하지만 주기만 해서는 안 돼요. 제 감정이 어떻고 제가 무엇을 필요로 하는지도 이따금 표현해야 해요.

몰리는 현생에서도 내내 자신을 보살피지 않고 가족을 돌보는 일에만 사로잡혀 있었다. 이런 패턴을 되풀이하고 있음을 깨닫고 그녀는 충격을 받았다. 진심으로 기쁘게 가족을 보살피는 중에도 그녀의 삶에 균형이 깨져 있음을 분명하게 느꼈다. 몰리는 그녀의 외할머니로 살았던 전생에서도 지금과 똑같은 병에 걸렸었다는 점에 주목했다. 그리고 가족을 위해 온갖 일을 하느라 때때로 아주 피곤하고 좌절감에 사로잡혔다는 점을 인정했다. 몰리는 세션을 마치면서 자신을 돌보는 일에 역점을 두고 가족을 보살피는 일을 줄이리라 결심했다. 또 어머니와 더 나은 관계를 만들기 위해 노력하겠다고 맹세했다.

나중에 추적 조사를 해보니 몰리는 아주 잘해내고 있었다. 화학 치

료는 안 받기로 결정했지만, 친구들과 여행을 다니고 자신을 위해 더욱 많은 시간을 쓰고 있었다. 가족을 보살피는 일을 줄이면서 더욱 균형 있는 삶을 일구기로 한 것이다. 또 어머니와 더 많은 시간을 함께하면서 어머니와의 관계도 개선되었다.

이 책을 마무리할 즈음 몰리가 소식을 전해왔다. 그녀의 어머니가 짧은 기간 입원해 있다가 돌아가셨다는 것이다. 그리고 그녀는 다음의 이야기도 꼭 전하고 싶어 했다. 그녀의 어머니가 임종 직전 다른 식구들은 대체로 정확히 알아본 반면, 몰리가 자기를 가리키며 누구냐고 물었을 때 이렇게 대답했다고 한다.

"내 엄마예요."

암이 불러온 정서적 치유

빌Bill은 67세의 자연요법가였다. 그는 자신의 일을 사랑했기 때문에 몸이 허락하는 한 오래도록 이 일을 할 생각이었다. 결혼 생활도 행복했으며, 성인이 된 세 자녀와의 관계도 좋았다. 그런데 LBL 세션을 받으러 오기 여섯 달쯤 전, 소화기에 이상 증상들이 나타나기 시작했다. 자연요법으로 이 증상들을 다스리려 했지만 증상은 전혀 나아지지 않았다. 그래서 위장병 전문의에게 진단을 받으러 갔다.

여러 가지 검사를 받은 후 그는 간암 판정을 받았다. 그는 계속 자연요법들로 암을 치료하고 싶었다. 그러나 가족들의 설득에 결국은 현대의학의 도움을 받아들이게 되었다. 하지만 이 치료로 힘든 시간을 보냈으며, 증상도 호전되지 않았다. 오히려 증상은 더욱 악화되었고, 심각한 전이까지 일어났다.

그는 자신의 상황을 명확하게 이해하고픈 마음에 LBL 세션을 받으러 왔다. 병이 갈수록 악화되는 것 같았지만, 자신이 이런 병에 걸린 이유가 있을 거라 여겼다. 가령 다른 사람들을 더욱 잘 도우라는 메시지일 수도 있겠다 생각했다. 그는 자신의 경험을 책으로 써볼까 하는 생각도 갖고 있었다.

세션 초기에 빌의 안내자들은 빌이 언제나 타인을 돌보았지만 지금은 돌봄을 받고 있다고 말했다. 또 현생을 아주 잘 살아낸 덕분에 그가 계획했던 일들을 현재로서는 모두 완수했다고도 말했다. 그러나 빌은 현생에서 과거에 완수하지 못한 일들이 몇 가지 있으며, 지금 하고 싶은 일들도 있다고 이의를 제기했다. 한 예로 그는 자신이 터득한 치료 방법을 사람들에게 알려주고 싶었다.

빌은 삶의 여러 시점에서 느꼈던 깊은 외로움을 살펴보고 싶다고 했다. 그러자 안내자들은 현생에서 이 감정을 처음으로 느꼈을 때의 기억으로 그를 데려갔다.

저는 네다섯 살쯤 되었어요. 앞마당에서 친구 게일과 놀고 있어요. 그애가 저한테 화가 나서 제 머리채를 잡아당겨요. 정말 아파요. 이제는 저와 놀아주지도 않으려 해요. 저는 너무 외로워서 엉엉 울어요. 부모님은 저한테 관심도 없어요.

다음으로 빌은 첫 번째 부인과 결혼하고 3주밖에 지나지 않은 열아홉 살 때의 장면으로 돌아갔다.

그녀는 군 간호사인데 부대를 배치받았어요. 그녀가 군에 들어가서 저는 너무 외로웠어요. 2년 동안 그녀는 집을 떠나 있었어요. 그녀는 제게 편지도 잘 안 썼어요. 하지만 저는 많이 바빠서 그러려니 하고 이해했어요.

그녀가 집에 돌아왔을 땐 마치 딴사람 같았어요. 모든 게 엉망이었죠. 외상 후 스트레스 증후군에 걸린 것 같았어요. 그녀가 너무 낯설었어요. 제가 모르는 사람 같았어요. 배려도 없었어요. 우리는 서로 소통도 안 돼요. 그러던 어느 날 그녀가 말 한마디 없이 떠나버렸어요. 저는 비참한 상태에 빠졌어요. 다시는 행복해질 수 없을 것 같았죠.

빌은 첫 번째 아내가 떠난 후 오랫동안 힘든 시기를 보냈다. 그러다가 딱 2년 후에 지금의 아내를 만나서 행복한 결혼 생활을 이어왔다. 그런데 50대 중반이 되면서 다시 외로움이 찾아왔다. 그의 아내가 일 때문에 약 1년 동안 많은 곳으로 출장을 다녔기 때문이다. 그러자 예전으로 돌아간 것 같은 느낌이 들었다.

아내가 줄곧 출장을 다니는 바람에 저는 집에 홀로 남겨져 있어요. 외롭고 버려진 것 같은 느낌도 들어요. 아내는 이따금 전화를 하고 가능한 한 자주 집에 오려고 하죠. 그래도 첫 번째 결혼 생활 중에 느꼈던 감정들이 되살아나요. 저는 그녀가 완전히 다른 사람처럼 변해서 집에 돌아올까 두려워요.

제가 다섯 살이었을 때 느꼈던 감정도 이런 것이었나 봐요. 그렇지 않다는 걸 알면서도 완전히 혼자 남겨진 것 같고 안전하다는 느낌도 안

영혼들의 지혜

들죠. 제가 필요로 할 때 누구도 그 자리에 있어주지 않을 것 같아요.

최면요법가는 버림받은 것 같은 이런 느낌들에 대해 도움을 요청해보라고 조언했다. 그러자 안내자들이 빌을 치유의 장소로 데려갔다. 이 치유의 장소에서 빌은 다음의 환영을 보았다.

저는 희미하고 작은 방울 모양을 하고 있어요. 커다란 방울 안에 있는데, 주변에는 다른 방울들도 많아요. 저는 아주 행복하게 통통 튀어 다녀요. 이 방울 안에서는 모두 안전해요. 어떤 것도 침입하지 못하죠. 이곳은 다른 차원이고 방울들은 보호를 위한 것이에요. 다른 존재들은 제게 상처를 입힐 수 없어요. 이 방울을 뚫고 들어올 수 없으니까요. 저는 즐겁고 완벽하게 안전해요. 아! 밝은 빛이 보여요. 노랗다기보다 흰색에 가깝고, 태양이 지평선 위로 떠올라 사방으로 빛을 비추는 것 같아요. 아주 따스하고 편안하게 보호를 해주는 것 같아요.

빌은 몇 분 동안 이런 느낌에 집중했다.

이제 알겠어요! 저는 완벽하게 안전하고 무엇도 제게 상처를 입힐 수 없어요.

빌과 최면요법가는 방 안에 어떤 진보된 존재가 있음을 느꼈다. 빌은 이것을 평화와 안녕의 압도적인 느낌, 모든 것이 괜찮다는 인식으로 묘사했다. 빌은 몇 분간 더 이 심오한 느낌과 융합되었다.

이제 최면요법가는 빌에게 암과 소통하는 상상을 해보라고 했다. 빌은 고차원적인 자기를 통해 하나의 영혼으로서 이렇게 반응했다.

암이 찾아온 이유는 삶의 새로운 방향을 찾게 하기 위해서예요. 지금 저는 아내가 제게 보내는 지지를 경험하고 있어요. 그녀가 저를 위해 여기 있다는 것도 알아요. 저는 버림받지 않았어요. 암 덕분에 제 삶의 속도를 늦출 수 있게 되었어요. 그래야 타인을 새로운 방식으로 도울 수 있으니까요. 저는 이제 사물과 상황을 바라보는 새로운 방식을, 자연스럽게 살아가는 법을 가르칠 수 있어요. 아내에게 소멸을 두려워하지 않고 병과 죽음을 건강한 태도로 받아들이게 가르칠 수도 있어요.

이제 빌은 자연치유법을 쓰는 것이 지금의 그에게 최선인지, 또 그의 경험을 책으로 쓸 수 있을지를 안내자에게 물었다.

안내자들 말이 자연치유법을 책으로 쓰든 안 쓰든 그건 크게 중요하지 않대요. 원한다면 책도 쓸 수 있고요. 그리고 저는 이미 가르침을 얻고 있답니다. 저는 치유되고 있는 중이며, 치유는 여러 가지 형태로 일어나요. 몸이 치유되는 경우도 있고, 정신과 마음이 치유되는 경우도 있어요. 암은 제게 정서적 치유를 불러일으키고 있어요. 버림받았다는 느낌이 어디에서 기인한 것인지도 이해하게 해주고요. 계속 분투할 때도 제가 결코 혼자가 아니라는 걸 알아요. 그 모든 사랑과 지지가 느껴져요. 지혜도 얻고요. 그 덕분에 저는 다른 사람들에게 필요한 말을 해줄 수 있어요.

빌은 세션이 끝날 때쯤 깊은 평화가 느껴진다고 했다. 안전하고 인도 받는 느낌이 들며, 그가 경험한 존재가 여전히 그의 곁에 머물며 편안 하게 만들어준다고 했다. 그는 다음과 같이 보고했다.

죽음이 전혀 두려운 게 아니라는 것을 알겠어요. 어떤 일이 일어나도 저는 괜찮아요.

병은 나아지지 않았다. 세션에 참가하고 약 한 달 후 그는 집에서 호 스피스의 돌봄을 받기 시작했다. 그의 의식은 여전히 깨어 있었으며, 3 주 후 가족들에게 둘러싸인 채 저세상으로 떠났다. 이렇게 빌은 세상과 작별했다. 하지만 그는 여러 면에서 치유되었다. LBL 세션을 받는 동안 그의 삶을 돌아볼 기회를 가졌기 때문이다. 그는 죽음에 대한 두려움을 완전히 놓아버리고 평화의 느낌을 받아들였다. 이 평화의 느낌이 어찌 나 평온했던지 그는 죽음의 순간까지도 가족들과 차분하게 함께할 수 있었다.

그가 받은 세션은 의학적 조언을 주기보다 영혼의 치유를 촉진시켜 주는 것이었다. 건강이 위태로울 때 그 이면에서 배워야 할 가르침이 무엇인지를 인식하고 받아들이면, 몸이 치유되든 안 되든 평화가 찾아 온다. 열쇠는 당면한 건강 문제들을 대하는 우리의 태도에 있다. 또 건 강 문제들을 더욱 깊이 들여다보고 이것들을 통해 배우겠다는 자발적 인 의지도 중요하다.

뇌 손상 후에 새로 얻은 삶

수전Susan은 디지털 데이터 복구자로 일하는 51세의 기혼녀이며 성인이 된 아들이 한 명 있었다. 그녀가 LBL 세션을 받으러 온 이유는 현재의 건강 상태를 새로운 시각으로 이해하기 위해서였다. 10년도 더 전에 그녀는 헤르페스 뇌염herpes encephalitis에 걸렸다. 이로 인해 뇌 일부가 영구적으로 손상되었다. 이 일로 모든 것이 바뀌었으며, 새로운 삶의 방식을 찾아야만 했다. 이제는 더 이상 병에 걸리기 이전과 같은 방식으로 사고할 수 없었기 때문이다. 그녀의 설명에 따르면, 이런 변화로 인해 많은 제약이 생겼다고 한다. 그녀가 할 수 있는 일들도 크게 제한되었다. 그러나 그녀의 가족과 친구들은 그녀가 겪고 있는 일들을 전혀 모르는 듯했다.

수전은 뇌를 다치기 이전의 상태로 돌아가기 위해 끊임없이 노력했다. 과거에 그녀가 할 수 있었던 일들을 전부 다시 하고 싶어서였다. 그녀는 새로운 제약들을 받아들이기를 거부하고, 장애를 극복하기 위해 끊임없이 싸웠다. 우리는 그녀가 자궁 안에 있던 때부터 살펴보기로 했다. 그래서 그녀가 현생을 시작하던 때로 돌아가 보았다.

제 머리의 위치가 잘못되어 있어요. 머리가 위쪽으로, 발이 아래쪽으로 가 있어요. 제 위치가 잘못되어 있어서 엄마는 화가 났어요. 약간 두려워하기도 하고요. 하지만 머리를 아래쪽으로 향하면 엄마의 몸속에서 적응할 수가 없어요. 엄마의 몸은 완벽하지만, 모든 것이 잘못되어 있어요. 엄마의 몸이 너무 작고, 저는 너무 커요. 그처럼 작은 몸 안에 맞춰 있기가 힘들어요. 머리가 깨질 거 같아요!

최면요법가는 그런 몸을 선택한 이유를 그녀에게 물었다.

안 그러면 배우지 못할 테니까요.

다음으로 우리는 그녀의 전생으로 이동했다. 그녀는 카라라는 이름의 어린 노예 소녀였다. 카라는 똑똑하고 호기심이 많으며 삼라만상이 어떻게 움직이는지 알고 싶어 했다. 때로는 질문을 너무 많이 던져서 마을 사람들을 짜증 나게 만들 정도였다. 결국 마을 사람들은 그녀를 벼랑 끝에서 내던졌고, 그녀는 머리에 부상을 입고 즉사했다.

그녀가 전생의 몸을 벗어나자 그녀의 안내자가 곧바로 나타났다. 그녀는 안내자와 함께 영계로 들어갔다. 수전의 영혼은 다음과 같이 보고했다.

환영받는다는 느낌이 들어요. 빛이 보이네요. 모든 것이 환해요. 저는 평화를 향해 가는 길이에요. 금으로 된 커다란 원반 모양의 것이 보여요. 한가운데가 열려 있어서 그곳으로 들어가요. 아! 저는 고향에 돌아왔어요! 저는 아주 빠르게 돌아다니면서 모든 것이 제자리에 있는지를 점검해요. 이것이 실제인지, 제가 정말 이곳에 있는 것인지를 확인해요.

그녀의 영혼 그룹이 그녀를 반겨주었고, 빛 안으로 그녀를 데려갔다. 그녀의 안내자는 그녀가 아주 잘 살아냈지만, 기억해야 할 일이 하나 있다고 말해주었다. 그녀를 다음 생으로 보내서 사람들을 돕게 하는 건 포용하고 사랑하는 법을 배워야 하기 때문이라는 것이다.

저는 '무無'의 상태를 느껴요. 이 느낌이 저를 행복하게 만들어줘요. 이런 '비어 있음emptiness'의 상태에서는 무엇이든 할 수 있어요. 치유도 경험하게 되죠. 저는 얼마간 여기에 머물고 싶어요.

수전은 얼마 동안 이런 느낌을 흡수했다. 이후 그녀는 누군가가 그녀에게 의지하고 있는 것 같다고 말했다. 그 느낌이 믿을 수 없으리만치 강렬하다고 했다.

우리는 바다가 내려다보이는 동굴 안에 있어요. 저는 나무 그루터기 위에 앉아 있고, 저의 다른 안내자는 제 무릎에 앉아 있어요. 그는 제가 혼자서 저만의 길을 찾는 법을 배워야 한대요. 그게 바로 제가 카라로 사는 생에서 배워야 했던 것이라고 해요. 지금 제가 배워야 하는 것도 그것이고요. 저는 저의 힘을 발견해야 해요. 그는 제가 잘하고 있고, 무엇을 해야 하는지도 알고 있대요. 하지만 수전으로 사는 생에서는 그렇게 생각하고 있지 않답니다. 수전은 자신보다 다른 사람들이 더 잘 안다고 믿고 있어요. 그래서 그냥 눈을 뜨고 지켜보기만 하는 거죠.

다음 장면에서 수전은 지혜로운 원로들의 평의회에 참석했다.

그들의 말에 따르면, 저는 계속 발전해서 더욱 고차원적인 관점을 가져야 한대요. 그런데 저의 발전을 제 자신이 가로막고 있답니다. 저는 다른 사람들이 이해해 주길 바라는 걸 그만둬야 해요. 그들의 이해가 필요한 건 아니에요. 제게는 홀로 길을 갈 수 있는 힘이 있으니까요. 누구도 제

게 방법을 보여줄 수 없고요. 바로 이것이 제가 배워야 할 점이에요.

그러나 수전은 더욱 분명한 가르침을 원했다. 그러자 그녀의 안내자가 그녀를 도서관으로 데려갔다.

저는 초원 위를 날고 있어요. 저 아래로 저의 모든 전생들이 보여요. 가장 힘들었던 전생은 제 자신을 드러낼 수 없고 저의 영적 자기와 연결될 수 없던 때였어요. 영적 연결을 스스로 차단한 건 다른 사람들이 이해를 못할까 봐 걱정이 됐기 때문이에요. 반면, 수전으로 사는 생에서는 다른 사람들에게 너무 집중했어요. 다른 사람들을 이해시키고, 멋진 사람이 되고픈 욕구를 갖고 있었어요. 이것을 깨닫고 나니 이제는 과거의 모든 믿음을 놓아버릴 수 있을 것 같아요.

수전은 자신의 길을 찾아야 한다는 메시지를 가슴으로 받아들였다. 세션을 받은 후로 그녀는 스스로 새로운 삶을 구축해 나가고 있다. 지금도 새로운 자원과 능력을 발견하고 있다. 이후의 추적 조사에서 그녀는 다음과 같이 이야기했다.

과거의 수전으로 돌아가면 안 된다는 것을 깊이 깨닫고 있어요. 저는 저의 삶을 살고 있어요. 과거의 제 삶에 대해서 끊임없이 반추하는 짓도 안 해요. 이제는 그냥 모든 일들이 자연스럽게 일어나게 둘 수 있어요. 뇌 손상을 입었어도 일을 잘할 수 있다는 것을 나 자신과 다른 사람들에게 증명하고픈 욕구도 더 이상 없어요. 저는 새로운 일을 배울 수

있는 저의 능력을 믿어요. 새로운 도전이죠. 저만의 속도로 그것을 해내고 있고요. 그 덕분에 저는 할 수 있다는 것을 다시 경험하고 있어요. 요컨대 저는 다른 방식으로 저의 제약을 받아들이고 있어요. 이젠 경쟁하지 않아요.

더 중요한 몇 가지 일이 있다는 것도 이해했어요. 제가 그런 선택을 한 거죠. 지금은 다른 사람들이 제가 무엇을 해야 한다고 생각하든 말든, 제 자신의 길을 따라갑니다. 저는 저고, 저의 선택을 고수해야 하죠. 세션을 받기 전, 그러니까 뇌 손상을 입기 전에는 그렇게 하지 못했어요. 뇌 손상을 입기 전에는 저의 삶을 사랑하지 않았죠. 저는 늘 옳은 일을 하는 데만 집중했어요. 하지만 지금은 삶을 즐기고 있어요.

세션을 받은 후로는 똑같은 고통을 느끼지 않아요. 스스로를 채찍질하지도 않죠. 그런 게 기분 좋아요. 진통제도 세션을 받기 전의 반밖에 복용하지 않아요.

수전이 자신을 제한하는 조건을 받아들인 것은 사실 그녀가 태어나기도 전에 이미 계획한 일이었다. 이런 받아들임 덕분에 평화를 얻고, 매일의 삶에서 새로운 기쁨도 느끼게 되었다. 그녀는 다른 사람들이 요구하거나 기대하는 일에 귀 기울이는 대신, 자신의 제약에 적응하고 자기만의 방식으로 살아가는 법을 배웠다. 영구적인 장애를 경험하면서 중요한 교훈을 얻은 것이다. 즉, 타인에게 깊은 인상을 남기거나, 타인으로 하여금 그녀의 상황을 이해하게 만드는 것이 중요하지 않음을 깨달았다. 타인은 그녀와 같은 길 위에 있지 않다. 그녀의 장애가 주는 개인적인 성장과 깨달음은 오로지 그녀 혼자서 얻어야 한다. 세션을 받은

후 수전은 깊은 평정심과 해방감이 든다고 말했다.

삶의 전환점을 제공해 준 질병

린Lynn은 68세의 기혼녀였다. 그녀는 결혼 생활에서 남편에게 학대당하고 희귀 혈액질환으로 고통받고 있었다. 분노로 가득한 데다 요구도 많은 남편과 살면서 스트레스를 받다 보니, 그녀의 건강 상태는 더욱 악화되었다. 그런데 남편은 비싸다며 약물 치료 비용도 대주지 않으려고 했다. 그녀의 몸 상태를 안정적으로 유지하려면 약물 치료가 꼭 필요했는데 말이다.

린의 언니는 동생이 너무 걱정됐다. 그래서 결국에는 린에게 남편을 떠나라고 설득하기에 이르렀다. 이 설득에 린은 남편을 떠나 어머니와 언니가 사는 집으로 와서 함께 살게 됐다. 언니는 린에게 필요한 치료와 복지 혜택을 받도록 도와주었다. LBL 세션도 언니와 식구들이 새로운 상황에 적응하도록 린에게 준 선물과 같은 것이었다.

세션 당시 린은 그녀의 희귀 혈액질환에 대해서 많은 의문을 품고 있었다. 그리고 세션 중에 원로들의 평의회에 참석하면서 그에 대한 해답을 얻었다.

그들이 말하길, 이 희귀 혈액질환은 이번 생을 위해 미리 계획된 것이 아니래요. 이 병이 나타난 이유는 저의 학습을 돕기 위해서랍니다. 제가 아직 학습을 마치지 못해서 그런 거죠. 저는 너무 오랫동안 부정적인 상황 속에 머물렀어요. 그래서 자신을 지키지 못하는 성향이 생겨났죠. 이 병이 생긴 건 제가 실험실 조수로 일할 때예요. 아주 부정적인 장

소였죠. 함께 일하던 사람들과 어울려 지내기도 많이 힘들었어요. 사람들이 제게 크게 고함을 질러대곤 했어요. 이 당시 저는 거의 매일 울었어요. 하지만 돈이 필요했기 때문에 일을 그만둘 수도 없었어요. 그런 식으로 거기를 다니는 것이 제게 무척 해로웠는데도 말이죠.

최면요법가는 이 점을 더욱 자세히 설명해 달라고 했다.

병이 들면 일을 그만둬야 한다는 걸 지도 알고 있었어요. 하지만 그러면 남편이 정말로 화를 낼 것 같았어요. 그는 제가 꾀병을 부린다고 생각할 테니까요. 몸이 점점 약해지고 피곤해졌어요. 그 때문에 남편이 요구하는 걸 다 들어줄 수도 없게 됐죠. 남편이 화내는 것도 더 이상 막지 못하게 되고요. 남편은 갈수록 비열해지고, 저는 갈수록 병이 깊어졌어요. 하지만 제게는 남편을 떠날 힘도 없었어요. 이 병이 생긴 이유는 제 자신을 보호하는 법을 배우게 하기 위해서예요. 긍정적인 상황을 찾아서 자신을 사랑하고 보살피는 법을 배우게 말이죠.

린은 세션을 통해 많은 통찰을 얻었다고 했다. 그녀는 건강이 망가질 때까지 부정적인 상황에 눌러앉아 있던 다른 시기도 떠올렸다. 학대당하는 결혼 생활은 가장 최근의 상황이었다. 첫 번째 결혼 생활에서도 그녀는 부정적인 상황에 똑같이 주저앉아 있었다.

하지만 그녀는 이제부터 희망적이고 긍정적인 상황과 관계를 찾아서 움직이고 스스로를 보호하겠다고 다짐했다. 자신을 더욱 잘 보살피고, 스트레스를 안기는 상황으로부터 자신을 지키기로 했다. 그 덕분에

언니의 지원을 받고 병도 호전되었으며, 삶을 즐길 수 있게 되었다.

흥미롭게도 건강 문제는 우리가 미리 계획한 것이 아닐 수도 있다. 우리가 계획했던 학습을 제대로 수행하지 않을 경우, 올바른 길을 찾아가게 돕는 긴급 대책의 하나로 부상을 당하거나 병에 걸릴 수 있다. 이로써 우리는 '깨어나' 다시 정상으로 돌아갈 기회를 얻는다.

린과 몰리는 건강 문제 덕분에 자신을 더욱 잘 돌보게 되었다. 건강 문제는 우리로 하여금 삶의 속도를 늦추게 한다. 이때 가능한 한 빨리 보통의 삶으로 돌아가기 위해 분투하거나, 상황이 더욱 악화되게 방치해서는 안 된다. 그보다 시간을 들여 우리의 삶을 살펴보면, 병이 우리에게 주는 가르침들을 발견할 수 있다.

자신의 약함을 인정하고 기쁨을 받아들이기

55세의 이혼녀 알렉사Alexa는 자가면역질환 중 하나인 루푸스를 앓고 있었다. 여러 해 동안 건강에 기복이 심했으며, 지난 4년간은 특히 힘들게 지냈다. 아파서 일을 지속적으로 할 수 없었고, 집도 없었기 때문이다. 이 시기에 그녀는 여러 차례 이사를 했고, 전국 각지에 흩어져 살고 있는 친구나 가족들 신세를 지기도 했다. 물론 가능한 한 일을 하려고 했다. 다양한 회사에 다녔고, 잡지사 프리랜서 작가로 일하기도 했다. 그러나 합병증이 심해지면서 병원을 들락날락했다. 몇 달 전에는 생명이 위태로울 정도로 크게 아파서 거의 죽다 살아났다.

병이 가장 위중하던 때에 그녀의 안내자가 방문해서 무엇을 하고 싶은지 물었다. 안내자는 그녀에게 영계의 고향으로 돌아가도 되고, 그냥 여기 머물러도 된다고 했다. 머물기로 마음먹으면, 그녀는 꼭 써야만

하는 책을 쓰게 될 터였다. 하지만 무엇에 관한 책이며 그 책이 상업적으로 성공을 거둘지는 이야기해 주지 않았다. 단지 책을 쓰는 것이 중요하다는 이야기만 했다.

저의 안내자는 제가 고향으로 돌아가기를 선택해도 저를 심판하지 않을 거라고 말했어요. 저의 영혼이 맺은 약속은 본질적으로 완수했대요. 제가 몹시 지쳐 있고 고통스러우리라는 걸 그들도 충분히 이해한다고 했어요. 솔직히 힘든 결정이었어요. 제 고통의 강도는 더욱 세지고 있었고, 신체적으로 기진맥진해 있었으니까요. 그래서 처음에는 그냥 다른 사람에게 일을 넘기고 떠나고 싶었어요. 하지만 잠시 후 여기에 머무르면 더욱 많이 성장할 수 있다는 걸 깨달았어요.

알렉사는 머무르기로 결정했다. 그러자 그녀의 심장과 신장, 폐가 모두 호전되었다. 통증의 강도도 점차 낮아지기 시작했다. 그녀는 살고 있던 도시가 마음에 들었다. 건강이 호전되면서 새로운 일자리도 찾아 나섰고, 그 결과 어떤 회사와 프로젝트 계약을 타진하게 되었다. 하지만 이 계약은 스트레스만 남기고 성사되지 않았다. 그녀가 불합리한 조건들을 받아들이지 않았기 때문이다. 그녀는 더욱 안정적인 환경이 필요하다고 느꼈고, 고향으로 돌아가기로 결심했다.

이처럼 불안정한 상황이 정신적으로 유익하지 않다는 생각에 불합리한 작업 계약을 거절하고 고향으로 떠나기로 결정하자, 자신이 삶의 교차로에 서 있다는 느낌이 들었다. 사실 알렉사는 어린 시절은 물론이고 결혼을 한 후에도 몇 년 동안 남편의 학대에 시달렸다. 하지만 이런

힘든 시간을 지나오면서 그녀는 자신을 존중해야 한다는 소중한 가르침을 얻었다. 그리고 다시는 전과 같은 상태로 돌아가지 않으리라 굳게 결심했다.

이제 알렉사는 앞으로 나아가고 싶었다. 그녀의 안내자에게 얻은 정보를 생각할 때 특히 더 그런 마음이 들었다. 하지만 건강 문제와 계속 씨름해야 했다. 루푸스와 고혈압, 신장질환과 신경질환, 요통을 포함한 많은 질병이 새로운 삶을 만족스럽게 영위하지 못하게 방해했다. 그처럼 과감히 긍정적인 변화를 시도했는데도 건강으로 인해 여전히 제약받는 느낌이 들었다. 이로 인해 그녀는 낙담했고, 그로부터 완전히 벗어날 수 있을지 의문이 들기도 했다. 죽음이 가까이 다가오고 건강 문제들이 지속되면서 두려움이 가시질 않았다.

그녀는 LBL 세션을 통해 스스로가 이처럼 힘든 상황을 선택했음을 깨달았다. 이런 선택을 한 이유는 자신의 약함을 경험하고 충분히 이해하기 위해서였다. 세션 중에 알렉사는 치유의 에너지를 받았고, 그녀의 육체 안에 있는 영혼 에너지의 양에도 적응할 수 있게 되었다.

영혼들은 새로운 생을 계획할 때 여러 가지를 결정한다. 영계에서 계획한 학습을 완수하기 위해서 이제 막 시작하려는 새로운 생에 영혼 에너지를 얼마나 가져갈지 하는 문제도 그중 하나다. 뉴턴 박사는 새로운 생에 투입되는 영혼 에너지의 양이 정해져 있다고 믿었다. 그런데 우리는 특별한 상황에 처한 피술자들과 세션을 진행하면서 꼭 그렇지는 않다는 것을 발견했다. 영적인 성장이 예상보다 빠르게 진행되거나, 이생의 목적을 이루는 데 필요한 에너지의 양을 잘못 계산해서 가져온 경우가 종종 있었다.

알렉사는 야심 있는 사람이었지만, 이번 생으로 올 때는 그녀의 몸에 영혼 에너지를 그렇게 많이 담아오지 않았다. LBL 세션을 통해 치유 에너지를 받은 알렉사는 자신의 몸속에서 강력한 영적 에너지가 흘러넘치는 것을 느낄 수 있었다. 그녀는 치유되는 것을 느꼈고 기쁨으로 충만해졌다. 알렉사의 안내자는 이전에 경험한 어려운 상황들 덕분에 그녀가 약함이 주는 가르침을 터득했다고 알려주었다. 그 덕분에 알렉사는 이제 과거의 난관들과 관련된 두려움을 놓아버릴 수 있었다. 치유의 에너지를 받아들인 덕분에 두려움에서 벗어날 수 있게 된 것이다.

세션에서 안내자들은 기쁨에 초점을 맞추라는 핵심 메시지를 재차 강조했다. 흐름을 만들어내는 것이 기쁨이기 때문이다. 그녀에게나 우리 모두에게나 치유에 이르는 길은 기쁨을 받아들이는 것이다. 알렉사는 고차원적인 자기의 상태에서 이 가르침을 다음과 같이 자세히 설명했다.

이곳(지상)에 있을 때는 자신이 누구인지를 잊어버리기가 너무 쉬워요. 몸이 약해지기 때문이죠. 물론 우리는 이 몸 덕분에 이 차원에서 살아갈 수 있어요. 하지만 몸은 에너지를 약화시키기도 합니다. 에너지가 힘들게 배어나오는 동안 가끔은 비틀리기도 하죠. 에너지가 체를 뚫고 나온다고 생각해 보세요. 이 에너지는 본질적으로 관통해서 움직여야 하는데, 체를 뚫고 나오는 과정에서 깨져버릴 수 있어요. 몸은 물론 완충장치를 만들어낼 수 있어요. 우리가 너무 많은 에너지를 갖고 오면, 이 에너지가 회로를 폭파시킬 수도 있기 때문이죠. 너무 많은 에너지를 갖고 있으면 경험해야 하는 현실에 기반을 두기가 어려워지고요. 반대

로 충분한 에너지를 갖고 오지 않으면, 이리저리 흔들리기 쉽고 소통하기도 어려워요.

젊은 영혼이었을 때 모든 것을 취하고 싶어 하는 이들이 있어요. 그래서 자신의 모든 에너지를 가져오고 싶어 하죠. 나이가 들면 그렇게 많이 취하고 싶어 하지 않지만요. 필요한 양을 너무 적게 계산해서 가져올 수도 있어요. 자신감 때문에 에너지가 없어도 잘 살아갈 수 있다고 생각하죠. 하지만 그렇지 않아요. 에너지의 양도 조정할 수 있어요. 우리는 도움을 주면서도 끊임없이 도움을 받고 있어요.

알렉사는 이 생은 물론이고 다른 생에서도 힘들게 살기를 계획했다는 것을 알았다. 약함을 배우기 위해서였다. 그리고 약함을 경험함으로써 그녀는 이 가르침을 얻는 데 성공했다. 이로써 건강 문제와 불안정한 삶, 학대 상황처럼 그녀에게 약함을 느끼게 해주는 요소들이 더 이상 필요하지 않게 되었다. 안내자는 이것을 다음과 같이 깊이 있게 설명해 주었다.

그녀는 많은 사람들에게 가르침을 줄 것입니다. 이 육체를 갖고 살아가는 데 어려움이 많았으니까요. 몸이 고장 나면 정신은 더 망가집니다. 그래서 영계로 서둘러 돌아가고 싶어 하죠. 임무를 완수하지 않고 그곳으로 돌아가는 것이 무익하다는 것도 이해하지 못하고요. 무의미한 것은 없습니다. 그녀는 이제 잘 살아갈 거예요. 배워야 할 것을 거의 다 배워서 힘든 상황들이 더 이상 필요하지 않을 테니까요.

이제 기쁨에 초점을 맞춰야 합니다. 경이에 초점을 맞춰야 해요. 삶을

즐기고 두려워하지 말아야 해요. 이것이 그녀가 할 수 있는 최고의 치유입니다. 그녀는 야외를 좋아해요. 운동을 다시 시작했다니, 좋은 일입니다. 걷는 것도 효과가 있어요. 요가도 아주 좋을 겁니다. 그녀에게는 유연함이 필요하니까요.

신체와 관련된 문제는 시간이 흐르면서 사라질 겁니다. 신경계가 아픈이유는 설명하기 힘든 장애 때문이에요. 하지만 이 장애도 치유될 겁니다. 그녀는 두려움을 놓아버려야 했어요. 지금은 두려움이 거의 사라지고 없어요. 그래도 기쁨과 감사의 마음에 초점을 맞추어야 해요. 그러면 모든 것이 흐른다는 걸 깨달을 겁니다.

사랑이 관통하게 두어야 해요. 그녀는 사랑하고 사랑받는 것을 두려워했어요. 이로 인해 많은 신체적 고통이 생겨난 거죠. 그녀의 영혼은 많은 사랑을 필요로 해요. 그것이 그녀의 본성이니까요. 그런데 그녀 스스로 사랑하고 사랑받는 것을 막고 있었어요. 그녀 자신이 사랑을 차단한 거죠. 이런 차단이 신체적 고통을 불러일으키고 있어요. 이 신체적 고통은 그녀가 자신을 사랑하지 않고, 기쁨이 다가오는 것을 허용하지 않고 있다는 신호입니다. 그러므로 기쁨에 초점을 맞추어야 해요. 타인을 위해서도 기쁨을 창조하는 일에 초점을 맞추어야 하죠. 지금 그녀는 이렇게 하고 있어요. 이것이 치유의 길이 될 겁니다.

알렉사의 삶에서 일어난 힘든 일들은 그녀가 약함이 주는 가르침을 얻기 위해 스스로 선택한 것이었다. 그녀는 가르침을 얻었고 두려움도 충분히 극복했다. 그 덕분에 새로운 삶의 상황을 따라갈 수 있게 됐다. 하지만 약간의 두려움이 남아 있었다. 이로 인해 자신을 충분히 사랑하

고 보살피지 못했다. 남아 있던 두려움을 떠나보내고 기쁨과 감사의 마음을 받아들이는 것이 그녀의 마지막 시험이었다. 세션에서 얻은 통찰과 치유의 에너지가 그녀를 잘 살아가도록 도와줄 것이다.

알렉사의 사례는 자신을 사랑하는 것이 자기 돌봄의 중요한 부분임을 보여준다. 이를 통해 우리는 기쁨을 받아들이고 타인에게 그 기쁨을 전할 줄도 알아야 한다.

근본 원인 이해하기

메건Meghan은 39세의 변호사였다. 그녀가 LBL 세션을 받으러 온 이유는 위장병의 재발로 음식을 거의 먹을 수 없는 상황을 통찰하고 싶어서였다. 그녀는 지난 20년 동안 만성적인 소화 문제가 있었다고 했다. 현대 의술로도 이런 문제를 해결할 수는 없었다. 그녀의 결혼 생활은 안정적이었고, 아홉 살과 열두 살짜리 아이도 있었다. 하지만 과거의 관계에서는 많은 학대를 감내해야 했다.

그녀는 고등학생이 될 때까지는 위에 문제가 전혀 없었다. 먹는 것도 좋아했고, 요리하는 것도 즐겨 했다. 그런데 열여섯 살에 처음으로 증상이 나타나 위염 진단을 받았다. 당시 첫 발병의 원인이 무엇이었는지는 기억이 나지 않았지만 고등학교 시절 학교에서 아주 외로웠다는 점은 기억할 수 있었다.

1년 뒤 그녀는 크로아티아에서 벌어진 전쟁에서 군인을 한 명 만났고, 친절하고 온화해 보이는 그 사람과 사랑에 빠졌다. 그들은 데이트를 시작했으며 5년 동안 함께했다. 처음 여섯 달 동안은 사이가 좋았다. 그러나 그 후 그가 그녀를 무례하게 대하면서 관계가 폭력적으로 변해

갔다. 이로 인해 위장병이 재발했고, 그녀는 갈수록 쇠약해졌다. 물론 그를 떠나려고도 했다. 그러나 그때마다 그는 이렇게 위협했다.

"내가 전쟁터에서 사람들을 얼마나 많이 죽였는지 알아? 그런데 다시 못할 거 같아?"

여름이 되어도 그는 그녀와 해변에 가지 않으려 했다. 그녀의 다리가 너무 굵다는 것이 이유였다. 그러면서 그녀가 다이어트로 체중을 감량하길 바랐다. 그녀는 그가 미워졌다. 그가 자신을 건드릴 때는 참아내기가 힘들었다. 하지만 그는 계속 그녀의 몸에 손을 댔고, 그러고 나면 그녀는 깨끗이 씻어내기 위해서 몇 시간이고 샤워를 계속했다. 그래도 깨끗해졌다는 느낌이 들지 않아서 결국은 자신을 미워하기 시작했다.

한번은 그가 그녀를 거의 죽이려 하기도 했다. 다음 날 그녀는 끔찍한 위경련을 일으켰고, 그녀의 부모가 그녀를 병원에 데려갔다. 그녀는 두 달 동안이나 병원에 있어야 했다. 의사들은 여러 가지 검사 끝에 그녀에게 과민성대장증후군이라는 진단을 내렸다.

퇴원하자 남자 친구가 다시 나타났고, 학대도 다시금 시작되었다. 위통은 갈수록 악화되었고, 몸무게도 더 줄어들었다. 그녀는 음식을 소화시키지도 못하게 되었으며, 나중에는 열과 복부팽만 증상도 함께 나타났다. 아무것도 먹지 못하는 등 상태가 아주 심각해져서 그녀는 다시입원을 했다. 의사들은 문제가 무엇인지를 찾아내지 못했다. 그런데 의사 한 명이 동종요법을 제안했다. 그녀는 이 제안이 자신의 생명을 살렸다고 말했다. 다행히 통증과 소화 문제는 호전되었다. 하지만 그녀는 여전히 자극적이지 않은 몇몇 음식 말고는 먹을 수가 없었다. 이즈음 폭력적인 남자 친구가 떠났지만, 이후로도 그녀는 내내 음식에 대한 공

포를 안고 살아야만 했다.

어린 시절로의 퇴행 요법에서 메건은 언니의 생일 파티 장면을 떠올렸다. 그녀의 아버지가 아이들이 놀러오는 것을 어떻게 막았는지도 기억했다. 나중에 아버지는 카드게임을 하러 집을 나섰지만, 그녀는 다른 아이들 앞에서 아버지가 보여준 거친 행동이 부끄럽게 여겨졌다. 이때 그녀의 위에 통증이 느껴졌다. 최면요법가는 메건에게 어린 시절의 자신을 위로해 주라고 말했다. 그리고 아버지가 부끄러운 행동을 한 것은 그녀 탓이 아니라고 말해주었다. 그녀는 조언대로 당시와 이후에 느꼈던 수치심을 놓아버렸다.

자궁 안으로 퇴행하자 메건은 차갑고 환영받지 못한다는 느낌을 받았다. 그녀는 어머니가 피로와 우울감에 젖어 있으며 사랑이 전혀 없다고 했다. 최면요법가는 메건에게 어린 자신에게 사랑과 온기를 보내라고 했다. 그리고 그녀가 사랑받고 있다고, 사람들이 그녀를 원한다고, 세상에 온 걸 환영한다고 말해주라고도 했다. 메건은 최면요법가가 조언하는 대로 했다. 기분이 한결 나아졌다. 하지만 메건은 여전히 외로움이 느껴진다고 했다. 그러자 최면요법가는 메건에게 무엇을 배우기 위해서 이 세상에 왔는지를 물었다. 메건은 이렇게 대답했다.

저는 외로울 때도 사랑을 나누기 위해 왔어요. 저는 자궁 안에 머물러 있지 않아요. 빛을 향해 가요. 거기서는 혼자라는 느낌이 안 들어요. 거기서 많은 이들과 함께 있어요. 그들은 농담을 즐겨요. 약간 예의가 없지만 웃겨요. 그중 두 사람이 슬픈 얼굴로 저쪽에 앉아 있어요. 그들이 저더러 그 몸속으로 들어가지 말라고 해요. 너무 힘들 거래요. 하지만

저는 자신 있으니까 걱정하지 말라고 말해주었어요. 저는 어머니와 합의를 했어요. 언니가 그곳에 있었는데, 언니가 저를 어딘가로 데려가서 제가 한 약속을 보여줘요.

메건은 이제 전생으로 이동했다.

드레스 차림의 여인이 보여요. 그녀는 집 앞 정원에 있어요. 저는 몸을 숨기고 그녀를 옆에서 지켜봐요. 그녀가 수건으로 무언가를 하고 있어요. 저는 고통을 느껴요. 제가 그녀를 좋아하지 않나 봐요. 저는 그냥 계속 숨어 있고 싶지만 화가 잔뜩 나 있어요. 그녀는 제가 화가 났다는 걸 눈치 못 채요. 돌멩이가 보여서 그걸로 그녀를 내리쳤어요. 저는 남자고, 너무 화가 나 있는 상태예요. 결국 그 돌로 그녀를 죽였어요. 그녀가 사악했거든요. 이제 아픔이 더 커졌어요. 결국 저는 무릎을 꿇고 펑펑 울어요.

다음 장면에서 그는 교수형을 당했다.

저는 너무 힘이 없어요. 온몸이 아파요. 한 무리의 남자들이 보이고, 저는 그 한가운데에 있어요. 남자 둘이 제 겨드랑이에 손을 넣고 저를 바닥에서 일으켜 세워요. 제가 제 발로 제대로 서 있지도 못하기 때문이죠. 저는 너무 약하고 몸에 힘이 하나도 없어요. 교수형을 당하는 게 두렵지는 않아요. 그들이 어떻게 할지 다 아니까요. 그래서 교수형을 당하기 전에 제 몸을 떠났어요. 천천히 제 몸을 벗어났죠. 몇 분밖에 걸리

지 않은 것 같아요. 저는 위로 이동해서 해방감을 느껴요.

최면요법가는 남자가 그 여자를 그토록 미워하고 사악한 존재로 여긴 이유가 무엇인지를 물었다.

그 여자가 제 아기를 죽였거든요. 아기를 너무 심하게 흔들었어요. 죄책감도 안 느끼고요. 그래서 저는 그녀를 죽이고도 죄책감을 느끼지 않았어요. 오히려 그녀가 죄책감을 느끼길 바랐죠.

지금 저는 다른 사람들과 함께 있어요. 그들은 저를 씻겨주고 노래를 불러줘요. 제 몸속에 지니고 있던 모든 수치심과 죄를 그들이 씻겨주고 있어요. 그 덕분에 저는 이제 순결하고 편안한 느낌이 들어요. 고향으로 돌아와 행복해요. 저는 지금 황금빛으로 빛나고 있어요.

이제 특별한 방으로 가요. 그 방에는 세 명의 원로가 있어요. 한 사람은 다른 두 명보다 지위가 높아요. 저는 그들이 두렵지는 않아요. 오히려 그들에게 존경심을 품고 있지요. 이번 생에서 최선을 다하지 않았다는 걸 저는 알아요. 방에는 원로들과 저뿐이고, 다른 사람들은 문밖에서 기다리고 있어요. 그들은 아무 말도 없이 저를 살펴보기만 하지만 그들의 에너지가 느껴져요. 그들은 행복하지 않은 것 같아요. 제가 배움을 얻지 못했기 때문이죠.

그들은 저를 책들이 있는 다른 방으로 보내요. 저는 인내를 배우고 있어요. 두려움을 갖고 있고요. 다른 방으로 들어가자 '빛의 책'을 제게 건네줬어요. 하지만 그 책을 열어보기가 두려워요. 그 방에는 다른 사람들도 있지만 그들과 대화를 나누지는 않아요. 제가 아는 사람은 한 명

도 없거든요.

최면요법가는 메건에게 도움을 요청해 보라고 했다. 그러자 안내자들이 메건에게 다음의 정보를 제공해 주었다.

저는 선하지 않은 사람들도 용서하고, 함부로 판단하지 않고, 친절하게 대하는 법을 배우고 있어요. 하지만 저는 그들에게 난 마더 테레사가 아니라고 말해요. 제가 여기에 온 이유도 이것 때문이에요. 이상하죠. 그들은 선하지 않은 사람들에게도 친절하게 대하고, 판단하지 않고 용서하기를 바라요. 열린 가슴으로 사랑하는 것이 저의 본질이래요. 그들이 저를 치유해 주고 있어요. 한 명은 제 뒤에, 한 명은 제 앞에서요. 열기가 느껴져요. 빛이 제 안으로 들어오는 것도 보이고요. 제 모습이 변해가요. 이제 제 모습이 그들과 같아졌어요. 제 뒤에 있는 존재는 더 높은 존재인데, 마치 제 앞에 있는 것 같아요. 그에게서 아주 강력한 에너지가 느껴져요.

최면요법가가 메건에게 그녀의 위통에 대해서 물어보라고 했다.

죄책감 때문이래요. 저는 아주 오랫동안 분노와 죄책감을 품고 있었어요. 이제 제 자신을 사랑하고 용서해야 해요. 제게는 저 스스로를 치유할 수 있는 도구들도 있어요. 제가 이번 생에 지구에 온 이유는 어머니로 하여금 죄책감을 느끼게 하기 위해서예요. 그러자면 아기를 그렇게 흔들어 죽인 그녀를 저는 용서해야 해요. 전생에 그녀를 죽인 남자였던

저도 용서해야 하고요. 또 언니의 생일에 아이들이 집 안에 들어오지 못하게 막은 아버지도 용서해야 해요.

메건은 세션을 받은 덕분에 20년 동안이나 피하던 음식들이 먹고 싶어졌다고 했다. 이제는 고기와 파스타를 먹어도 위통이 전혀 없었다. 그녀는 소화계에 적응할 시간을 주면서, 오랫동안 먹을 수 없었던 음식들을 천천히 식단에 포함시켰다.

메건은 그녀의 어머니가 이번 생에서 죄책감을 경험하도록 도왔다. 그래야 어머니의 영혼도 성장할 수 있기 때문이다. 하지만 메건이 전생에서부터 품고 있던 죄책감과 분노는 이번 생에서 위장병의 원인이 되었다. 다행히 이 생에서 자신과 부모를 용서하고 죄책감을 내려놓은 덕분에 중요한 치유를 경험했다.

———————

이 장의 사례들을 통해 우리는 건강 문제도 영적인 진화를 위해 우리가 영계에서 미리 계획한 것임을 알게 되었다. 변화해야만 성장을 계속할 수 있기 때문에, 건강 문제는 삶에서 변화가 필요한 영역들에 주의를 기울이게 만든다. 또 자신을 사랑하고 돌보는 것이 얼마나 중요한지도 일깨워 준다. 그뿐만 아니라 건강 문제는 정서적 상처를 치유하고 두려움과 분노, 죄책감을 내려놓을 기회를 제공한다. 속도를 늦추고 우리의 삶을 점검할 기회도 선사한다. 이런 기회를 통해 우리는 스스로를 제한하던 태도에서 벗어나 삶을 더욱 균형 있게 만들 수 있다. 물론 건

강이 위기에 처했을 때 언제나 몸을 치유할 수 있는 건 아니다. 하지만 영적으로는 치유와 변화를 경험할 수 있다.

LBL 세션은 건강 문제들이 가져다주는 숨은 선물을 발견할 수 있는 훌륭한 방법이다. 하지만 세션에서 제공하는 것은 의학적 조언이 아니라 영혼의 진화를 위한 치유의 지침이라는 사실을 꼭 명심하길 바란다.

2
불안과 우울이 계속될 때

지구라는 학교는 감정을 폭넓게 경험하기에 완벽한 환경을 갖추고 있다. 한쪽 끝에 행복감과 고양감이 있다면, 반대편 끝에는 슬픔과 절망이 있다. 감정들이 덜 밀집해 있는 다른 세계보다 이 지구를 선택해서 태어날 때 영혼이 주요하게 고려하는 점은 바로 이것이다. 지구에서 태어나면 감정들을 풍부하게 경험할 수 있기 때문이다.

우리의 영혼은 영계에 있을 때 평화와 기쁨, 사랑에 젖어 있다. 전생에서 내렸던 결정과 삶의 방향으로 인한 고통은 영계에 존재하지 않는다. 이런 환경에서 영혼은 다가올 생을 위해 계획을 세운다. 그런데 전생의 트라우마나 고통에서 벗어나 있기 때문에, 자신이 다룰 준비가 된 문제에 대해 자만심을 가질 수도 있다. 혹은 자신이 설정한 다음 생의 목표가 어떤 의도치 않은 결과를 낳을지 분명하게 이해하지 못한다. 그래서 목표를 턱없이 높게 설정하고는 '뭐가 잘못되겠어?' 하고 생각할 수 있다.

지상에 태어나면 이번 생을 위해 설계한 계획을 실행하기 시작한다. 그런데 상황이 달라지고 의도한 대로 흘러가지 않을 수도 있다. 그러면 우리 자신이나 우리와 가까운 사람들 모두가 자유의지를 발휘하게 될 것이고, 이로써 삶의 방향이 바뀔 수밖에 없다. 도전과 좌절이 일어나면서 우리는 여러 가지 정서적 대가를 치른다. 삶이 진행되는 동안 우리가 흔하게 경험하는 정서적 부산물이 바로 불안과 우울이다.

영혼의 계획이 불러온 정서적 문제들

댄Dan의 사례는 영혼의 계획을 실현하기 위해 몇몇 사람들이 어떤 정서적 대가를 감내하는지 보여준다. 댄은 40세의 독신남이었으며 독립적이고 자족적인 데다 자신을 신뢰할 줄 알았다. 다른 사람들은 그를 믿을 만하고 책임감 있으며 도움이 필요할 때 기대해도 될 만한 사람으로 여겼다. 겉으로 드러나는 모습을 놓고 보면 그는 행복한 삶을 사는 것처럼 보였다. 그가 평생 동안 정신적 고통과 씨름하고 있다는 것을 아는 사람은 거의 없었다.

댄은 사형제 중 맏이로서 아주 어렸을 때는 행복하게 지냈다. 그런데 열 살 때부터 죽음의 공포에 사로잡혔다. 열두 살에는 잠도 제대로 못 자기 시작했다. 그러면서 강박장애 증상들이 처음으로 나타났다. 고등학생 시절에는 내내 외톨이를 자처했다. 하지만 대학교에 들어간 후로는 껍질을 깨고 나와 외향적이고 인기 있는 학생이 되었다. 많은 여학생들과 친밀하게 지내기도 했다. 하지만 낭만적이거나 성적인 연애에는 관심이 없었다. 첫 번째 연애에서 심각한 성적 문제를 경험한 후로 이성 관계에 대한 관심이 약해졌기 때문이다.

세월이 흐르면서 연애 문제도 많이 개선되었다. 하지만 첫 경험이 불러온 심각한 정신적 손상은 오늘날까지도 영향을 미치고 있었다. 그는 여자들과 연애를 하는 데까지는 성공해도 상대를 향한 관심이 아주 잠깐만 유지된다고 했다. 그래서 대부분의 경우 그가 먼저 관계를 끝내버렸다. 이 때문인지 그는 몇 년 동안 불안과 우울에 시달렸다.

20대에 강박장애와 불안증, 우울증이 악화되었다. 몇 년 동안 약물 치료를 받았지만, 완화 효과는 미미한 반면 가볍지 않은 부작용들이 나타났다. 현재 40세인 댄은 아이비리그대학 교수로서 엄청난 성공을 거두었다. 하지만 삶의 많은 부분에서 그는 중요한 결정에 직면할 때마다 커다란 불안감에 시달렸다. 한 예로, 댄은 지난 18개월 동안 앤젤리나와 데이트를 했다. 그녀가 그의 영혼의 짝임을 믿었고 그녀와 결혼할 운명이라고 확신했다. 그런데도 결혼에 대한 상반되는 감정으로 갈등을 겪었다. 그는 이런 딜레마로 고통스러워해야 하는 이유를 알고 싶었다. 또 우울증과 불안증의 원인도 이해하고 싶었다. 그는 자신의 우울증에 대해서 다음과 같이 의문을 제기했다.

우울증을 경험하고 거기에서 벗어나는 것이 저에게 주어진 숙명이라면, 좋아요, 알겠어요. 다시 이런 우울증을 경험할 필요가 없게 된다면, 이번에는 모두를 위해 제가 받아들여야죠. 아니면 희망을 잃지 않는 법을 배우기 위해서 우울증을 경험하게 되는 걸까요? 우울증은 그것을 이해하기 위해 경험해야만 하는 고통의 한 형태인가요? 장기적인 영적 성장의 한 부분인가요? 어쩌면 이런 정서적인 난관은 길에서 벗어났을 때 바른길로 이끄는 선물 같은 것인지도 모르겠네요.

댄의 직감은 정확했다. 그가 수십 년 동안 우울증, 불안증과 씨름한 것은 고차원적인 목적이 있었기 때문이다. '모두를 위해 받아들이겠다'는 그의 말속엔 내적인 앎이 반영되어 있었다. 그는 영혼의 안내자를 통해서 그가 이런 도전들을 영혼의 계획 속에 포함시켰다는 점을 알았다. 그렇다면 어떤 목적을 위해 포함시킨 것일까? 그의 안내자는 다음과 같이 알려주었다.

댄은 영혼의 안내자가 될 준비를 하고 있어요! 영혼의 안내자는 모든 영혼이 선택할 수 있는 역할이에요. 이 길을 따를 동기와 관심, 능력이 있다면요.

댄은 안내자의 조언을 듣고, 삶의 계획 속에 강력한 학습을 포함시켰다. 이 학습은 그로 하여금 폭넓은 도전들과 씨름하면서 다양한 영혼들과 작업할 수 있게 해주는 것이었다. 그의 안내자는 다음의 정보도 제공해 주었다.

댄은 어느 하나만 전문적으로 배우는 것은 원하지 않아요. 그는 모든 것에 대해 배우기를 원합니다.

특정한 목적에 대해 말하자면, 댄은 우울증, 불안증과 씨름했다. 이 분투는 그에게 삶의 정서적인 면들을 느끼고 경험할 기회를 제공했다. 이 경험은 그가 안내자가 되었을 때 큰 도움이 될 것이다. 댄의 안내자는 다음과 같이 상세하게 설명해 주었다.

댄은 감정을 통해서 이해하는 법뿐만 아니라 느끼는 방법도 배워야 해요. 우울증을 극복할 때 중요한 점은 바로 이런 경험을 통해서 느끼는 방법을 배우는 것입니다. 그는 긍정적인 느낌은 물론이고 부정적인 느낌도 편안하게 받아들일 줄 알아야 해요. 그런 감정의 경험 속에는 다양한 것들이 들어 있어요. 댄에게는 가능한 한 많은 것을 경험하는 것이 중요합니다.

댄의 안내자는 그에게 긍정적인 느낌이든 부정적인 느낌이든 그의 감정 속으로 깊이 들어가보라고 했다. 그래야 그 느낌이 가르쳐주는 것들을 모두 배울 수 있기 때문이다. 그러나 이전의 생들에서 댄은 기술의 습득과 향상, 성취, 리더십 등에만 관심을 가졌다.

댄은 더 많이 표현해야 하고, 지나친 생각과 분석을 멈춰야 합니다. 그는 느낌 속으로 뛰어들고 그 차원에서 더 많은 관계를 맺어야 해요. 댄에게는 사람들과의 관계가 더 많이 표현하고 생각을 멈출 기회를 제공하니까요. 그는 오랫동안 성적 문제와 씨름했어요. 이 반복적인 문제는 겸허하게 자신의 약함을 드러내고, 상대를 믿고 사랑하는 법을 배우게 해줍니다.

안내자는 앤젤리나가 댄의 영혼 그룹의 일원이며 그를 좋아한다고 했다. 또 앤젤리나도 비슷한 수준으로 진화한 영혼이며 의욕을 갖고 있다고 했다. 댄이 설계한 삶의 계획에는 결혼이 포함되어 있었지만, 결혼을 거부할 수도 있고, 앤젤리나가 다른 사람과 결혼하게 보내줄 수도

있었다. 댄에게는 누구와 결혼을 하는지가 중요하지 않았기 때문이다. 상대가 영혼의 친구든 아니든 상관없었다. 중요한 것은 그가 계획한 것을 성취하게 아내가 도와주는가 하는 점이었다. 어떤 선택을 하든 댄이 마주할 삶의 교훈은 같을 것이다.

앤젤리나는 난관은 물론이고 보상도 많이 가져다줄 겁니다. 다른 사람들한테는 그것을 다 기대하기가 힘들죠. 물론 모두 배움의 기회를 제공해요. 궁극적으로 보면 올바른 결정은 없는 거죠. 어떤 길이든 시기만 다를 뿐 결국엔 기쁨을 가져다줄 거예요. 앤젤리나와 함께 가는 길은 최고의 발전을 선사할 겁니다. 다른 도전들에서도 물론 발전할 수는 있죠. 하지만 그 과정이나 방식은 다릅니다.
기회들은 늘 있어요. 이 기회들을 활용하고자 할 때도, 언제나 더 많은 기회들이 존재할 겁니다. 배움의 기회는 한 번만 있는 게 아니니까요. 특정한 사람이나 일을 만날 기회는 한 번뿐일 수도 있지만요. 그러나 배움의 기회는 한번만 있는 게 아닙니다.

댄은 자신이 우울증이나 불안증과 그토록 오랜 세월 씨름한 이유가 더욱 빨리 안내자가 되고픈 그의 욕망과 관련 있다는 것을 깨달았다. 그는 안내자가 되겠다는 목표를 세우고, 강렬한 감정들을 해결할 기회와 중요한 난관들이 가득한 삶 속으로 뛰어들었다. 그의 진지한 성품과 열정, 영적인 야망을 생각하면 놀랄 일도 아니었다. 그러나 안내자는 댄의 삶에 기쁨이 없다고 그를 꾸짖었다.

저는 기쁨과 즐거움을 우선시해야 한다는 점을 댄에게 계속 일깨워 주려 했어요! 그렇지만 댄은 기쁨과 즐거움을 덜 고결한 것으로 생각합니다. 사실은 기쁨과 즐거움이야말로 배움의 기회를 선물하는데 말이죠. 목적 지향적인 사람들도 이 균형을 꼭 이뤄야 합니다. 빈둥거리는 것도 정말로 가치 있는 일이에요. 사람들이 생각하는 것보다 훨씬 중요한 일이죠.

삶을 더 수월하게 만들어주는 길이 있어요. 사실 이건 그냥 길이 아니에요. 이건 필연적인 거예요. 중요한 건 가장 빠른 길을 찾는 것이 아니라 가장 좋은 길, 가장 완전한 길을 발견하는 것이지요. 댄은 삶의 계획에 따라 몇 가지를 배우고, 이로 인해 고통도 받아야 했어요. 그런데 아픔과 고통에서 벗어나게 해주는 길이 있어요. 그는 필연적으로 이 길에 이를 거예요. 영적 연결은 삶의 모든 병을 치유해 주는 길입니다. 고통에서 벗어나고 기쁨을 경험하는 길이지요.

앞으로 나아가면서도 삶을 가능한 한 충분히 즐기고 행복의 순간들을 되돌아보는 것이 댄에게 이로울 거예요. 그런데 댄은 그렇게 하는 것 같지 않아요. 삶은 일반적으로 최대치로 펼쳐집니다. 사람들의 경험이 다른 것은 일을 처리하고 돌아보는 방식 때문이죠.

그가 계획한 삶은 나쁘지 않아요. 기쁨과 고통 모두를 포함하고 있죠. 목적을 이루는 데는 두 가지 모두 필요합니다. 대부분의 사람들이 이전에 이미 한 경험이기도 하고요. 그것들은 색다른 것이 아닙니다. 극복하면 성취의 순간 자랑스럽게 돌아볼 수 있죠.

댄이 만난 평의회 의원들도 비슷한 이야기를 했다.

당신은 고통받기를 원한 게 아닙니다. 삶에는 물론 도전들이 있죠. 하지만 불행에 고착되면 안 됩니다. 힘들 때도 삶이 제공하는 기회에 감사하고 희망을 잃지 말아야 해요. 삶의 갈림길에 있다고 해서 꼭 힘들어야 할 필요는 없어요. 견딜 수 없는 길은 없어요. 이 점을 믿어야 해요. 갈림길에 상관없이 결국은 같은 곳에 다다를 겁니다.

댄이 이해하고 싶었던 더 심각한 문제가 있었다. 삶에 대한 무감각과 전반적인 무관심이 그것이다. 댄은 이 점 때문에 자신이 우울한 것은 아닌지 궁금했다.

댄은 삶을 오로지 목적에 이르는 수단으로만 여겨요. 여러 번의 생에서 그는 자신이 해야 할 일이 무엇인지를 이해하고 그것을 성취했습니다. 하지만 우리가 창조한 귀중한 감정들을 늘 경험하지는 못했어요. 몇몇 생에서는 비교적 이런 경험을 더 잘했지만, 이번 생에서는 극단적일 정도로 경험을 하지 못하고 있어요.

댄의 무감각과 무관심은 우울증과 관련이 있어요. 물론 그것이 우울증의 직접적인 원인은 아니지만요. 그렇다고 어린 시절에 겪은 상처의 결과로 우울증이 생긴 것도 아닙니다. 삶에 무관심하면 안 돼요. 삶은 중요한 것이니까요. 우리는 전에도 그에게 이런 가르침을 주었어요. 그런데 그는 배움이 느리다기보다 고집이 세요. 그의 무감각과 무관심은 극복해야 할 과제입니다.

삶의 난관들은 우리가 세운 삶의 계획에서 벗어났음을 일깨워 주기

위한 것이 아니다. 안내자는 우리 모두를 위해서 이렇게 조언했다.

선한 의도를 가진 사람들도 흔히 이렇게 생각합니다. 하지만 불만스러운 느낌이 잘못된 길을 가고 있다는 의미는 아니에요. 벌을 받고 있다는 의미도 아니고요. 아마도 여러분 자신이 그런 느낌을 삶의 계획 속에 집어넣었을 겁니다. 삶의 목적을 달성하기 위해서요.

댄은 LBL 세션을 받고 한 달 뒤 후속 세션을 받았다. 이 세션에서 댄은 8개월이나 계속되던 우울증이 최근에 가벼워졌다고 했다. LBL 세션에서 얻은 통찰 덕분에 앤젤리나와의 관계에 대한 걱정을 멈추게 되었기 때문이다. 그 대신에 그는 앤젤리나와의 결혼이 가져다줄 삶과 앤젤리나에 대해 자신이 어떻게 느끼는지에 초점을 맞추었다. 그리고 이전의 세션 때와는 달리, 그가 어떤 결정을 내리든 다 괜찮을 것이라고 편안하게 말했다. 그가 이 생을 위한 영혼의 계획에 따르고 있음을 알고 평화를 찾았기 때문이다.

우울과 죄책감에서 벗어나기

메테Mette는 열다섯 살짜리 딸 애나를 홀로 키우고 있었다. 6년 전 남편 비요르와 이혼을 했기 때문이다. 비요르는 이혼 후 약물중독으로 곧 세상을 떠났다. 사랑하던 이의 죽음은 메테에게 낯선 일이 아니었다. 그녀는 이미 사내아이를 잃은 경험이 있었다. 또 소녀 시절에는 어머니를 떠나보냈다.

그런데 남편이 죽고 얼마 안 있어 메테는 오토바이 사고로 중상을 입

고 거의 죽을 뻔했다. 이로써 평온했던 삶이 허물어지기 시작했다. 자살하고 싶은 생각이 들고, 우울증으로 심신이 황폐해지고, 전남편의 죽음 때문에 엄청난 죄책감까지 들었다. 메테는 이것들을 극복하고 싶다는 희망을 품고 LBL 세션을 받으러 왔다.

메테는 회계사였지만 그 일도 계속할 수 없게 되었다. 이로 인해 집안 경제 상황도 팍팍해졌다. 거기다 딸아이도 갈수록 걱정이 됐다. 딸이 우울증 증세를 보이고 학교생활도 무척 힘들어했기 때문이다. 외적인 상황이 안 좋아지면서 메테와 애나와의 관계도 삐걱댔다. 멀쩡하게 이야기를 나누다가 감정싸움을 하는 경우가 잦았다. 이로 인해 메테는 자신이 더 이상 좋은 엄마가 아니라고 여기게 되었다. 이런 모든 상황으로 인해 메테의 마음은 갈수록 나약해졌다.

이후 메테는 애나에게 새아버지를 만들어주는 것이 좋겠다고 생각하고 데이트를 시작했다. 하지만 그녀의 상반되는 감정들과 불명확한 동기 때문인지 꽤 많은 남자들과 데이트를 했지만 한 번도 결혼까지 성공하지 못했다. 그녀에게 지성과 학력, 미모가 있었음에도 남자들은 그녀를 만난 후 다시는 연락을 하지 않았다. 혹은 그녀와의 데이트를 갑자기 끝내기도 했다. LBL 세션을 시작하자 메테는 절망 속에서 이렇게 울부짖었다.

어떻게 해야 활력을 되찾을 수 있을까요? 사는 게 너무 힘들어요. 차라리 죽는 게 편할 거 같아요. 애나가 없으면 계속 살아갈 마음도 안 날 거예요. 애나에게 새아버지를 만들어줄 수도 없어요. 도대체 왜 새로운 남자를 찾을 수 없는 걸까요? 또다시 소중한 사람을 잃고 싶지는 않아

요. 누군가를 또 잃어버리는 건 견딜 수 없어요.

메테는 자신을 따뜻하게 맞아주는 할머니의 모습에 평정을 되찾았다. 어머니가 죽은 뒤 메테는 할머니의 손에서 자랐다. 할머니는 지금 메테의 안내자가 되는 훈련을 받고 있었다. 할머니가 메테를 스파처럼 생긴 방으로 안내했다. 메테는 이 방에서 호흡을 통해 편안히 이완되고 회복되기 시작했다. 할머니는 이어서 그녀를 배움의 장소로 데려갔다. 이곳에서 메테는 자신의 영혼 그룹을 만났다. 할머니도 이 영혼 그룹의 일원이었다. 메테는 감격한 어조로 말했다.

제 영혼 그룹이 보이고 느껴져요. 이들은 제가 관심 갖고 있는 제 친구들이에요. 그런데 이들과 뚝 떨어져 있는 것 같은 느낌이 들어요. 제가 계속 이들을 따르지 않아서인가 봐요. 이들은 저와 같은 영혼 그룹이어서 저의 귀환을 기다리고 있죠. 저는 이 영혼 그룹에서 에너지를 받을 필요가 있는 것 같아요. 이들에게서 용기를 얻고 싶어요. 물질계에서는 혼자 용기를 갖기가 힘들거든요.
저는 더 많이 들어야 해요. 이들과 연결되어야 하고요. 여기서 제 딸과 남편의 에너지도 느껴지네요. 지상에 있을 때의 에너지와는 다르지만, 분명히 그들의 에너지예요. 제가 아주 잘 아는 에너지죠. 저는 이 에너지를 아주 많은 차원에서 알고 있어요. 이것은 잔잔한 흥분 같은 거예요. 우리는 서로 연결되어 있다는 걸 알아요. 이 모든 에너지, 이 모든 영혼의 친구들이 물질계에 있는 저를 도와주고 있어요. (울면서) 정말로 사랑받는 느낌이 들어요.

열한두 명의 영혼들이 메테를 둥글게 에워쌌다.

영혼들이 말하길, 이들 모두 과거에 저와 함께 일했대요. 제가 이 여정에 올라 있다는 걸 이들도 모두 알아요. 지금 이 영혼들은 제게 정신적인 힘을 북돋아 주고 있어요. 제게 다른 선택, 다른 길이 있다는 것을 알려주고 있고요. 저도 알아요! 저는 약간 길에서 벗어났어요. 저의 마음이 제 영혼을 흐리게 만들었고, 이로 인해 저와 저의 영혼 그룹, 영계와의 연결도 끊기고 말았어요. 이런 일을 허용한 것은 저예요. 제가 더 이상 듣지 않고, 저의 느낌들을 무감각하게 만들었으니까요.

최면요법가는 메테가 이해하고 있는지 확인하기 위해서 더욱 깊이 캐물었다. 그러자 메테의 영적 자기가 이렇게 반응했다.

그것은 제가 구해야 할 가르침의 일부예요. 신체적인 메테, 즉 저는 분리를 경험해봐야 해요. 자포자기 상태도 느껴보고, 완전히 분리된 상태도 느껴보고요. 희망을 잃어보는 것도 제가 선택한 일이에요. 제 영혼이 깨어나는 데 이 모든 경험이 필요하니까요.

메테는 자신의 영혼 그룹은 물론이고 영계와도 분리되어 버렸다는 것을 이해했다. 이런 분리로 인해 생각이 흐려지고 우울증이 생겼다는 것도 이제는 깨달았다. 그녀는 깨어남을 위한 책무를 기꺼이 받아들일 것이다.

비요르가 저를 향해 다가오고 있어요. 그가 서서히 자신을 죽였다고 제게 설명해 주네요. 그는 자신을 해방시킬 수 없었대요. 하지만 이것도 그의 선택이었답니다! 그는 아주 다정해요.

저는 이제 그의 선택에 대한 죄책감을 멈추어야 해요. 이것도 제가 깨우쳐야 할 가르침이에요. 이 가르침을 깨우쳐야만 앞으로 나아갈 수 있고, 제 영혼 그룹과도 다시 연결돼서 잘 지낼 수 있어요. 그런데도 저는 여전히 죄책감에 묶여 있어요. 비요르와 많은 전생에서 연인으로 지냈기 때문이죠. 우리는 많은 생을 행복하게 살았어요. 하지만 이번 생은 다르게 계획되어 있었어요. 저는 제 영혼 그룹을 잘 따라잡지 못했어요. 그들은 모두 저보다 빠르게 진화했거든요. 그래서 저도 진화를 위해 이런 경험을 선택했어요. 그래야 제 영혼 그룹을 따라잡을 수 있으니까요.

메테는 오랫동안 말을 멈추고 있다가 몸을 움츠리더니 다시 상세하게 설명을 이어갔다.

저는 약간 머뭇거리는 영혼이에요. 급하게 서두르는 걸 좋아하지 않아요.

이제 메테의 할머니는 원로들을 만날 수 있는 곳으로 메테를 인도했다. 그곳은 비판보다는 무조건적인 사랑이 지배하는 공간이었다. 원로들을 본 메테는 처음에는 좀 불편해했다.

복합적인 감정이 들어요. 행복하지만 부끄럽기도 해요. 그들은 다정하게 저를 바라보고 있어요. 약간 유머러스해 보이기도 하고요. 저를 위한 사람들이기 때문에 겁이 나지는 않아요. 그들은 실제보다 더 인간적으로 보여요. 그래서 그들을 알아볼 수 있어요.

최면요법가가 질문들을 하기 시작했다. 이 질문들은 메테가 세션에서 답을 얻고 싶은 것들이었다. 첫 번째 질문은 다가올 생애를 위해서 메테가 영혼의 계획 속에 포함시킨 것을 바꿀 수 있는가 하는 것이었다. 또 만약 바꿀 수 있다면 수정에 한계가 있는지도 물었다.

네, 수정은 부분적으로 가능해요. 바꿀 수 있는 것도 있고, 그럴 수 없는 것들도 있어요. 다른 존재들, 그러니까 다른 영혼들과 관련된 것들은 바꿀 수 없어요. 제 딸 애나와 제가 함께 결정한 것도 있는 것 같아요! 이 일은 우리가 함께 하기로 되어 있죠. 그건 제가 바꿀 수 없어요. 이 일이 무엇인지는 몰라요. 하지만 이 일은 변경이 불가능해요. 미래의 어느 시점이 되면 이 일이 무엇인지 분명해질 거예요. 저는 길을 바꿀 수 있어요. 하지만 어떤 길에서든 제가 배워야 할 것이 나타날 거예요.

어떤 길을 선택하든 메테가 배워야 할 것은 어떻게든 나타날 것이다. 메테는 그녀가 선택한 길에서 예상보다 잘해내고 있다는 말도 들었다. 이 길은 그녀에게 많은 슬픔을 안겨주었으며 상실로 점철되어 있었다. 그래도 그녀는 이 길에서 더욱 빠르게 발전할 수 있었다. 이 길은 애나의 영혼이 경험하고 싶어 하는 환경을 제공한다는 이점도 있었다.

원로들은 삶을 선택하는 장소로 메테를 인도했다. 이곳에서는 다가올 생의 세부 사항들이 설계되고 있었다. 또 그녀가 메테로 사는 생에서 그녀의 영혼 그룹이 맡게 될 역할들도 논의되고 있었다.

오, 애나도 여기 있어요! 애나가 깨우쳐야 할 가르침도 제 영혼의 계획 속에 있고요! 제가 그녀를 도와주고 있는 거죠! 우리 모두 이것을 함께 하고 있어요. 우리 셋 모두 함께하고 있는 거죠.

메테는 애나를 향한 비요르의 마음이 깊다는 것을 알았다. 비요르는 영혼의 계획에 따라 애나를 떠나는 것을 슬퍼했다. 비요르는 애나의 아버지로 살아가는 것이 너무 즐거워서 계속 머무르고 싶어 했고, 가능하다면 애나를 위해 계속 그 자리에 있어주고 싶어 했다. 그래서 더 일찍 떠날 수도 있었지만 가능한 한 오래 머무르려 했다.

메테는 미래에 또 다른 동반자를 만날 가능성이 있었다. 이 점을 알고 메테는 안도와 기쁨을 느꼈다. 그녀는 원로들에게 다른 지침도 받았다.

저더러 이제 그만 충실해도 된다고 하네요. 영계와 이 물질계를 분리할 필요도 있고요. 충실한 건 물론 좋은 점이에요. 하지만 사랑에 관해서는 그런 충실함이 제게 아무런 도움도 안 된다는 걸 이해할 필요가 있죠. 그가 아직 여기에 없는 것도 이 때문이에요. 저는 신체적인 사랑에 제 자신을 열어야 해요. 그리고 남자를 찾아야 해요. 제가 남자를 원하니까요! 또 애나에게는 아버지가 있어요. 저는 애나의 아버지를 대체할 수 없고요. 그러니까 애나에게 아버지를 대체할 사람을 찾아주려고 하

지는 말래요.

우리는 모두 사랑하고, 우리 모두가 사랑이에요. 우리를 이어주는 것은 사랑이지요. 사랑이 전부예요. 여기서는 우리 모두가 서로를 사랑하죠. 또 모든 존재와 사물을 사랑해요. 하지만 지상에서는 모든 사람을 사랑하기가 이따금 쉽지 않죠. 사랑이, 오직 사랑만이 모두를 이어준다는 걸 기억해야 해요. 저는 육체를 갖고 있는 동안 다른 남자를 만나 사랑을 발견할 수 있다는 점을 믿을 필요가 있고요.

작별 인사를 나눌 때 원로들은 부모 역할을 잘하고 있다며 메테를 칭찬했다. 메테의 따스한 보살핌 덕분에 애나가 영적으로 성장하고 있다고 높이 평가해 주었다. 또 너무 진지하게만 살려고 하기보다 심신을 약간 느긋하게 풀라고 용기를 북돋아 주었다. 그녀가 부르면 그들이 언제든 도와줄 것이므로 두려워하지 말라고도 했다.

세션 덕분에 메테는 삶을 점진적으로 재구축할 수 있었다. 새로 얻은 통찰은 심신을 황폐하게 만들던 우울감과 죄책감을 극복하는 데 도움이 되었다. 그녀는 한결 만족스럽고 스트레스도 적은 일자리를 찾아 다시 일을 시작했다. 애나와의 관계도 크게 개선되어 말다툼이 거의 일어나지 않았다. 특별히 기쁜 일이 또 있었다. 애나의 성적이 향상된 것이다. 그 덕분에 애나는 더 활동적이고 긍정적으로 살아가게 되었다. 메테는 애나를 위해 새로운 아버지를 구하는 일을 단념했다. 대신에 새로운 열정을 갖고 그녀 자신을 위해 새로운 사랑을 찾기 시작했다.

우리 영혼의 계획을 이해하고 나면, 자신이 실패했다는 잘못된 믿음이 만들어내는 마음의 짐에서 자유로워질 수 있다. 메테의 이야기가 이

사실을 잘 보여준다.

봉사를 위한 영혼들의 합의

삶을 계획할 할 때 영혼들은 다가올 생에서 서로 돕기로 합의한다. 우리는 테레사Theresa의 사례를 통해서 영혼의 계획에 들어 있는 또 다른 요소를 알았고, 실제로 이런 합의의 힘이 작용한다는 점을 발견했다. 여기에서 말하는 또 다른 요소는 자신의 정신적 투쟁과 영적인 성장을 통해서 인류를 위해 봉사하겠다는 결심이다.

테레사는 55세의 치유사였다. 결혼을 해서 두 아이를 낳았는데 지금은 둘 다 10대였다. 테레사가 LBL 세션을 받기로 한 이유는 10대 때부터 고통받아 온 우울증의 원인을 알고 싶었기 때문이다. 거기다 두 아이들에 대한 걱정도 한몫했다. 두 아이 모두 그녀처럼 우울증으로 고통받고 있었다.

테레사는 한 번도 자신의 치유를 우선시한 적이 없었다. 그녀의 감정을 다른 사람들과 공유하지도 않았다. 다른 사람들에게 부담을 주고 싶지 않았기 때문이다. 스스로 통제할 수 없는 문제를 만나면 대천사 미카엘에게 도움을 청했다. 우주의 모든 일은 신이 계획한 대로 일어날 수밖에 없다는 사실을 믿을 때도 있었지만, 이런 태도를 계속 유지할 수는 없었다. 가끔은 그녀의 삶과 아이들에 대한 걱정을 멈출 수 없었다. 세션에서 테레사는 이런 문제에 도움이 될 지혜를 얻었다.

자식 문제에서는 걱정을 안 하기가 힘들죠. 자식을 보호하고 싶으니까요. 하지만 아이들도 정당한 자격을 갖추고 이곳에 존재하는 영혼이라

는 점을 우리는 가끔 잊어버려요. 아이들도 나름의 가르침을 얻기 위해 여기에 존재하는 건데 말이죠. 옆에서 지켜보기가 아무리 고통스러워도 제가 아이들을 완전히 보호해 줄 수는 없어요. 저는 커다란 그림을 망각하지 말아야 해요. 우주의 질서를 신뢰해야 해요.

테레사는 자신의 안내자들과 연결되었다. 그 덕분에 그들이 언제나 자신 곁에 있고 기꺼이 함께 일하고 싶어 한다는 점을 상기하게 되었다. 이런 각성은 그녀에게 안도감을 가져다주었다. 세션이 계속되자 테레사의 안내자들은 그녀의 우울증에 어떤 목적이 있는지를 통찰하게 해주었다.

안내자들이 그러는데, 우울증이 있다는 건 제게 해결하지 못한 문제들이 있다는 의미래요. 우울증은 심신의 신호등과 같아요. 이 신호등은 문제들이 아직 해결되지 않았다는 걸 일깨워 주죠. 저는 이 문제들을 해결할 수 있어요. 그러자면 남편이나 아이들과의 관계를 변화시켜야 해요. 그럴 기회가 있을 거고, 안내자들이 도움을 줄 거예요.

안내자들은 이제 테레사에게 남편과 아이들의 영혼과 접속해서 이런 변화를 지지할 수 있는지 물어보게 했다. 이런 확인이 있어야 테레사가 자신을 변화시킬 수 있는데, 테레사는 자신의 문제들로 다른 사람들에게 부담 주는 걸 싫어했기 때문이다. 그녀는 또 자신의 치유에 초점을 맞추지 않고 있다는 점을 인정했다. 안내자들은 그녀가 할 일을 구체적으로 이야기해 주지는 않았다. 하지만 그녀가 자신에게 초점을 맞

출 필요가 있다는 점은 분명했다. 그들의 접근법은 테레사와 그녀의 가족들을 위해 다른 잠재력을 펼칠 수 있는 여지를 만들어주는 것이었다.

세션이 끝나고 이야기를 나누던 중에 테레사가 안내자들에게 다른 선물도 받았음을 알려주었다. 테레사가 오래도록 씨름하던 우울증의 에너지 진동이 지금 시대에 지구를 괴롭히고 있는 에너지 패턴과 비슷하다는 점을 안내자들이 알려준 것이다. 테레사와 아이들은 우울증을 그들의 삶의 계획 속에 포함시키기로 합의했다. 그들처럼 우울증으로 괴로워하는 사람들에게 도움을 주기 위해서였다. 우울증을 치유하기 위해 노력하다 보면, 다른 사람들과 지구의 에너지를 치유하는 데도 일조할 수 있을 것이기 때문이다.

나중에 테레사는 LBL 세션의 가치를 숙고하고 나서 최면요법가에게 이렇게 말했다.

안내자들에게 받은 정보 덕분에 저는 인생을 바라보는 관점을 바꾸고 안도감을 느끼게 되었어요. 전에는 우울증을 아이들에게까지 대물림된 불행한 유산으로 생각했어요. 하지만 지금은 자기 치유의 과정이 타인을 치유하는 데도 도움이 된다는 점을 알았어요. 이런 이해 덕분에 목적의식이 더 생기고, 이를 위해 계속 노력해야겠다는 다짐도 다시 하게 됐어요.

전생에 해결하지 못한 문제들

많은 사람들이 정신적 문제와 씨름하고 있다. 이런 문제의 근원은 전생에서 해결하지 못한 문제에 있을 수 있다.

켄Ken은 39세의 목수였으며 평생 떨쳐버리기 힘들 것 같은 우울증과 싸우고 있었다. 그는 자신의 삶에서 우울감이 왜 그토록 집요하게 계속되는지 알고 싶었다. 아이는 아직 없지만 행복하게 결혼 생활을 유지하고 있었다. 켄과 그의 아내는 친구도 많았으며 사회생활도 적극적으로 하고 있었다. 늘 우울감에 시달리는 이유를 그는 하나도 생각해낼 수 없었다.

이 우울감의 근원을 좇다 보니 전생까지 가게 되었다. 켄은 전생에서 아서라는 20대 초반의 남자였다. 시대는 중세였으며 장소는 유럽의 어느 마을이었다. 아서는 누더기 옷에 낡은 신발을 신은 채 그가 살던 작은 마을 외곽의 숲에 있었다.

시끄러운 소리가 들려요. 그들이 다시 오는 것 같아요. 바이킹족이요. 이 침입자들은 이전에도 쳐들어와서 마을을 파괴시킨 적이 있어요. 남자들을 숱하게 죽이고 여자들을 포로로 끌고 갔지요. 저는 그때 어린애에 불과했고요. 그런데 그들이 다시 쳐들어오고 있어요. 저는 싸울 태세를 갖추기 위해 마을로 달려가요. 그들이 마을로 진입하기 전에 막아야 해요.

아서는 마을이 작다고 묘사했다. 마을을 지킬 남자는 그를 포함해 다섯 명밖에 없었다. 그들은 대장장이에게 가서 칼과 말을 얻은 뒤 말을 타고 바이킹족을 막으러 갔다. 그의 어머니와 누나는 스스로를 방어할 수 없는 다른 여성들이나 노인들, 아이들과 함께 마을에 남았다. 아서는 펼쳐지는 장면을 이렇게 묘사했다.

열 명가량의 남자들이 우리를 향해 빠르게 다가오고 있어요. 제가 그중 한 명을 죽였어요. 큰 전투가 벌어졌는데, 우리가 수적으로 열세예요.

아서는 어깨에 칼을 맞고 말에서 떨어졌다. 이제 대장장이 홀로 적들과 싸워야만 했다. 다른 사람들은 전부 죽거나 부상을 당했기 때문이다. 그러나 결국은 대장장이도 쓰러졌다. 바이킹들은 진격해서 마을에 불을 지르고 사람들을 죽였다. 여자들은 포로로 끌고 갔다. 아서는 간신히 마을로 돌아왔다. 출혈이 굉장히 심했다. 결국 그는 살아남은 아이들을 끌어모아 다른 마을을 찾아가게 하고는 세상을 떠났다.

켄은 그의 전생을 돌아보고, 아서가 바이킹들이 저지른 파괴와 살해를 자신의 탓으로 잘못 결론지었음을 발견했다. 당시 아서에게는 마을 사람들에게 제때 경고를 하지 못한 책임이 있긴 했다. 그가 조기에 경고를 하지 못한 탓에 마을 사람들은 바이킹들을 피해 대피할 수 없었기 때문이다.

켄은 이런 전생의 경험을 더욱 고차원적인 시각에서 바라보았다. 그 덕분에 아서로 살았던 전생에서부터 이어진 감정들을 풀어버릴 수 있었다. 그러자 우울감의 무게도 가벼워졌다. 당시 아서에게는 마을과 주민들을 구하기 위해 할 수 있는 일이 아무것도 없었다. 이제 켄은 이 점을 분명하게 이해했다.

우리는 복잡한 세상을 헤쳐나가는 동안 여러 가지 도전들에 직면한다. 그 결과가 긍정적인 것이든 부정적인 것이든 우리의 경험에는 흔히 감정의 부산물이 생겨난다. 경험이 아직 한정되어 있다는 점을 고려할 때, 상대적으로 어린 영혼들에게는 복잡한 세상을 헤쳐나가는 것이 더

힘들 것이다.

심신을 황폐하게 만드는 불안

크리스틴Christine은 40세의 여성이었다. 그녀는 아주 어렸을 때부터 불안 장애와 주의력 결핍 장애에 시달렸다. 이로 인해 처방약을 꼭 복용해야만 했다. 크리스틴은 불안 장애와 주의력 결핍 장애를 제거할 방법을 찾고 싶었다. 더불어 그녀에게 안정감이 결여된 이유도 알고 싶었다. 그녀는 평생 감정이 불안정하고 뒤죽박죽이었다고 했다. 어린아이였을 때도 그녀는 '안식'을 찾고 싶어 했다. 성인이 되고 나서는 자신이 내내 느껴온 감정이 애착 상실이었음을 깨달았다. 이것도 극복하고 싶었다.

크리스틴은 전업주부였는데, 세 살과 다섯 살짜리 두 아들을 돌보는 일이 종종 버겁게 느껴진다고 했다. 밤에 막내아들이 자주 칭얼대면 특히 스트레스를 받았다. 이로 인해 그녀는 과잉 행동과 신경과민 증상을 보였고, 남편도 시간이 갈수록 그것을 견디지 못했다. 남편은 자신과 아내가 서로의 삶에 부정적인 영향을 미친다고 느꼈고, 언젠가는 결혼 생활이 끝장날 것 같다고 생각했다.

크리스틴은 여섯 딸 중 막내였다. 그녀 다음으로 곧 남동생이 태어났다. 그녀는 전생으로 퇴행하기 전에 먼저 최면 상태에서 어린 시절의 기억들을 거쳐 자궁 안으로 들어갔다. 그리고 인간으로 지구에 환생할 때의 첫 느낌들을 탐색했다. 크리스틴의 영혼은 어머니의 자궁 안에서 막 형성되고 있던 태아와 결합하려 했다. 그런데 어머니의 불안감이 너무 커서 태아가 성장하는 동안 자궁 밖에서 기다리기로 했다. 크리스틴

은 어머니가 크게 슬퍼하고 있는 모습을 보았다. 어머니는 아기를 낳을 준비가 안 되어 있었다.

자궁 안에서 많은 시간을 보내지는 않아요! 너무 불편하니까요. 그래서 저는 어머니의 몸을 벗어나 살피고 관찰해요. 어떻게 해야 할지 모르겠어요. 거기서 성장하는 것은 너무 불편하고 미친 짓이에요. 저는 그게 싫어요. 정말 싫어요! 하지만 할 일이 많아요! 저는 어디로 가야 할지, 무엇을 기대할 수 있을지, 누구와 함께할지를 알기 위해 주변을 둘러봐요. 지구는 아름다워요. 지구에는 색다르고 특별한 것들이 아주 많아요. 지구에 머무는 것은 하나의 기회예요. 하지만 어머니가 너무 스트레스를 받고 있어요. 이 모든 느낌이 마음을 아프게 해요. 그래서 어머니의 몸 안으로 다시 들어가고 싶지 않아요. 하지만 다시 들어가야만 한다는 걸 저는 알죠.

저는 제 동생과 협약을 맺었어요. 함께 가되 제가 먼저 태어나기로요. 제가 동생을 설득했기 때문에 이 약속을 지켜야만 해요. 그런데 제가 사내아이로 태어나면 어머니가 다시는 아기를 안 낳을 거예요! 우리 둘이 한집에서 태어나기로 했는데 말이죠. 그래서 저는 여자아이로 태어나야만 했어요. 그러면 동생이 뒤이어 사내아이로 태어날 수 있을 테니까요.

이 두뇌로 집중하는 건 제게 어려운 일이에요. 이곳의 에너지들을 다루기가 힘들어요. 그래도 이 두뇌는 제게 쓸모가 있어요. 여기 존재하게 도와주죠. 지나치게 진지해지지 않게 도와주기도 하고요. 기운을 내서 이것을 받아들여야 해요. 제게 정말로 도움이 될 거예요. 너무 심각해

지는 건 중요한 일이 아니에요. 제가 여기에 온 건 사람들을 받아들이는 법을 배우기 위해서예요. 사람들과 즐겁게 지내고 그들에게 사랑을 전하기 위해서 여기에 왔죠.

자궁 안에서 탐색을 마친 후 크리스틴은 전생으로 옮겨갔다. 당시는 유대인 대학살이 일어나고 있었다. 다른 사람들과 그녀가 강제수용소에서 어떤 대접을 받는지 보고 그녀는 공포에 젖었다. 그러다가 흐느끼며 말했다.

사람들을 이해 못 하겠어요. 여기서 도망치고 싶어요. 사람들이 정말로 이해가 안 돼요!

크리스틴은 경비병의 손에 목숨을 잃었다. 이로써 그녀는 강제수용소의 공포를 뒤로하고 내세에 도착했다. 그녀는 기쁨에 휩싸였다.

고향에 도착했어요! 정말 고향이에요! 여기는 아주 밝고 평화로워요! 우리는 영적으로 성장하기 위해 노력하고 있어요. 여기서는 모든 존재가 가장 사랑스러운 상태에 있어요. 우리는 모두 탐험가들이에요. 포식자는 전혀 없어요. 여기는 아주 평화로워요!

세부적인 점들을 더 탐색한 후, 최면요법가는 크리스틴에게 무엇이 지각되고 느껴지는지를 물었다. 그녀는 영혼 그룹의 일원들이 모두 떠났다고 말했다. 영혼 그룹의 일원인 그녀의 남동생도 마찬가지였다. 그

리고 그녀는 이번이 지상에서의 세 번째 삶에 불과하다는 것을 알았다.

> 지상에 오는 것은 농담 같기도 하고, 영화를 보는 것 같기도 하죠. 분노나 질투, 증오, 고통 같은 것들을 '고향'에서는 배울 수 없어요. 제가 지상에 올 수밖에 없는 이유죠. 지구는 사랑과 단절되어 있고 인류는 어둠 속에 있어요. 그러나 사랑 없는 실존은 진짜가 아닙니다! 모든 인간은 사랑에 헌신해야 해요. 오직 사랑뿐이니까요. 지구는 사람들이 이 점을 배우고 성장하도록 도와줍니다.

세션이 끝나고 크리스틴의 상태는 훨씬 좋아졌다. 그녀는 자신이 누구인지를 알게 되었다. 이뿐만 아니라 그녀로 하여금 불안과 주의력 결핍증에 시달리도록 만든 환경도 이해하게 되었다. 귀향의 경험은 그녀를 다시 회복시키고 깊은 치유를 안겨주었다. 또 남동생과의 계약을 알게 된 덕분에 삶을 더욱 의미 있게 받아들이게 되었다.

시간이 지나면서 그녀는 삶을 더욱 편안한 시각으로 바라보기 시작했다. 불안이 줄어들면서 그녀 자신도 더 행복해지고 가정생활에서도 긍정적인 결과가 나타났다. 이제 가족과 주변 사람들에게 사랑과 연민을 보내게 된 것이다. 그녀는 아주 잘 살아가고 있으며 삶이 행복하다고 보고했다.

전생의 부정적인 유산에서 벗어나기

캐럴Carol은 20대 중반의 젊은 엄마다. 그녀의 사례는 전생에서부터 이어지던 것들을 더욱 잘 이해하게 해준다. 캐럴은 자신이 나쁜 엄마라

는 강렬한 느낌과 분노, 우울, 불안으로부터 벗어나고 싶었다. 그녀는 밤중에 끊임없이 우는 아들 때문에 특히 스트레스를 받고 있었다.

캐럴은 훈장을 받은 남성 장교로 살아가던 생으로 퇴행했다. 그는 전쟁에서 장교로서 명령을 내리고 많은 군인들을 죽음으로 몰아넣기도 했다. 부하들이 전장에서 전사한 후에는 그 가족들을 방문했다. 가장을 잃은 가족들의 고통과 분투에 그도 책임이 있다고 믿었기 때문이다. 이런 죄책감이 그를 무겁게 짓눌렀다.

장교로서 말하는 순간, 그의 말은 현생에서 캐럴이 맞닥뜨리고 있던 정서적 과제들과 잘 맞아떨어졌다. 캐럴은 전생에 지휘관으로서 해결하지 못했던 정서적 에너지를 현생에까지 가져왔던 것이다.

나이가 들수록 저는 인색하고 고집스럽게 변했어요. 저의 명령으로 너무 많은 사람들의 삶을 망가뜨렸기 때문이죠. 하지만 다른 선택권이 없었기 때문에 억울하기도 해요. 그 점에 대해서는 말을 안 했지만요. 저는 예수님에 대해서 많이 생각해요. 천국에 가고 싶기도 하고요. 하지만 죽을 때까지 아내에게 좋은 남편이 되어주진 못했어요.

캐럴은 장교로 살았던 이 생에서의 죽음을 살펴보았다. 장례식이 끝난 후에도 그의 영혼은 주변을 맴돌고 있었다. 그는 죽은 후에야 비로소 주변 사람들의 사랑을 받아들일 수 있었다.

사람들이 제가 받은 훈장들을 자랑스럽게 여겨요. 하지만 저는 이 훈장들을 받기 위해서 나쁜 짓을 많이 해야 했지요. 저는 이 생에서 사람들

이 저를 사랑해 주기를 바랐어요. 하지만 제가 한 짓을 알면 사람들이 저를 사랑하지 않을 거라고 생각했지요. 지금은 사람들의 사랑을 받아들일 수 있어서 너무 기분이 좋아요. 평화 속에 머물 수 있어요. 이제 가야 할 시간이에요. 돌아온다면 행복한 가정을 만들고 싶어요.

내세에 도착한 후 그는 지상에서 자신의 명령으로 죽은 사람들에게 사과할 기회를 얻었다. 그러나 그는 무조건적인 사랑과 수용의 영역에서는 사과가 불필요하다는 것을 다시 깨달았다. 지상에서는 모든 사람들이 맹목적으로 역할극을 하기 때문이다.

캐럴은 이런 전생 경험을 통해서 인간의 고투가 영혼의 성장을 위한 기회이므로 결국은 모든 것이 괜찮으리라는 점을 기억했다. 이런 지혜를 얻은 덕분에 그녀는 우울과 불안, 분노, 의심의 무거운 짐을 내려놓게 되었다. 이처럼 최면요법가의 지원을 통해 캐럴은 죄책감과 분노, 두려움의 에너지에서 자유로워졌다. 그리고 순수한 사랑의 강력한 힘과 깊이 연결되어 그 밝음과 온기를 물리적으로 경험할 수 있었다. 그녀는 이렇게 순수한 사랑의 고차원적인 진동에 푹 잠겨서 몇 가지 깨달음을 얻었다.

저는 두려움이 아닌 사랑의 자리에서 제 아들과 함께해야 해요. 감정이 있기 때문에 때로 좌절감을 느낄 수도 있어요. 그건 잘못된 일이 아니에요. 제가 나쁜 엄마라는 의미도 아니고요. 제가 좋은 엄마라는 걸 저는 알아요.

캐럴은 오랫동안 붙들고 있던 잘못된 믿음과 그것이 불러일으킨 감정들을 풀어버렸다. 그 덕분에 불멸의 영혼과 연결될 수 있는 길도 열렸다. 그녀는 영적 자기의 자유와 평화, 확신을 경험했다. 그리고 두려움에 기반한 낡고 조건화된 믿음들을 털어버렸다. 캐럴의 경험은 우리에게 전생의 잔여 유산에서 벗어날 수 있고, 이 유산들이 우리를 지배하지 못하게 부숴버릴 능력이 있음을 일깨워 준다.

세션은 제게 큰 도움이 됐어요. 제 아들과 관련해서도, 아들이 밤에 우는 일과 관련해서도, 곧 기분이 나아졌어요. 한 주 한 주 시간이 흐르면서 더욱 깊은 차원들에서도 서서히 불안을 덜 느끼게 됐어요.

혼돈의 세상에서 평화롭게 살아가기

우리는 지금 전 세계의 사건들이 텔레비전이나 컴퓨터 화면에 실시간으로 방영되는 시대에 살고 있다. 누구나 자연재해와 인재의 고통에 노출되어 있는 것이다. 바로 옆에서 재해를 당한 사람들은 물론이고, 다른 사람들도 간접적으로 영향을 받는다. 이로 인해 비극이 전 세계를 강타할 때 이것을 이겨낼 수 있는 방법을 계발하는 것이 마음의 건강과 영혼의 성장에 아주 중요하다.

제럴드Gerald는 우리가 영혼 세계의 커다란 그림을 망각하지 않도록 중요한 점을 상기시켰다. 제럴드는 연방정부에서 일하는 34세의 분석가였다. 그는 어린 시절에 겪은 학대와 방치를 이해하고 싶어 했다. 그뿐만 아니라 이 불안의 시대에 감정을 어떻게 다스려야 하는지도 알고 싶어 했다.

제럴드와 세션을 진행하면서 우리는 삶의 모든 경험이 영혼에게 성장의 기회를 제공한다는 점을 다시 확인했다. 과잉 반응을 보이지 않고 자신의 감정을 다스리는 것은 자신은 물론 타인에게도 유익한 일이다. 제럴드의 안내자는 우리 모두의 가슴에 와닿는 시각을 제공했다.

지구상에서는 늘 비극이 일어나고 있어요. 하지만 이 비극을 줄이기 위해 할 수 있는 일도 많습니다. 비극은 여러분을 제한하는 게 아니에요. 여러분은 여전히 해야 할 일을 할 수 있어요. 누구나 그럴 수 있어요. 우리가 인간의 몸을 갖고 태어난 것도 이 때문입니다. 인간의 몸을 가지고 있기 때문에 우리가 마땅히 해야 할 일을 할 수 있는 거예요. 그 일은 바로 성장하고, 치유하고, 과거를 바로잡고, 도움을 주는 겁니다. 영혼의 계획을 완수하려면 때로 힘든 시기를 겪어내야 해요. 일단 배움을 마치면 행복이라는 자연스러운 상태로 돌아갈 수 있지요. 부정적인 에너지를 상쇄하고 행복의 자연스러운 상태로 돌아가려면, 지구상에서 반드시 긍정적 에너지의 부동점을 갖고 있어야 해요. 안전하고 따스하며 기쁨에 차 있는 것이 우리의 자연스러운 상태입니다. 수행을 계속해서 긍정적인 에너지를 간직하고 있어야 해요. 그러다 다른 사람들이 준비가 되면 그들에게 이 에너지를 나눠줄 수 있어야 해요.

사람들이 지구상에 태어나기를 선택하는 이유는 풍요로운 정서적 경험을 할 수 있기 때문이다. 이런 귀환을 통해 우리는 삶의 부침 속으로 완전히 뛰어든다. 난관에 부딪히리라는 것을 알면서도, 영적인 성장에 대한 갈망으로 인해 앞으로 나아가는 것이다. 이렇게 우리는 몇 번

이고 참아내고, 몇 번이고 이겨낸다.

지상에서 하는 모험의 전후 맥락을 알면 고통도 덜 수 있다. 동시에 혼란을 딛고 일어나 그것을 뛰어넘으면 영적으로 성장할 뿐만 아니라 부정성에 굴복하지 않도록 타인을 도울 수도 있다. 그러다가 영계로 돌아가면 우리가 했던 경험들 덕분에 영원한 고향에 퍼져 있는 무조건적인 사랑과 기쁨, 평화를 만끽할 수 있는 역량도 깊어진다.

3
상실감 치유하기

누구나 사랑하는 사람과 사별하거나 헤어지고 나서 그 상실감과 싸우는 경험을 한다. 사랑하는 사람이 우리보다 먼저 세상을 떠날 수 있다는 것을 알아도, 이 상실이 불러오는 고통과 슬픔을 피해갈 수는 없다. 사랑의 관계가 영원할 수 없음을 알아도 마찬가지다. 이로 인해 헤어짐의 상황에 상관없이 거의 모든 사람들이 상실을 두려워한다.

태어나고 죽는 삶의 순환은 우리 모두가 연인이나 가족, 친구를 잃어버리고 고통받을 수 있음을 분명하게 확인시킨다. 예기치 못한 비극적 죽음은 특히 이겨내기가 힘들고 고통스럽다. 결별이나 이혼, 실연으로 인한 상실도 마찬가지다. 사랑이나 보살핌의 관계가 영원히 끝나는 상황으로 인한 상실도 그렇다. 사랑하는 사람을 잃고 그 상실감과 싸워본 적이 있다면, 인간이 경험하는 감정의 폭을 잘 이해할 것이다.

사랑하는 이를 최근에 잃은 사람이라면 아마 그런 경험의 과정에서 이 책을 접하게 되었을 것이다. 친구가 여러분의 고통을 덜어주기 위해

이 책을 선물했을지도 모른다. 혹은 LBL 세션에서 이해를 갈구하는 사람들처럼 자신이 겪은 상실과 관련해서 더욱 고차원적인 지혜를 구하다 접했을 수도 있다.

사랑하는 이를 잃고 슬픔에 젖어 있을 때, 우리는 타인의 본질과 연결될 수 있는 능력과 사랑의 힘을 확인하게 된다. 타인을 사랑하는 것만큼 행복과 안녕에 필수적인 인간 경험은 없다. 영혼의 성장에도 사랑보다 더 중요한 경험은 없다. 그리고 상실은 영혼에게 배움과 치유, 균형, 섬김의 환경을 더욱 풍요롭게 제공한다. 사랑은 너무도 소중하고 누구나 바라는 것이다. 그래서 타인과의 연결이나 사랑에 실패한 사람은 엄청난 슬픔을 경험한다. 사랑하는 이가 죽거나 사랑의 관계가 끝나면 당연히 정서적으로 심각한 격랑을 경험할 수밖에 없다.

사랑하는 이를 잃을 때 사람들은 흔히 부정과 분노, 협상, 우울 등의 반응을 보인다. 그리고 이런 애도의 과정이 효과적으로 마무리되어야 비로소 인정을 하게 된다. 인정은 보통 애도 과정의 마지막에 일어난다. 하지만 이런 감정들을 통과하는 길은 직선적이지 않다. 두 사람이 정확하게 똑같은 방식으로 상실을 경험하지도 않는다. 사랑하는 사람의 상실은 지극히 개인적인 경험이다. 각자가 자신만의 방식으로 이 상실과 싸울 수밖에 없다.

사랑하는 사람이 죽으면 여러분 자신이나 여러분이 아는 누군가는 처음에 이렇게 말할 것이다.

"그녀(그)가 죽었다는 걸 믿을 수가 없어."

이것은 말 그대로 불신을 의미하는 것이 아니다. 애도의 과정이 아직 끝나지 않았으며 상실감을 정서적으로 통합하지 못했음을 가리키는

것이다. 이런 사람은 상실감을 넘어 앞으로 나아갈 준비가 아직 안 되어 있다.

한편 "나를 남겨두고 가다니 용서할 수 없어."라고 분노에 찬 반응을 보이는 사람도 있다. 또 사랑하는 사람을 곧 잃어버리게 될 상황에서 신과 협상을 하는 사람도 있다.

"제발 그 사람을 구해주세요. 그러면 뭐든 당신이 원하는 대로 하겠습니다."

혹은 자식의 죽음을 앞둔 부모라면 이렇게 말할 수도 있다.

"신이여, 우리 아이는 죽기에 너무 어립니다. 제발 저를 대신 데려가 주세요."

사랑하는 사람을 잃은 적이 있는 사람이라면 결코 가벼워지지 않을 것 같은 압도적인 슬픔을 잘 알 것이다. 이런 깊은 슬픔에 빠진 상태에서는 적어도 일시적으로는 그 사람이 없으면 계속 살아갈 수 없을 것만 같다. 그러면 평범한 일상의 활동들을 중단하고 뒤로 움츠러든다. 어떤 경우에는 우울감이 모든 것을 포위해서 삶을 지속할 의욕을 잃어버리거나, 삶의 근본적 의미에 대하여 질문을 던지기 시작한다. 사람들이 LBL 세션을 받으러 오는 것도 흔히 이런 질문 때문이다.

상실을 인정하면 정서적 마비도 풀어지기 시작한다. 그리고 사랑하는 사람이 없어도 삶은 계속되어야 한다는 점을, 그(그녀)가 돌아오지 않으리라는 것을 결국 인정해야 한다는 점을 깨닫는 시점에 이른다. 이런 인정에 이르는 데 필요한 것은 개인마다 아주 다르다. 그리고 슬픔에서 벗어나면 관계에서 우리가 해결하지 못한 것을 발견하고 마무리 짓게 된다. 물론 시간이 흐른다고 저절로 치유되는 것은 아니다. 상실

이 불러온 고통을 치유해주는 것은 그 시간 속에서 우리가 하는 실천적 행위다.

아들을 잃은 상실의 고통에서 벗어나다

73세의 마유미Mayumi를 통해 우리는 사랑하는 사람을 잃어버린 상실감을 극복하는 데 분명한 이해와 인정이 어떤 역할을 하는지 알 수 있다. 그녀는 기량이 뛰어난 유명 작가로서 이미 영적인 길을 걷고 있었다. 그녀가 쓴 형이상학적인 저서들은 인기가 많아서 여러 언어로 번역되었다. 이 책들은 전 세계 독자들로 하여금 물질적인 세계 너머에 있는 세계를 보도록 도와주었다.

그런데 그녀는 12년 간격으로 아들 매튜와 톰을 잃어버렸다. 이로 인해 정서적으로 매우 황폐해졌다. 두 사건 모두 그녀에게 깊은 상처를 안겨 주었기 때문이다. 두 아들이 죽은 원인과 그들에게 작별 인사를 할 기회가 없었다는 점은 그녀의 슬픔을 더욱 크게 만들었다. 마유미에게는 자식이 둘(아들 크리스와 딸 리즈)이나 더 있었지만, 이런 사실도 그녀의 상실감을 완화시키지는 못했다.

마유미는 두 아들의 죽음이 정서적으로 깊은 상처를 남겼다는 점을 인식하고 LBL 세션을 예약했다. 그녀는 두 아들의 때 이른 죽음이 지닌 고차원적 의미를 이해하고 싶었다. LBL 세션에서 최면요법가는 먼저 전생퇴행을 유도했다. 이로써 마유미는 자신이 전생에서 42세에 일찍 죽음을 맞이했음을 알게 됐다.

전생에서 마유미의 이름은 레오노라 브루어 커다이였다. 상류사회에서 태어난 탓에 그녀는 자신이 속한 계급의 사회적 관습과 제약들 안

에서 살아가야만 했다. 그녀는 숨이 막힐 것 같았다. 끊임없이 하인들에 둘러싸여 지내야 해서 자신만의 삶을 자유롭게 살아갈 수 없을 것 같았다. 그녀는 남편과도 정서적으로 불만족스러운 관계에 있었다. 남편이 다른 여자와 불륜을 저지르고 있었기 때문이다. 그의 냉담함과 무관심은 끊임없이 그녀를 불행하게 만들었다.

전생퇴행에서 그녀는 시카고에 있는 아파트의 거실 난로 앞에 서 있는 자신을 보았다. 그녀는 혼자였는데, 의사에게 진찰을 받고 막 돌아온 참이었다. 그녀가 의사에게 받은 진단 결과는 암이었다. 최면요법가는 그녀에게 암 말기라는 사실을 알았을 때 기분이 어땠느냐고 물었다. 그러자 그녀는 이렇게 대답했다.

여기서 벗어날 수 있다는 생각에 오히려 속이 후련해요. 물론 한편으로는 현실을, 즉 제가 죽으리라는 사실을 직시하고 있죠. 하지만 여기서 해방되리라는 느낌이 무엇보다도 커요. 시간이 얼마나 남았는지, 그 시간이 끔찍하지는 않을지 저도 잘 모르겠어요. 그래도 저는 행복해요. 정말로 끝나리라는 걸 알아서 행복합니다. 자식이 넷이나 되고 남편도 있지만, 그래도 끝난다는 게 좋아요. 저는 죽어도 좋아요. 지금도 제게 죽음은 전혀 문제가 아니에요. 물론 다른 사람들은 전부 기겁을 하고 뭔가를 하겠죠. 하지만 저는 아닙니다. 저는 신경 안 써요.

남편은 그녀를 함부로 대하고 멋대로 행동했다. 이로 인해 마유미(레오노라)는 이 상황에서 벗어나는 것이야말로 그녀가 기대할 수 있는 최선의 결과라고 믿었다.

저는 정말로 암에 걸릴 걸 예감하고 있었어요. 어느 차원에서는 암을 스스로 만들어냈다는 느낌이 들어요. 뭐, 이것도 괜찮아요. 하지만 가장 중요한 것은 이날 제가 내린 결론이에요. 제가 그냥 항복하고 모든 것이 예정된 길을 가게 내버려 둔다면 그렇게 슬프지 않을 거예요. 반면에 제가 암과 싸운다면, 암을 이겨내기 위해서 무언가를 하려고 애쓴다면, 끔찍한 경험이 될 테죠. 그래서 저는 결심했어요. 다른 사람들이 암에 대해서 뭐라고 말하든 신경 쓰지 않기로요. 암과 싸우지 않기로요. 그래서 기분이 그렇게 나쁘지 않은 거예요. 하지만 다른 모든 사람들에게는 이 상황이 혼란스럽겠죠.

제가 여기서 벗어나고 싶은 이유 중 하나는 집안 분위기가 너무 끔찍하기 때문이에요. 그 원인은 남편에게 있고요. 여기서 벗어나기 위해서라면 죽어도 좋다는 생각이 들 만큼 그는 너무 끔찍해요. 물론 아이들 때문에 약간 갈등이 일긴 해요. 하지만 너무 끔찍해서 여기를 꼭 벗어나고 싶다는 생각이 더 강해요.

마유미의 회상을 보면, 그녀가 죽음이 임박했다는 현실을 실제적으로 받아들였음을 알 수 있다. 반면에 아이들을 두고 떠나는 슬픔을 억눌렀다는 것도 짐작할 수 있다. 그녀는 다음과 같이 설명을 이어갔는데, 이것은 그녀가 성숙한 영혼의 소유자라는 점을 보여주는 듯하다.

흥미로운 점이 있어요. 레오노라로 살았던 전생에서 제가 알았던 것과 마유미로 사는 현생에서 제가 알고 있는 것이 서로 연결되어 있다는 점이에요. 흥미로운 일이지요. 레오노라로 살았던 전생의 이 시점에서 저

는 정말로 자신을 변화시키고, 한 인간으로서 성장하고 발전하기 시작했을 거예요. 하지만 남편과 함께 사는 환경에서는 덫에 걸리고 말 거예요. 그걸 아는데 왜 여기서 벗어나려 하지 않겠어요. 덫에 걸려서는 안 되죠. 결국 저는 자식들이 있어도 여기서 벗어나는 게 더 낫다는 결론에 이르러요. 제게는 변화가 필요했으니까요. 중년의 위기 같은 것을 느끼고 있었는데, 근본적으로 그 자리를 떨치고 나오는 것 말고는 이 문제를 해결할 방법이 없었어요. 전혀요.

마유미는 레오노라가 아이들과 깊이 연결되지 못했음을 설명하면서, 레오노라의 정서적 분리를 통찰할 수 있었다. 레오노라는 집안이 상류층이었기 때문에 아이들을 기숙학교에 보냈다. 게다가 아이들은 집에 있을 때도 가정교사의 보살핌을 받았다.

저는 아이들과 시간을 많이 보내고 싶었어요. 하지만 그건 환경적으로 허용되지 않았어요. 그런 탓에 갈수록 슬퍼졌어요. 아이들도 저와 많은 시간을 함께 보내고 싶어 했지만 허락되지 않았지요.

마유미는 아이들과 더욱 깊이 연결되고 싶은 갈망을 분명히 갖고 있었다. 그러나 그녀의 삶에는 아이들과의 이런 깊고도 만족스러운 연결이 결여되어 있었다. 이런 연결을 거부당한 이상 그녀는 계속 살아갈 이유를 찾지 못했다.

마유미가 레오노라로 살았던 생의 마지막 날을 묘사했다. 그날 레오노라는 기쁘고 감사했다. 레오노라를 돌봐주던 간호사가 그녀의 소원

을 들어주었기 때문이다. 간호사는 아이들을 차례대로 한 명씩 데려와 레오노라를 만나게 해주었다. 집을 떠나 학교에 있던 기간을 고려할 때 아이들은 레오노라에게 무슨 일이 있었는지도 몰랐을 것이다. 하지만 다행히 간호사의 따뜻한 마음 덕분에 레오노라는 아이들을 만나서 작별 인사를 할 수 있었다. 마유미는 그녀가 매듭지어야 할 문제가 바로 이것이라고 덧붙였다. 현생에서 마유미는 두 아들 누구에게도 작별 인사를 할 수 없었기 때문이다.

LBL 세션 중에 우리는 두 아들과 다정하고 만족스런 관계를 맺는 것도 마유미의 영혼이 세운 현생의 계획 속에 들어 있음을 발견했다. 그녀는 아이들과 함께 보낸 시간이 그녀의 삶을 풍요롭게 만들었다고 생각했다. 이런 기쁨만큼 아이들의 죽음은 견디기 힘든 고통을 불러왔다. 작별 인사도 못한 탓에 그녀의 고통은 지속되고 인정은 지연되었다.

마유미는 세션 초기에 그녀의 영적 안내자를 만났다.

그는 정말 중요한 일을 맡고 있어요. 사람들이 세상을 떠나려고 할 때 모든 상황을 감시하는 일을 하죠. 그는 죽음의 상황에서 정말로 일어나야만 하는 일이 제대로 일어나고 있는지를 확인해요.

마유미는 그토록 사랑하던 두 아들을 왜 잃어야만 했는지 알고 싶었다. 안내자는 먼저 아들 매튜에게 주의를 집중해 보라고 했다. 마유미는 매튜가 그의 죽음을 직감적으로 이미 알고 있었다는 것을 깨닫고 놀랐다. 하지만 매튜의 죽음을 둘러싼 미심쩍은 점들로 인해 그의 죽음을 받아들이기가 힘들었다. 검시관은 매튜가 배 안에서 심장마비로 죽은

것인지, 아니면 배에서 떨어져 익사한 것인지 결론을 내리지 못했다. 그런데 이런 불확실성도 사라졌다. 그녀의 안내자가 매튜의 죽음에 대해서 중요한 세부 정보를 알려주었기 때문이다. 그 덕분에 그녀는 종결을 지을 수 있었다.

안내자를 통해 마유미는 매튜가 죽기 3주 전 심각한 소화 장애로 응급실에 실려 갔다는 사실을 알게 됐다. 이 사실은 주목할 만한 것이었다. 매튜는 산악 구조대원이었던지라 통증에 대한 내성이 높았다. 그런데 매튜를 진찰한 응급실 의사는 심전도 검사도 하지 않고 매튜를 집으로 돌려보냈다. 만약 심전도 검사를 했더라면 매튜의 죽음을 막을 수 있었을지도 모른다. 이런 가능성은 그의 죽음을 더욱 받아들이기 어렵게 만들었다. 어쨌든 마유미는 안내자 덕분에 매튜가 심장마비로 죽었다는 사실을 알았다.

세션이 계속되면서 마유미는 안내자 덕분에 중요한 대화를 다시 떠올렸다. 매튜가 죽기 한 달 전 그와 나눈 대화였다. 둘 사이에 오간 대화의 역사를 생각하면 이날의 대화는 의미가 더욱 컸다. 마유미는 글을 많이 쓰고 책도 다수 출간한 작가다. 하지만 매튜는 마유미의 작품을 하나도 읽지 않았다. 몇 년 전 그는 마유미의 작품을 읽고 논리적인 차원에서 근거가 부족하다고 비판했다.

그런데 마지막 대화에서 매튜는 마유미의 책들 중에서 가장 반응이 좋고 형이상학적인 책을 끝까지 다 읽었다고 말했다. 이제 마유미는 매튜가 그때 자신의 책과 글을 인정해준 것이 나름의 작별 인사였음을 깨달았다.

"어머니는 자신이 하는 일을 정말로 잘 알고 있는 것 같아요. 이제야 그 것을 알겠어요. 어머니는 자신이 무엇을 이야기하고 싶은지 정말로 잘 알고 계세요."

매튜가 죽은 경위를 분명히 알게 된 덕에 마유미는 그나마 위안을 얻었다. 그녀는 이제 슬픔에서 벗어나 매튜의 죽음을 받아들이고 싶었다. 그러면 둘째 아들의 죽음도 제대로 받아들일 수 있을까? 둘째 아들 톰은 12년 전에 42세의 나이로 세상을 떠났다. 마유미의 안내자는 이번에도 아들의 죽음을 잘 이해하고 받아들일 수 있게 마유미를 도와줄 수 있을까?

톰은 건강했지만 독립하는 데 어려움을 겪었다. 살 곳과 일자리를 찾는 데도 가족의 도움을 필요로 했다. 가족들은 톰이 죽기 전 그 나이에 아스퍼거 증후군 진단을 받았다는 걸 알았다. 마유미는 톰이 태어났을 때부터 40년 넘게 끊임없이 노력했다. 하지만 톰과 충분히 연결될 수는 없었다. 그래도 마유미는 포기하지 않고 그와 눈을 맞추려고 애썼다. 그렇게 하는 것이 톰과 정서적으로 연결되고 교감하는 데 필수적이라고 생각했기 때문이다. 톰은 죽기 넉 달 전에 처음 그 아름다운 청옥빛 눈으로 마유미를 바라보았다. 마유미의 안내자는 모든 영혼의 조력자들이 그렇듯, 이것이 그 나름의 작별 인사였음을 다정하게 확인시켜 주었다.

마유미와 그녀의 가족들은 톰의 죽음을 둘러싼 정황에 경악했다. 풀리지 않는 여러 가지 의문들로 인해 상실의 고통은 더욱 컸다. 톰은 발견 당시 나무에 매달려 있었다. 어떤 이들은 그가 자살을 했다고 믿었

다. 가족들은 톰이 죽었다는 소식을 듣고 완전히 정신이 나간 상태였다. 그래서 가족 중 누구도 그의 시체가 맞는지를 확인하러 가지 않았다. 이로 인해 가족들의 불신과 불안은 더 오래 지속되었다. 마유미의 안내자는 실제로 무슨 일이 있었는지를 마유미에게 알려주었다.

톰은 목을 맨 게 아닙니다. 톰의 배낭에 돈이 좀 있으리라고 생각한 세 사람이 그를 살해했어요. 톰은 그 강도들이 자신을 죽이게 그냥 있었고요. 자신을 방어할 만큼 힘도 세고 강인했지만 그는 그러지 않기로 했어요. 죽고 싶었으니까요. 그의 한계들과 싸우면서도 삶에서 어떤 성과를 얻으리라고는 믿지 않았던 겁니다.

이런 통찰로 인해 마유미는 톰이 스스로 자살하지는 않았지만 근본적으로는 그만의 방식으로 자살을 선택한 것이나 다름없음을 받아들이게 되었다. 두 아들의 죽음에 대한 이런 정보는 그녀에게 즉시 깊은 영향을 미쳤다. 최면 상태에서 그녀는 이렇게 말했다.

저는 두 아들 모두와 접촉하고 있어요. 두 아들이 여기 제 곁에 존재하기를 바라는 만큼, 그들과 떨어져 있다는 느낌은 안 들어요. 톰이 지금도 우리를 보호하고 있다는 것을 저는 알아요. 그가 살아 있었을 때처럼 그를 느끼고 있어요. 굉장히 위로가 돼요. 매튜와 톰은 이 세상에서 자신들이 해야 할 일을 완수했어요.

이런 이해 덕분에 마유미는 그녀의 살아 있는 아들과 딸, 즉 크리스

와 리즈를 전과는 다른 태도로 대하게 되었다. 이제는 그들에게 온전히 관심을 쏟을 수 있을 것 같았다.

매튜와 톰이 죽었을 때 제가 가장 먼저 한 일은 그들과 함께 보낸 시간에 감사의 마음을 가지는 것이었어요. 그런데 크리스나 리즈에게는 그런 느낌이 안 들어요. 아마 몇 년은 더 그들과 함께하리라는 걸 알기 때문일 거예요. 또 그들에게는 작별 인사를 제대로 하게 될 것 같다는 느낌이 들어서기도 하고요.

다른 많은 사람들이 그렇듯 마유미는 세션이 끝난 후에도 LBL 경험 덕분에 계속적인 통찰과 위안을 얻었다. 최면요법가에게 보낸 편지에서 그녀는 이런 효과를 다음과 같이 이야기했다.

좋은 소식이 있어요! 톰과 관련한 우리의 작업이 어느 면에서는 톰도 자유롭게 만들어준 것 같아요. 갑자기 남편과 딸의 꿈속에 톰이 나타났거든요. 좋은 일이죠. 그의 영혼이 더 자유로워졌으니까요.
매튜와 톰, 두 아들 모두 죽기 몇 주 전 제게 작별 인사를 했어요. 곧 이 세상을 떠나리라는 걸 그들의 영혼은 알고 있었던 거죠. LBL 세션을 통해 이런 사실을 깨닫게 돼서 정말 기뻐요. 그들과 함께했던 마지막 시간의 기억을 회복한 것 자체로 저는 많이 치유됐어요. 또 두 아들이 죽게 된 상황을 잘 알게 된 덕분에 고통스러워도 조금은 더 편안히 살아갈 수 있게 되었지요.

자살의 후유증을 치유하다

극단적인 경우 어떤 사람들은 큰 슬픔을 치유하지 못해서 몇 년, 심지어는 몇십 년 동안이나 고통받는다. 이런 극단적인 사례들은 사랑하는 사람의 죽음을 받아들이지 못해서 정서적인 문제에 시달리는 사람들을 치유할 실마리를 제공한다. 이블린의 사례가 이런 점을 잘 보여준다.

58세의 이블린Evelyn은 만성 우울증에서 벗어날 방법을 찾기 위해 LBL 세션을 받으러 왔다. 이블린은 그녀의 쌍둥이 형제 스벤이 열여섯 살에 자살한 후 40년 넘게 만성 우울증으로 고통받아 왔다. 스벤을 어머니의 학대와 자살에서 구해주지 못했다는 생각 때문에 깊은 우울증에 빠져버린 것이다. 어린 시절 이블린과 스벤은 학대로 인해 함께 고통받았다. 이런 경험은 둘의 정서적 유대를 강화시키는 데 주요한 역할을 했다. 이로 인해 이블린은 스벤을 잃고도 그 사실을 충분히 인정할 수 없었다. 우울증에 시달리는 동안에도 이블린은 남편과 함께 자식을 네 명이나 낳아 길렀다. 아이들은 부모처럼 직업 면에서 성공적으로 경력을 쌓아갔다.

40년 넘는 세월이 흐르면서 이블린은 자신과 스벤을 학대한 어머니를 이해하고 연민의 마음을 갖게 되었다. 하지만 스벤을 향한 마음은 그대로였다. 그녀는 스벤의 영혼이 길을 잃고 절망 속에서 헤매는 것 같은 환상을 보았다. 이런 환상은 깊은 죄책감을 촉발시켰다.

세션 중에 이블린은 죽음을 통해 평범한 전생에서 벗어나 사후 세계로 건너갔다. 처음에는 칠흑 같은 어둠만 보이더니 서서히 주위가 밝아지기 시작했다. 안내자가 다가오자 이블린은 안전함과 온기를 느꼈다. 그녀의 안내자는 오래도록 그녀와 함께하면서 힘과 사랑을 불어넣어

주었다고 말했다.

안내자는 이블린이 세션에서 풀고 싶었던 의문들에 답을 주었다. 그 덕분에 이블린은 가능한 한 많은 사랑을 주고받는 것이 그녀의 삶의 목적임을 깨달았다. 또한 그녀가 목적을 이미 훌륭하게 완수하고 있으며, 이 생에서 경험하는 고통에는 목적이 있다는 것도 알게 되었다.

전생들에서 이블린은 거만하고 고집스러운 성향을 갖고 있었다. 그래서 그녀의 영혼은 이번 생을 통해 이런 성향은 물론이고 자신과 타인을 다르게 보는 성향까지 극복할 계획을 세웠다. 안내자는 이번 생에서 이블린이 자만심을 녹이고 겸손함을 키웠다며 축하해 주었다. 그러고는 치유 작업을 더욱 깊이 해보라고 조언했다.

이런저런 문제들과 일, 타인에 대한 책임을 더 이상 떠맡지 말래요. 그래야 삶에서 기쁨과 행복을 느낄 수 있다고 해요. 다정함과 자비, 허용, 인정에 초점을 맞추어야 하죠. 게다가 저의 아이들은 이제 어른이기 때문에 자신의 책임을 스스로 떠안을 수 있어요.

이후 세션에서는 이블린이 스벤의 자살에 관해 가졌던 의문들로 초점이 옮겨졌다. 안내자는 스벤과 이블린이 환생하기 전 스벤이 자살할 수 있다는 점을 이미 알았다고 말했다. 그 순간 이블린이 무너져 내리면서 비탄에 빠져 울부짖었다. 그녀로서는 그 사실이 더 견딜 수 없었다. 그녀는 화가 나서 안내자에게 저항하기 시작했다.

그는 한마디 예고도 없이 갑자기 떠나버렸어요. 왜죠? 우리 영혼의 연

결까지 깨져버렸어요. 그가 돌아왔으면 좋겠어요!

몇 분 지나지 않아서 이블린은 스벤이 그녀를 안고 있다는 걸 감지했다. 이블린은 울면서 그에게 간청했다.

이제 나와 함께 있어줘. 떠나면 안 돼! 우리는 다시 하나가 됐어.
함께 있으면 우린 완전요. 이제 저는 그를 가슴에 품을 거예요. 계속 저와 함께 머물 수 있게요. 우리는 이제 아름답고 둥근 원에 합류했어요. 그는 저와 함께할 거예요. 그가 말하길 여기 지상에서는 너무 끔찍했대요. 더 이상은 견딜 수 없었답니다. 저 때문은 아니었대요. 그의 자살과 저는 아무 상관이 없는 거예요.

이블린은 스벤이 그녀와 아주 멀리 떨어진 곳에서 인간으로 다시 태어났다는 것을 알고 상실감에 빠졌다. 그는 건강했고 결혼해서 딸을 둘이나 두고 있었다. 최면요법가가 이블린에게 가끔씩 만나서 이야기를 나누자고 스벤에게 요청해 보라고 말했다. 그러나 이블린은 최면요법가의 이 말에 화를 냈다.

아뇨. 저는 그런 요청은 안 할 거예요. 그는 저와 함께할 거니까요. 그는 저와 함께해야 해요. 제발, 함께해줘! 지금 스벤이 제게 물어요. 자신을 그토록 중요하게 여기는 이유가 뭐냐고요. 이런 바보 같은 질문이 어디 있어요!

어머니에게 매질을 당하면서 함께 웅크리고 있는 동안, 이블린과 스벤 사이에는 단단한 유대감이 형성되었다. 그런 스벤이 죽자 이블린은 충격과 고립감에 휩싸였다. 들끓는 분노도 마음속에서 사라지질 않았다. 이블린은 이런 감정들을 털어내지 못한 탓에 오랜 시간이 지난 후에도 스벤의 죽음을 인정하지 못했다. 그의 소식을 들은 지금도 마찬가지였다. 이블린은 스벤이 어머니의 학대를 나름의 방식으로 극복하려 했으며 자살을 통해 그의 의지를 실행했다는 것을 받아들이지 못했다.

그는 머무르고 싶어 하지 않아요. 자신의 길을 가고 싶어 하죠. 우리에게는 우리 둘밖에 없었어요. 그런데 어떻게 저를 중요하게 여기지 않을 수 있죠?

스벤은 이블린에게 영계에서 다시 하나가 되면 그와 주기적으로 다시 연결될 수 있으니 그때까지 기다리라고 말했다.

스벤이 말하길, 제 곁에 머무는 건 불가능하대요. 하지만 그의 일부를 아주 조금 제 곁에 두고 간답니다. 그러면서 자기 때문에 왜 그렇게 우냐고 해요. 바보 같으니! 알잖아! 바보, 멍청이! 어쩜 그렇게 둔할까요? 내가 그를 얼마나 그리워하는지 알면서! 하지만 그는 이 사실을 부정해요. 그를 너무 그리워하지 않기를 바라고요.

이블린은 스벤을 향한 그녀의 욕구를 선뜻 내려놓으려 하지 않았다. 스벤이 그만의 욕망을 따르게 내버려 두려고도 하지 않았다. 이런 점은

그녀가 그의 욕망보다 자신의 바람을 더욱 강하게 내세울 때 분명히 드러났다. 그녀에게는 전생의 고집스러운 성향이 찌꺼기처럼 남아 있는 것 같았다.

그녀의 어머니는 자식들을 학대하고 사랑을 잘 표현할 줄 몰랐으며 다정하지도 않았다. 이로 인해 이블린은 정서적으로 스벤에게 속박되었다. 이블린의 영혼이 힘든 유년기 환경을 설계한 것은 자신을 시험하기 위해서였다. 그런데 이블린은 지금의 단계에서도 사랑받고 싶은 유년기의 욕구를 충족시키기 위해 스벤을 이용하고 있었다.

이블린은 최면요법가의 안내에 따라, 스벤을 갑자기 잃었을 때 받은 충격을 반추해 보았다. 당시 그녀는 몹시 화가 났다. 당연한 일이었다. 하지만 이블린은 이런 분노와 죄책감을 40년간이나 방치했고, 이렇게 곪아버린 감정들로 인해 우울증을 앓았다.

이제 이블린은 자신이 받지 못한 부모의 사랑을 대신하는 존재가 스벤이었음을 깨달았다. 자연히 스벤과 그의 사랑을 잃는 순간, 누구도 채워줄 수 없는 공허감이 밀려들었다. 이블린이 LBL 세션에 참가한 것도 이런 해결하지 못한 감정들 때문이었다. 스벤의 죽음을 인정하려면 이런 감정들을 꼭 해결해야만 했다.

이블린은 스벤을 진심으로 사랑한다면 그를 자유롭게 해줘야 한다는 점을 인정했다. 스벤이 그 자신에게 최선을 다해야 한다는 점도 받아들였다. 이제는 결핍감과 분노에서 사랑과 인정으로 옮겨갈 준비가 된 것이다. 이로써 이블린은 그녀의 진정한 자기, 즉 사랑과 연민으로 충만한 여성을 만날 수 있게 되었다.

스벤에게는 마땅히 자신의 행복을 온전히 누릴 자격이 있어요. 스벤이 그토록 사랑스런 가족과 잘 살아가고 있다니 정말로 마음이 놓여요. 그가 앞으로 나아가고 있다는 것도 좋고요. 이제는 그를 보내줄 수 있을 것 같아요.

세션이 끝날 즈음 이블린은 안내자의 도움으로 환한 빛 안으로 들어갔다. 안내자는 이블린의 영혼이 추구하는 궁극적인 목적이 바로 이것이라고 알려주었다. 이블린은 세션이 끝나고 며칠 후 최면요법가에게 고마움과 기쁨이 담긴 편지를 보내왔다.

세션은 제게 엄청 도움이 됐어요. 어마어마한 해방이 일어났다고 표현할 수 있겠네요. 이 변화는 말로 설명하기가 힘들어요. 마지막으로 저는 이제 마음의 앙금을 가볍게 털어내고 삶을 여행하고 있어요. 마음이 평온하고 유쾌한 덕분에 삶이 편안해요. 모두 선생님과 선생님의 놀라운 치료 덕분입니다.

세션이 끝나고 여러 달이 지나면서 이블린은 LBL 경험의 진가를 더욱 높이 평가했다.

이제 저는 삶을 완전히 다르게 인식하게 됐어요. 전보다 기분도 훨씬 좋고요. 종종 제 안내자와 접촉해서 그가 보내는 신호를 받기도 합니다. 우리의 소통은 아주 즐거워요. 또 제 자신을 아주 특별한 존재로 인식하고 사랑하게 됐어요. 매일매일 저의 새로운 면도 발견하고요. 그리

고 저를 있는 그대로 충실히 받아들이고 있어요.

상실 후의 사랑

난해하고 역설적인 말처럼 여겨지겠지만, 사랑하는 이를 상실하는 경험은 영적인 성장의 기회가 된다. 그리고 이런 성장을 통해 영혼은 생의 목적을 달성한다.

바바라Barbara는 겨우 열 살에 조부모를 자동차 사고로 잃었다. 이후 같은 해에 어머니마저 세상을 떠났다. 이로 인해 바바라는 마음을 여는 것이 위험할 수도 있다는 믿음을 갖게 되었다. 그래서인지 리처드와 결혼 생활을 하는 중에도 분리감과 외로움을 심하게 느꼈다. 바바라가 LBL 세션을 받으러 온 이유도 이런 문제를 포함한 현재의 상황을 더욱 잘 이해하고 싶어서였다. 결혼 생활이 어떤지 묻자 바바라는 한 발을 문밖에 내놓고 있는 것 같다고 대답했다.

바바라는 전생에서 죽음을 맞이한 후 사후의 세계로 들어가면서 영혼의 안내자를 만났다. 영혼의 안내자가 손을 바바라의 가슴 위에 갖다 대자 그녀는 타는 듯한 강렬한 느낌을 받고 깜짝 놀랐다. 안내자가 에너지 치유를 하는 동안 바바라는 유년기에 그처럼 많은 상실을 경험한 이유를 설명했다.

제가 유년기에 가슴 아픈 경험들을 한 것은 저의 선택이었어요. 무조건적인 사랑을 더욱 깊이 이해하기 위해서였죠. 가슴이 찢어져 봐야 가슴을 제대로 열 수 있어요. 연민의 마음이 있어야 가슴을 진정으로 열 수 있어요. 그래서 저 또한 물질계에서 가슴이 찢어지는 경험을 해봐야 했

던 겁니다.

어머니와 조부모는 제 삶에서 이런 중요한 역할을 해주기로 동의했어요. 할머니는 정말로 마음이 순수한 분이셨죠. 아주 다정한 분이기도 했고요. 무조건적인 사랑의 롤 모델이었다고 할까요. 그런 할머니와 할아버지를 잃고 나자 제 가슴이 찢어졌어요. 하지만 이 엄청난 상실은 제게 성장을 통해서 사랑과 연민을 이해할 수 있는 환경을 만들어주었죠.

바바라는 눈물을 흘리며 안내자에게 자신이 배운 것을 이야기했다.

안내자도 저의 이런 전략이 위험할 수 있다는 점을 지적하고 있어요. 많은 두려움이 수반되는 전략이기 때문에 위험할 수 있대요. 실제로 제가 두려움을 너무 많이 느껴서, 원하는 만큼 깊은 가르침을 얻지 못할 가능성도 있었어요.

하지만 그의 말에 따르면, 두려움이 저를 가로막을 수도 있다는 점을 제가 알고 있대요. 저를 가로막는 두려움이 무엇인지도 알고 있고요. 요컨대 저는 또다시 상실을 경험하게 될까 봐 두려워하고 있어요. 삶을 두려워하고 있는 거죠. 실제로 그 모든 상실을 겪은 후 계속 마음을 닫아두고 싶었어요.

안내자의 메시지는 고통스러운 것이었다. 그러나 바바라는 안내자의 치유와 친절한 설명 덕분에 그녀가 삶의 계획 속에 스스로 집어넣었던 어려운 과제를 이해하게 되었다.

두려움은 자신을 닫고 싶게 만들어요. 하지만 자신을 열어두어야 해요. 물론 이건 어려운 가르침이에요. 하지만 이 점을 이해하면, 미래의 상실을 이겨내는 데 도움이 되지요. 또 마음을 열었을 때 느낄 수 있는 기쁨도 스스로 차단하지 않게 되고요.

이미 일어나고 있는 치유를 강화시키기 위해서 바바라의 어머니가 합류했다. 바바라는 감정이 복받쳐 올랐다.

어머니는 지금 너무 아름다워요! 어머니는 제가 남자 형제들을 보살펴 주길 바라고 있어요. 저와는 다르게 그들은 자신들의 영혼 그룹과 연결되어 있지 않답니다. 그래서 어머니가 제게 다시 부탁하는 거예요. 분주한 일상에 정신이 없더라도 그들을 보살펴주라고요. 어머니는 제가 잘 살아가고 있대요. 그리고 우리 모두를 두고 떠나는 게 힘들었지만, 그건 중요한 일이었다는 말도 했어요.

최면요법가는 어머니의 죽음이 다른 가족들에게 어떤 영향을 미쳤는지 물었다. 그러자 바바라는 세션을 통해서 그녀가 이해하게 된 점을 이야기했다.

가족들 개개인이 나름대로 배울 게 있었죠. 지금은 쌍둥이 남동생이 저와 함께 있는 것처럼 느껴져요. 그가 자신의 가족들을 제게 소개해 주고 있어요. 그의 두 아들도 쌍둥이예요. 둘이 똑같아요. 제 남동생이 배워야 할 가르침은 가족과 관련된 거예요. 제가 배워야 할 가르침과는

달라요. 가족을 갖고 안 갖고 하는 문제와 관련된 것이죠. 스벤은 혼자 있는 걸 많이 좋아하죠. 그런데도 그는 저와 쌍둥이가 되기로 계획했어요. 우리 가족 안에서 혼자 있지 않기 위해서지요. 그의 삶의 계획에는 색달라 보이는 면도 있어요. 결혼을 하고 가정을 꾸리지만 혼자 있는 걸 좋아한다는 거예요. 제가 본 것을 저는 잘 이해하지 못하겠어요. 안내자의 말에 따르면, 제 남동생의 계획에 관한 세부 사항들은 대단히 개인적인 거래요. 제가 이해해야 할 문제가 아니란 의미죠.

다음 장면은 다소 엉뚱하게 이어졌다. 안내자가 전사 같은 차림으로 나타나서 바바라를 고대 그리스 신전으로 안내한 것이다. 바바라는 약간 당황했지만, 혼자 신전 안으로 들어갈 때의 경험을 이렇게 이야기했다.

방들이 쭉 이어져 있어요. 말도 안 돼! 저는 계속 방들을 통과해요. 사람들이 계속 방향을 가리켜요. 저는 계속 다른 존재들을 만나고요. 하나의 존재를 만나고 나면 다른 존재가 나타나는 식이죠. 그들이 저를 다른 방으로 안내하면, 그 방에는 또 다른 존재가 있어요. 그 존재가 제게 또 다른 방을 안내하고요. 이렇게 해서 저는 드디어 지붕으로 올라가요. 거기에는 아메리카 원주민 추장 같은 사람이 있어요. 제가 만나기로 되어 있는 사람인 것 같아요.

바바라가 상세히 설명하다가 갑자기 울기 시작했다.

그에게 이르는 데 정말로 오랜 세월이 걸렸어요. 늘 제 자신을 의심하

는 성향 탓이지요. 저는 언제나 자신에게 이렇게 말해요.

'그건 아냐. 그건 아냐. 그건 아니라고!'

의심이 저를 계속 가로막았어요.

바바라는 그 사람과 해변을 걸었다. 그는 결혼 생활에 무언가 빠진 것이 있는 듯하다는 바바라의 느낌을 분명히 이해하게 도와주었다. 또 이런 느낌을 해결할 방법을 바바라가 왜 단호하게 결정하지 못하는지도 설명했다. 바바라는 그가 알려주는 진실들을 직면하는 게 불편했다. 하지만 그가 무조건적인 사랑과 너그러운 마음으로 조언을 해준다는 점은 분명히 알 수 있었다.

그는 제가 엉뚱한 곳에 초점을 맞추고 있대요. 제가 가진 것보다는 제게 없는 것에 초점을 맞추고 있답니다. 이런 점이 저를 방해하고 있고요. 제가 경험한 많은 상실들이 이런 결과를 낳은 거예요. 그의 말에 따르면, 저는 생각하는 것만큼 그렇게 외롭지 않대요. 풍요로운 삶을 살고 있고 관계도 풍부하대요. 단지 제가 필터 같은 것을 통해 잘못 바라보고 있을 뿐이랍니다.

그는 그것도 저의 선택이라는 점을 강조해요. 매일 저는 그런 선택을 하죠. 그것을 어떻게 바라볼지 매일 선택해요. 그의 말에 따르면, 저는 있는 것을 주의 깊게 바라볼 필요가 있어요. 이 점을 강조하려고 그가 이 말을 되풀이해요. 저는 거기 있었으면 하는 것보다는 거기 있는 것에 초점을 맞추어야 한다고요. 정말로 그렇게 하면 놀라울 거예요! 제 영혼의 계획 속에는 제가 필요로 하는 모든 것이 들어 있대요. 그가 이

점을 일깨우고 있어요.

최면요법가는 세션을 마치면서 바바라에게 그 사람의 말과 지혜, 사랑을 깊이 받아들이라고 조언했다. 바바라가 얻은 통찰을 내면화하여 굳건하게 만들어야 했기 때문이다. 또 초점을 조정해서 몇 가지 오해들도 버리라고 용기를 북돋아 주었다.

바바라가 상실의 두려움을 극복한다면 사랑의 관계와 삶 모두 윤택해질 것이다. 그리고 LBL 세션에서 경험한 지혜와 사랑이 등대의 역할을 해줄 것이다. 그녀가 앞으로 선택을 할 때 이 가르침들을 반영하기만 한다면 말이다.

필생의 사랑을 잃어버렸을 때

고기Go-Gi는 우리에게 또 다른 영혼의 계획을 접하게 해주었다. 이 계획에는 사랑하는 이의 상실도 포함되어 있었다. 그녀는 28세였으며 어렸을 때 이민을 왔다고 했다. 그러나 유년기에 여러 번 심신이 쇠약해져서 잘 걷거나 움직이지 못했다. 다행히 가족들의 보살핌과 배려 덕분에 이런 고통을 덜 수 있었다.

그녀는 생각이 깊고 사생활을 중시하는 사람이라고 자신을 소개했다. 그런데 제프리를 만나고부터는 그와 모든 것을 공유하고 싶어졌다고 한다. 제프리만 옆에 있으면 어떤 난관이든 헤쳐나갈 수 있을 것 같았다. 그러나 미래를 함께하려던 그들의 계획은 산산이 부서지고 말았다. 제프리가 예기치 못하게 세상을 떠났기 때문이다. 고기는 너무도 우울했다. 제프리를 잃자 삶에 아무런 흥미도 일어나지 않았다. 필생의

사랑을 잃은 상실감에 심신이 피폐해져서 자살까지 생각했다. 바로 이런 때에 그녀는 LBL 세션을 예약했다. 제프리와 함께하던 시간이 그토록 빨리 끝나버린 이유를 알고 싶었기 때문이다.

사후의 세계에 들어서자마자 고기는 여러 생에서 함께해온 영혼의 안내자를 만났다. 그리고 어떤 보답도 기대하지 않고 순수하게 베푸는 법을 배워야 한다는 점을 깨달았다. 안내자가 이렇게 말해준 덕분이다.

당신과 제프리가 나눈 사랑은 깊고도 아름다웠어요. 둘의 영혼은 훨씬 강렬하게 그 사랑을 경험할 겁니다. 인간의 몸으로 나눌 수 있었던 사랑보다 훨씬 강렬하게요.

사랑하는 사람을 잃은 여느 사람들처럼 고기도 제프리와 다시 연결되기를 바랐다. 그녀는 시간과 인내심을 가지면 그와 다시 연결될 수 있음을 배웠다.

타인을 위해 사심 없이 행동하고, 우리가 함께 시작했던 일들을 기억하고 완성하면 그를 만날 수 있어요. 저는 그가 했던 일을 하고, 사람들을 도와주고, 제가 도움을 줄 수 있는 사람이면 누구를 위해서든 그 자리에 있어주어야 해요. 그러면 저의 이런 행위들에서 연결의 끈이 생겨나요. 저는 지금 그걸 느낄 수 있어요. 제프리의 몸이 제 옆에 없어도 살아갈 수 있는 방법을 지금 배우고 있어요.

고기는 제프리와의 짧은 관계가 그녀의 영혼의 계획 속에 들어 있었

다는 사실도 발견했다.

그것은 정말로 우리가 계획한 일이에요. 제가 자청해서 그런 일을 겪고, 그와 함께하기로 했어요. 그 가르침과 경험들이 그에게는 일차적인 것이었지만, 저의 가르침은 부차적인 것이죠. 저는 그가 정신을 차리도록 도와주었어요. 그가 더 나은 사람이 되고, 그의 가족과 중요한 일을 마무리 짓도록 도왔죠. 결국 제프리의 변화 덕분에 그와 가족의 관계는 더욱 단단해졌답니다. 가족들은 그를 어느 때보다 더 존중해 주었어요. 이건 중요한 일이에요. 나중에 제가 받은 고통은 자의적인 희생의 결과였고 자연스러운 것이었어요. 제가 제프리를 깊이 사랑했으니까요. 변치 않는 깊은 사랑 덕분에 이런 희생도 감수할 수 있었죠.

그러나 제프리의 영혼의 계획에서 중요한 역할을 맡기로 합의했다고 해도 제프리의 죽음을 극복하는 일은 고기가 예상했던 것보다 훨씬 힘들었다. 대화가 계속되자 고기의 안내자도 존경스럽다는 어투로 이 점을 인정했다. 그리고 낙관적인 생각과 용기를 북돋아 주면서 곧 일어날 어떤 일 덕분에 고기가 제프리의 죽음을 이겨내게 될 것이라고 덧붙였다.

물론 이런 통찰을 얻는다고 제프리가 살아 돌아오는 것은 아니다. 하지만 LBL 세션 중에 맛본 기쁨은 고기가 정서적 균형과 평정심을 회복하는 데 도움이 되었다. 미래에 어떤 일이 벌어질지는 아직 불투명했지만 고기는 평화를 발견했다. 이 평화는 제프리를 향한 그녀의 깊은 사랑과 연결되어 있었다. 이제 그녀는 제프리와의 유대가 시간과 생을 초

월한 것임을 이해했다.

고기는 그녀의 영혼이 이번 생의 계획을 세웠다는 것을 깨달았다. 그러자 삶에서 앞으로 나아가고, 확실하지 않은 잠재력과 가능성에도 마음을 열겠다는 결심이 섰다. 그녀는 자신이 이해한 것을 이렇게 이야기했다.

우리는 무의미하게 고통받기 위해서 지구상에 태어난 것이 아니에요. 또 영원히 고통받는 것도 아니에요. 모든 것은 결국 끝이 있어요. 그러면 다시 좋은 일들이 일어나죠. 제프리와 저는 다시 함께하게 될 거예요. 하지만 먼저 해야 할 중요한 일들이 있어요. 저는 이 중요한 일에 초점을 맞추고 제가 이 생에서 완수해야 할 일을 마무리 지어야 해요. 제가 준비가 돼서 마무리를 지으면 다시 그를 만날 수 있어요.

많은 사람들이 효과적일 것 같은 대응 기제로 사랑하는 사람의 상실에 대응한다. 그러나 이런 대응 기제는 결과적으로 별 도움이 안 된다. 예를 들어 처음에는 고립이나 과로, 충동적인 소비도 위안이 되고 주의를 돌리게 해주는 것 같다. 하지만 슬픔을 이겨내게 도와주지는 못한다. 일상의 소박한 기쁨과 즐거움을 다시 기억하고 앞으로 행복과 기쁨을 누릴 수 있다는 희망을 인식해야 슬픔을 이겨내는 데 도움이 된다. 거의 모든 사람들이 사랑하는 사람은 영원히 잊지 못한다. 하지만 상실의 고통은 시간이 흐르면서 잦아들고 사랑을 나누었던 편안한 기억이 이 고통을 대체한다. 어떤 사람들에게는 LBL 세션이 상실의 고통을 덜고 희망을 되찾게 도와준다.

사랑하는 사람이 죽거나 연인과 헤어지면 정서적으로 대단히 힘든 시기를 경험한다. 이 격변의 시기에는 다양한 감정들이 일어나고, 고통이 일시적으로 줄어들기도 한다. 하지만 그 길이 직선으로 뻗어 있지 않기 때문에 감정의 소용돌이에 휘말릴 수도 있다. 어떤 날은 기분이 좋다가도 바로 다음 날에는 할 일을 제대로 못하거나 자신의 감정을 통제하지 못한다.

상실을 극복하는 방식은 이전의 상실 경험과 믿음을 반영한다. 이 극복의 과정에 시간을 초 단위로 거꾸로 세는 시계 같은 것은 없다. 그리고 극복은 대단히 개인적인 것이다. 애도의 작업은 상실이라는 현실을 충분히 인정할 때, 다시 보통의 일과를 재개할 때, 사랑하는 사람이 없는 미래를 계획하기 시작할 수 있을 때 비로소 끝이 난다.

'사랑은 결코 죽지 않는다.'라고 믿는 사람은 사랑하는 이와 연결되어 있다. 이런 연결은 위안이 된다. 그러나 죽음이나 결별이 버림을 의미한다고 믿는 사람은 고통과 씨름할 가능성이 더 크다. 우리의 믿음이 기대를 형성하고, 이런 기대가 우리의 반응에 영향을 미치는 것이다.

마유미와 이블린, 바바라, 고기는 상실에 대해 서로 다른 생각을 갖고 있었으며 각자가 나름의 방식으로 상실을 이겨냈다. 그들의 공통점은 상실의 고통을 치유하고 끝내기 위해 LBL 세션을 예약하기로 결심했다는 것뿐이다. 여러분도 아마 개인적인 상실로 인해 마이클 뉴턴 연구소에서 나온 이 책을 들춰보게 되었을 것이다. 그들처럼 여러분도 사랑하는 이의 상실을 더욱 폭넓은 맥락에서 바라보고 싶었을 것이다.

그들의 이야기를 통해 우리는 상실이 불러오는 극심한 고통을 느낄 수 있었다. 다행히 마유미와 이블린은 오래도록 곪아 있던 슬픔을 LBL

세션에서 얻은 지혜로 덜어냈다. 둘 모두 세션에서 얻은 통찰과 이해로 상실을 인정하고 고통을 끝낼 수 있었다. 각자가 나름의 방식과 속도로 종내에는 슬픔의 자연스러운 단계들을 통과했다. 지독한 상실을 감내하다가 고차원적인 지혜의 도움으로 인정의 단계에 이른 것이다.

바바라는 LBL 세션에서 얻은 가르침 덕분에 어린 시절에 경험한 상실들을 이해하고, 쓸모가 없어진 대응 기제들도 분명히 파악하게 되었다. 이로 인해 그녀는 자신의 믿음들을 뜯어고치고 새로운 선택들을 하기 시작했다. 고기의 경우에는 그녀 스스로가 상실의 고통을 감내하기로 동의했다는 사실을 발견했다. 사랑하는 사람의 영혼의 계획에서 중요한 역할을 해주기 위해서였다.

상실의 경험을 통해 네 사람 모두 사랑하고 연결될 수 있는 자신의 역량을 가슴으로 확인하게 되었다. 그리고 사랑의 상실로 인해 삶의 기쁨을 얼마간 빼앗겼지만, 삶을 더욱 풍요롭게 만드는 방식으로 사랑을 경험했다. 그들은 또 세션을 통해서 타인에 대한 사랑이 영혼에게 하나의 기회를 제공한다는 사실을 깨달았다. 영혼의 목적이 배움이든, 치유와 균형이든, 봉사든, 사랑은 이 목적을 달성할 기회를 선사하는 것이다. 그들은 더 깊은 고통으로부터 스스로를 보호하기 위해 장애물을 세워두었다가, 가슴을 열고 이 장애물을 치워버렸다. 그 덕분에 영혼의 성장과 이해에 사랑이 중요하다는 점을 깨달았다.

4
연애 관계를 성공적으로 이끌어가기

어떤 이들에게 새로운 관계를 맺는 일은 지뢰밭으로 걸어 들어가는 것과 같다. 앞에 무엇이 있는지 모르기 때문에 자신을 보호하기 위해서 갑옷을 입는 사람도 있다.

연인과 함께할 때 우리의 가슴은 기쁘게 노래 부른다. 하지만 혼자 있을 때는 두려움이 밀려든다. 그(그녀)도 나와 같은 느낌일까? 우리의 사랑이 계속될 수 있을까? 혹시 버림받는 건 아닐까?

처음의 두려움들을 이겨내고 연인과 함께하게 되면, 또 다른 위험이 등장한다. 바로 익숙함과 싫증이 그것이다. 한창 뜨겁던 관계도 사소한 논쟁이나 욕구 불만족, 오해 때문에 냉담하게 식어버릴 수 있다.

어떤 논쟁들은 감정을 격하게 만들고 서로에 대한 신뢰까지 손상시킨다. 되풀이되는 사소한 논쟁들로 상대에게 타격을 주다 보면, 똑같이 비효과적인 방식으로 서로에게 대응하는 태도가 굳어진다. 이로 인해 화를 자주 내게 되면 서로를 이해할 수 있는 기회까지 잃어버리고 만다.

누구나 연애 관계가 불러오는 혼란스러운 감정들을 성공적으로 잘 헤쳐나가고 싶어 한다. 이 장에서는 유혹에 빠져서 일시적인 열병 같은 것을 사랑으로 오인하는 사례들을 탐구할 것이다. 상대에게 지나치게 집착하거나 무심한 경우들도 살펴보고, 영혼의 계약을 어떻게 직면하고 잦은 갈등은 어떻게 해결하는지도 알아볼 것이다. 요컨대 사랑의 함정들을 어떻게 해결할 수 있는지 탐구해 볼 것이다. 이로써 우리 자신의 역사와 두려움, 자기 판단, 목적을 이해하고 영원한 자기와 연결될 때 우리가 어떻게 성장해 가는지 알게 될 것이다. 또 연애 관계를 잘 이끌어가는 것이 영혼의 성장에 중요하다는 점을 깨달을 것이다.

사랑은 무엇인가

사랑을 정의하는 것은 힘든 일이다. 이 세상에는 사랑에 관한 엇갈리는 메시지들이 너무 많다. 많은 사람들이 혼란을 느끼는 것도 놀랄 일이 아니다. 엄청난 욕망과 욕정이 느껴지면 우리는 흔히 사랑에 빠졌다고 생각한다. 이런 사랑은 짜릿하고 흥분되기 때문에 새로 생긴 애인과 계속 함께하고 싶은 마음이 든다. 그런데 이런 행복과 함께 부정적인 요소도 따라온다. 바로 두려움이다. 새로 얻은 행복을 잃고 싶지 않은 것이다. 그래서 애인이 우리를 실망시키거나 버리지 않으리라는 것을 반복적으로 확인하고 싶어 한다. 이로 인해 격앙된 감정들이 관계를 크게 긴장시킨다. 상대를 '하나뿐인 그 사람'이라고 생각할 때는 특히 더 그렇다.

그런데 이런 강렬한 감정들이 정말로 사랑일까? 연구자들에 따르면, 이런 밀월 기간은 기껏해야 1~2년밖에 지속되지 않는다. 이 기간이 지

나면 진정한 시험이 시작된다.

대부분의 젊은이들은 욕망과 욕정이 장기적인 관계의 출발점이라고 믿는다. 그런데 나이 든 사람들도 혼돈에 빠지기는 마찬가지다. 배우자를 잃고 다시 데이트 현장에 등장한 사람들이 특히 그렇다.

진정한 사랑과 일시적인 열병의 차이

69세의 새런Sharon은 오랜 세월 행복한 결혼 생활을 즐겼다. 그런데 남편이 지병으로 세상을 떠났다. 둘 사이에는 자녀가 없었지만 새런은 몇 년 동안 미망인으로 지냈다. 그러고 나자 외로움이 느껴졌다. 그녀는 누군가와 다시 삶을 함께하고 싶다는 바람으로 데이트를 시작했다.

처음에는 새로운 관계가 흥미진진했다. 하지만 데이트를 한 사람과 관계가 더욱 깊어지지는 않았다. 이로 인해 둘의 관계는 곧 파국을 맞이했다. 이러다 보니 감정의 기복으로 진이 빠져버렸다. 그녀는 지금도 새로운 사람과 데이트를 하고 있었다. 하지만 이 관계도 똑같은 경로를 밟아 실망 속에서 끝나게 될까 봐 걱정이 됐다.

그녀는 만족감을 주는 적합한 사람과 안정적이고 지속적인 관계를 맺고 싶었다. 그래서 이런 관계를 맺으려면 어떻게 해야 하는지 조언을 구하기 위해서 세션에 참가했다. 세션 중에 새런은 18세기에 영국에서 살았던 전생으로 돌아갔다.

저는 남성이에요. 낮에 시골길을 걷고 있어요. 토머스 하디의 소설에 나오는 장면 같아요. 제 이름은 조너선이고 열여섯 살이지요. 지금 기분이 세상 꼭대기에 있는 것 같아요. 오늘밤 특별한 여자 친구를 오월

의 무도회에 데려가기로 했거든요. 그녀는 정말 아름다워요. 금발에 푸른 눈을 갖고 있죠. 우리는 사랑에 빠져 있어요. 그녀는 열다섯 살이고, 우린 결혼까지 이야기하고 있어요. 하지만 그녀의 부모님은 제가 그녀를 데려가기에 좋은 짝이 아니라고 생각해요. 저의 부모님은 저를 너무 어리다고 하고요. 아버지는 제가 아직은 그녀를 먹여 살릴 능력이 안 된대요. 하지만 우린 방법을 찾을 거예요.

다음 장면에서 조너선은 이 소녀를 오월의 무도회에 데려갔다. 그는 너무 행복해서 기쁨을 주체하지 못했다.

첫 춤을 추는데, 모두 그녀를 쳐다봐요. 그녀가 너무 아름답기 때문이죠. 그런데 제가 미처 알아채기도 전에 다른 소년들이 그녀를 둘러싸요. 그래서 저는 그녀에게 가까이 다가가지도 못해요. 그녀는 계속 여러 소년들과 춤을 추고요. 저는 춤출 기회를 얻지 못해요. 음, 하지만 그녀를 걸어서 집까지 데려다줄 테니 그때 보상을 받을 수 있을 거예요.

불행히도 상황은 조너선이 기대했던 대로 흘러가지 않았다. 그의 특별한 여자 친구가 조너선에게 미안한 마음도 없이 다른 소년과 함께 그녀의 집으로 걸어갔기 때문이다. 조너선은 충격과 실망에 빠졌다. 가슴이 산산조각 나버렸다.

조너선은 계속 부모님 집에서 살았다. 여자에 대한 관심은 접고, 농장에서 아버지를 도와 열심히 일했다. 조너선이 스물한 살이 되자 아버지는 그에게 약간의 땅을 물려주었다. 이후 몇 년 동안 조너선은 그의

땅을 성공적으로 경작해서 경제적으로 넉넉해졌다. 이제는 결혼을 할 능력이 생긴 것이다. 하지만 그는 여전히 여자를 경계하고 신뢰하지 않았다. 게다가 그다지 외롭지도 않았다. 근방에 친척들이 있어서 늘 친구가 되어주었기 때문이다.

우리 집에서 멀지 않은 마을에 사촌이 살아서 친구와 함께 그를 만나러 갔어요. 거기서 메리를 만났어요. 메리는 아주 예쁘고 진지한 여자예요. 자연히 그녀에게 끌렸죠. 예전과는 달랐어요. 미칠 듯이 행복한 것은 아니었지만 기분이 정말로 좋았어요.

조너선은 결국 메리와 결혼해서 세 명의 자녀를 두었다. 둘은 아들이고 한 명은 딸이었다. 그들은 함께 열심히 일해서 살림도 넉넉했다. 그들의 삶은 조화로웠으며 만족감으로 가득 차 있었다. 조너선은 늙어서 평화롭게 죽음을 맞이한 후, 그가 새런과 공유한 영혼과 다시 결합했다.

새런은 조너선의 삶에서 얻은 가르침들을 깊이 생각해 보았다. 10대 시절 조너선은 관계의 극단적인 기복을 경험했다. 첫사랑 때문에 크게 낙담한 후 여자들을 피하게 됐다. 그러나 시간이 흐르면서 성숙해진 그는 메리에게서 더욱 중요한 사랑을 발견했다.

새런은 그녀의 안내자에게 조언을 들었다. 사랑과 만족감이 오래도록 지속되는 관계를 소망하는 사람이라면 누구에게나 유용한 조언이었다.

안내자가 준 메시지는 이래요. 행복감은 잠깐이지만 만족감은 지속된

다는 겁니다. 행복감은 수명이 짧아서 금세 왔다 사라져요. 행복보다는 이해하는 것이 더 중요해요. 그것이 더 나은 삶을 살게 해주니까요. 그러므로 삶에서 추구해야 할 것은 바로 만족감이에요. 나를 이해해주고, 멋진 삶을 만들어가기 위해 기꺼이 나와 협력할 수 있는 짝을 찾아야 하죠. 삶이 늘 우리가 처음에 계획한 대로 흘러가는 건 아니에요. 하지만 인내심을 갖고 내 할 일을 하면 만족감을 찾을 수 있어요. 그러니 기틀을 마련해 두어야 해요. 행복감은 마약과 같아요. 기분이 아주 강렬하고 뜨겁고 좋아서 중독성이 있지요.

새런은 안내자에게 마약 같은 행복감을 조절해서 영속적인 만족감을 만들어내는 방법을 물었다.

행복감이 덧없는 것임을 알아차려야 해요. 행복감은 한여름 밤의 개똥벌레 빛과 같아요. 개똥벌레의 불빛은 잠시 빛나다가 이내 꺼져버리죠. 반대로 만족감은 별빛과 같아요. 언제나 아름답고 영속적이죠. 할 일을 해야 합니다. 기틀을 놓아야 해요. 쉬운 일은 아니지만 그만한 가치가 있어요.

새런은 지금 사귀고 있는 남자가 그녀에게 적합한 배우자가 될 수 있다는 점을 깨달았다. 그들은 서로 편안한 관계를 구축해 나갈 것이다. 그녀는 결혼 초기에 남편과 어떻게 행복감과 고조된 감정을 평화로운 기쁨으로 성숙시켰는지를 떠올렸다. 남편이 죽은 후로 몇 년간은 힘들었다. 하지만 이제는 다시 만족스러운 삶을 살아갈 희망이 보였다.

2년 후 최면요법가는 섀런에게 연락을 해보았다. 그 결과 섀런이 데이트를 하던 그 남자와 실제로 결혼에 성공했다는 사실을 확인했다. 섀런은 삶에 따라붙기 마련인 자잘한 기복은 있지만 결혼 생활과 지금의 삶에 만족한다고 했다.

우리의 문화에서는 격정을 찬미한다. 하지만 격정이 지속적인 사랑으로 자라는 경우는 드물다. 섀런이 깨달은 것처럼, 고조된 감정은 만족스러운 사랑의 관계를 낳을 수도 있다. 하지만 우리의 기대에 맞게 필요한 조정을 하지 않으면, 이런 감정들은 흐지부지 꺼져버릴 수도 있다. 섀런이 그 좋은 예다. 그녀는 실제로 이런 조정 작업을 아주 잘 해냈다. 그녀는 두 발을 땅에 굳건히 딛고 자신이 진정으로 원하는 것을 얻어냈다. 전생과 첫 번째 결혼 생활의 경험을 참고해서 자신이 원하던 만족스런 관계를 일궈낸 것이다.

집착 조정하기

사랑하는 사람에게 지나치게 집착한 나머지 상대방이 없으면 살아가지 못하는 사람들도 있다. 그런가 하면 이들과는 완전히 반대 방향으로 치닫는 이들도 있다. 자신의 욕구와 계획에만 너무 열중해서 상대방의 욕구에는 무관심한 것이다. 타인에 대한 사랑과 자신에 대한 사랑 사이에서 균형을 찾는 방법은 없을까? 다음의 사례는 이 양편의 극단적인 예들을 보여준다. 다음의 사례를 통해 우리는 양 극단 사이에서 균형을 잡는 것이 중요하다는 점을 알 수 있다.

42세의 올리버Oliver는 애인 글렌다와 10년 넘게 함께해 왔다. 세션 중에 올리버는 그의 전생으로 돌아가 보았다. 그는 전생에서 마사라는

이름의 미망인 개척자였으며, 자식은 10대의 외동아들뿐이었다. 그런데 이 아들은 현생에서 올리버의 애인 글렌다와 영혼을 공유하고 있었다.

마사는 어느 부족의 일원이었는데, 이 부족은 압제를 피해서 최근 조국을 떠나 이주를 하다가 마침내 정착할 곳을 발견했다. 부족의 연장자들은 마사의 아들을 선택해서 그곳의 이웃들과 화친을 맺고 오라고 시켰다. 마사의 아들은 그곳의 이웃들과 의식을 치른 후 자신이 임무를 잘 완수했다고 생각하며 돌아왔다. 하지만 그것은 그의 착각이었다. 그는 독이 올라 곧 세상을 뜨고 말았다. 마사는 미칠 것 같았다. 괜히 아들을 가게 부추겼다면서 자신을 질책했다.

사람들은 제 아들을 부족의 지도잣감으로 봤어요. 아들에게 큰 기대를 걸고 있었지요. 저만 아들을 잃은 게 아닙니다. 우리 모두 그와 그가 가진 잠재력을 잃어버렸어요. 일어날 수도 있는 일을 미리 내다보지 못한 저를 도저히 용서할 수 없어요.

아들을 잃은 슬픔은 달랠 길이 없어요. 이제 제게 남은 건 아무것도 없어요. 뭐든 좋게 볼 수가 없어요. 오로지 절망뿐이에요. 매일 고통의 감옥에 갇혀서 죽기만을 기다릴 뿐이죠. 전에는 화가 나기도 했는데 이제는 체념했어요. 절망이 제 존재를 구석구석 채우고 있어서 먹는 것도 술을 마시는 것도 의미가 없어요.

부족의 결정에 따라 마사도 부족 사람들과 함께 그곳을 떠났다. 그녀는 중병에 걸려서 마차에 누워 가야 했다.

모두가 잠든 밤에 저도 잠이 들었어요. 제가 내려다보는 것 같은 느낌이 들어요. 모든 사람들이 보이거든요. 마치 새가 하늘에서 아래를 내려다보는 것 같아요. 어둡지만 선명하게 보여요.

갑자기 목이 안 말라요. 저는 날아가는 꿈을 꾸는 중이라고 생각해요. 이제 더 높이 날고 싶어요. 꿈속에서는 그나마 희망이 있어요. 새처럼 어디든 날아갈 수 있으니까요. 저는 그걸 즐기고 있어요. 이게 꿈이 아니라는 것도 모르고요. 어쩐 일인지 이 꿈속에서는 무거운 짐도 사라지고 있어요. 저를 포위하고 있던 그 상처와 후회, 죄의식이 느슨해지고 있고요. 온갖 상처를 경험해 오고 있었는데 지금의 저는 그렇지 않아요. 이제는 제가 온 곳이 어디인지도 모를 정도로 아주 높이 날고 있어요. 하지만 걱정은 적어졌어요. 내맡기고 있으니까요. 모든 것이 괜찮으리라는 확신이 다시 살아나고 있어요. 왜 이런 긍정적인 느낌이 드는지 몰라서 저도 놀랍기만 해요. 하지만 어쨌든 긍정적인 느낌이 들어요. 끔찍한 느낌들은 전혀 안 들어요. 다시 기쁨을 자각하고 있어요. 사랑의 느낌이 저를 감싸요.

마사는 자각하지 못했지만, 그녀는 이미 더없이 부드럽게 죽음을 통과한 후 삶과 삶 사이의 상태에 들어 있었다.

제 생각에 이건 꿈 같아요. 아들이 나타나 손을 뻗어서 저를 안아줍니다. 그의 사랑이 느껴져요. 저항할 수 없는 용서의 마음도 느낄 수 있어요. 아들은 좋아 보여요. 저의 일부는 그가 죽었다고 생각하지만, 저는 그와 함께했던 순간들 중에서도 가장 따뜻한 이 순간을 느끼고 있어요.

사랑이 충만해요. 제게는 이런 사랑이 너무 필요했어요! 놀라워요! 아들이 말하길, 걱정할 것 하나도 없대요. 모든 것이 괜찮을 거랍니다.

제가 더 이상 살아 있지 않다는 것을 이제 깨닫고 있어요. 잠이 들 때 너무 아팠다는 사실도 기억났고요. 그러자 제가 죽었다는 사실을 아들이 확인시켜 줍니다.

아들이 자신의 어머니가 되어주어서 고맙대요. 오! 저는 이제 아들의 삶을 아들의 눈으로 보고 있어요. 제가 무슨 말을 하고 무슨 행동을 하건 아들은 저를 많이 사랑해요. 저를 자랑스러워하기도 해요. 아들의 관점에서는 모든 것이 완벽했어요. 저는 그저 아들의 마음으로 그것을 느끼기만 하면 돼요.(흐느낀다.)

아들이 제게 아주 잘 해냈다고 말해주네요. 지금 이 순간이 오기 전까지 저는 인정하려 들지 않았어요. 아들의 관점에서 바라보면서도 그랬죠. 하지만 우리는 정말로 잘 해냈기 때문에 우리가 살아낸 삶을 기쁘게 받아들일 수 있어요. 저는 제가 아들에게 주었던 사랑을 소중하게 생각해요. 그 결과가 아니라요. 저의 목적은 결과가 아니라 사랑에 있었기 때문이지요.

우리에게는 자신에게 충실하다는 것을 증명할 수 있는 도전이 필요했어요. 아들은 제가 하는 일(가령 아들을 구속하려 한 것)을 좋아하지 않을 때도 저의 의도가 사랑에 있었다는 걸 알았대요. 아들은 저의 관점에서 이것을 이해하죠. 어떤 행위도 우리가 정말로 훌륭하다는 점을 평가절하할 수 없어요.

올리버는 최근 글렌다와의 사이에서 있었던 일을 떠올렸다.

글렌다는 제가 한 어떤 일 때문에 기분이 좀 안 좋았어요. 그래서 다른 주에 사는 친구들을 찾아갔지요. 그녀가 멀리 가 있는 동안 저는 설거지나 집안 정리를 안 했어요. 그냥 무시해 버렸어요. 집에 돌아왔을 때 싱크대에 설거짓거리가 없으면 좋겠다고 그녀가 구체적으로 부탁까지 했는데 말이죠. 그녀가 돌아왔을 때는 싱크대에 접시들이 두 배나 더 많이 쌓여 있었어요. 저는 부동산이나 연구 같은 것들을 더 중요하게 여기고 이것들에만 초점을 맞추니까요.

올리버는 그의 어린 시절을 떠올렸다. 그의 어머니는 올리버가 네 살 때 재혼했다. 그런데 계부가 올리버를 받아들이지 않았다. 그래서 올리버는 따뜻하고 자신을 잘 보살펴주는 할머니와 함께 살았다. 할머니는 집안일을 전부 도맡아 했다. 이로 인해 올리버는 집안 허드렛일을 무시하는 습관이 생겨났다. 결국 싱크대 안에 쌓인 설거지는 여행에서 돌아온 글렌다가 전부 해야 했다.

그건 정말 힘든 일이었어요. 냄새도 났고요. 설거지하는 걸 잊어버려서 저도 기분이 안 좋았어요. 그러고 나서 며칠 후 글렌다가 몸이 안 좋아졌어요. 서 있지도 못할 만큼 기운이 없었죠. 일종의 패혈성 쇼크에 걸려서 결국은 집중 치료실 신세를 져야 했어요. 그녀의 혈류 속에서 황색포도상구균이 발견됐거든요. 의사들은 그 근원을 찾았죠. 그리고 왼쪽 엄지손가락 일부분을 절단해야 했어요.

글렌다가 왜 이런 치명적인 병에 걸렸는지는 누구도 정확히 알지 못

했다. 하지만 올리버는 죄책감에 시달렸다. 세션이 끝난 후 올리버는 그가 마사로 살았던 삶을 되짚었다. 그리고 마사와 그녀의 아들이 서로를 얼마나 많이 사랑했는지도 다시 생각해 보았다. 그 삶에서 마사는 아들에게 너무 집착했다. 아들이 없으면 살 수도 없을 정도였다. 하지만 현생에서 올리버는 글렌다에게 지나치게 집착하는 대신 자신의 욕구에 초점을 맞췄다. 그래서 글렌다가 그에게 얼마나 중요한 존재인지도 망각하고 말았다.

글렌다가 병에 걸릴 때까지 저는 글렌다를 그저 당연히 곁에 있는 존재로 여겼어요.

올리버는 자신도 예측할 수 없던 결과에 대해 죄책감을 느끼는 것이 무의미함을 알고 있었다. 글렌다가 엄지손가락 일부를 절단한 것은 그의 탓이 아니었다. 그래도 글렌다를 실망시킨 것은 바로 그였다. 그녀가 구체적으로 요청을 했는데도 설거지를 하지 않은 것이다.

재앙이 언제 닥칠지 우리는 알 수 없다. 다행히 글렌다의 병세는 더이상 악화되지 않았다. 올리버는 앞으로 좀 더 주의를 기울이고 자신이 사랑하는 사람을 당연한 존재로 여기지 않겠다고 다짐했다.

올리버는 현재 개선의 여정에 올라 있다. 그는 자신의 욕구와 타인의 욕구 사이에서 균형을 더 잡는 법을 배우고 있다. 이 과정에서 그의 전생과 현생은 유용한 참고 자료가 되어준다. 자신과 타인의 경쟁적인 요구들을 더욱 균형 있게 받아들이도록 도와주고 있는 것이다.

영혼의 협약 이행하기

결혼 생활이 이상과는 거리가 아주 먼데도 어떤 이들은 결혼 관계를 그대로 유지한다. 친구나 친척들도 종종 그 이유를 궁금해한다. 물론 대부분의 사람들은 관계가 이렇게 힘들면 그냥 떠날 것이다. 하지만 어떤 커플들은 계속 함께 산다. 여기에는 분명히 이유가 있다. 더욱 깊은 무언가가 이런 관계에서 계속되고 있기 때문이다. 다음의 사례가 이를 입증해 준다.

그레이시Gracie는 이안과의 결혼 생활에 대한 조언을 구하기 위해 LBL 세션을 받으러 왔다. 그녀는 지상에서의 시간이 한정되어 있음을 느끼고 있었다. 그 시간을 허비하고 싶지 않았다. 할 일이 아주 많았기 때문이다. 그런데 남편이 자꾸 방해를 하는 것 같았다. 갈등의 한 가지 원인은 이안의 사업이 둘의 관계에 미치는 영향에 있었다. 그레이시는 남편을 사랑하면서도 결혼 생활을 그만둘 생각까지 했다. 이런 문제와 씨름하다 보니 슬퍼지기까지 했다.

저는 이 생의 목적을 이해하고 싶어요. 중년의 교차로에 있는 것 같은 느낌이 들거든요. 저는 어른이 된 후 삶의 대부분을 제 아이들과 남편, 가족의 일을 돌보고 다른 사람들을 돕는 데 보냈어요. 그러다 보니 나 자신을 위해서는 무엇을 해야 하는지 확실히 모르겠어요. 창조적인 일과 정서적으로 더 진실한 삶을 갈망하고 있지만요.

전생퇴행 중에 그레이시는 자신의 영혼의 이름이 카샤이며, 진정하고 영원한 자신의 존재를 기억하도록 타인을 돕는 것이 자신의 영혼의

목적임을 알았다. 그리고 그레이시로 사는 삶에서 그녀가 내디뎌야 할 첫걸음은 자신이 누구인지를 기억하는 것이었다. 안내자는 카샤에게 이것이 힘든 일일 수 있다고 말했다. 인간의 몸으로 태어나는 순간 자신이 누구인지를 쉽게 망각하기 때문이다. 이런 일은 실제로 벌어졌다. 그 이유는 현생의 삶에서 그레이시의 에너지가 쪼개졌기 때문이다. 안내자는 이렇게 설명했다.

카샤에게 힘든 일 중의 하나는 어떤 시기에 여러 몸으로 환생할 수도 있다는 점이에요. 물론 모든 영혼이 이렇게 하는 것은 아니에요. 그렇다고 아주 드문 일도 아니고요. 에너지를 쪼개는 것은 그녀가 성장을 하는 데 필요한 부분입니다. 이로 인해 그녀의 물리적 몸은 언제나 많은 에너지를 갖고 있을 수는 없어요. 그 결과 영적인 길에서 다른 데로 주의를 돌리게 될 수도 있지요.

게다가 카샤는 인간적인 장애를 키워왔어요. 이것도 낮은 에너지에 일조했죠. 그녀는 나이가 많은 영혼인데, 이런 영혼들은 따뜻하고 타인을 보살필 줄 알아요. 타인이 고통받고 있음을 알면, 이런 나이 많은 영혼들은 힘들어질 수 있어요. 이들의 마지막 배움이 타인을 그대로 존재하게 두는 것이기 때문이죠. '행위'하기보다 그냥 '존재'하게 두는 것 말입니다.

카샤는 여러 번의 생에서 이 배움을 완성하기 위해 애써왔어요. 그런데 타인을 그대로 존재하게 두는 것이 나이 많은 영혼들의 길이자 배워야 할 가르침이기 때문에 고통스러워한다는 점을 잊어버려요. 자신의 길이나 가르침에 저항하면 영혼들은 아픔을 느껴요. 그 길이 끔찍하다고

생각하기 때문이죠.

카샤는 행위로 사랑받을 수 있는 기회를 구하고 있어요. 그래서 그녀의 행위는 전반적으로 긍정적이죠. 하지만 이런 행위는 그녀가 마지막 배움을 성취하는 데 도움이 안 됩니다. 그녀가 마지막으로 배워야 할 가르침은 우리가 존재 자체로 사랑받을 수 있다는 것이니까요. 받아들이기 힘든 가르침이죠. 그래서 그레이시로 사는 생에서 그녀는 강한 의지와 신체적 존재감을 갖고 있어요.

도움을 주고 싶다는 욕구는 영혼 자체의 확신이 부족하다는 것을 의미해요. '존재'하기만 해도 충분히 사랑받을 수 있다는 점을 영혼이 아직 깨닫지 못하고 있다는 의미죠. 그런 영혼들은 흔히 자신이 타인에게 주는 도움을 기준으로 자신을 규정해요.

게다가 그녀는 지난 몇 번의 생에서 인간의 몸으로 태어날 때마다 영계에 많은 에너지를 남겨두고 왔어요. 이로 인해 인간의 몸으로는 적은 에너지를 갖게 되었죠. 그녀가 혼란을 느끼는 건 당연해요. 자신의 고차원적인 자기와 연결되는 방법을 기억하고 찾을 때까지 이런 혼란은 지속될 거예요.

그레이시로 사는 동안 그녀는 결코 역동적인 사람은 되지 못할 겁니다. 하지만 대체 치유법을 찾으면 지금보다 더 많은 에너지를 가질 수도 있어요.

이 정보를 얻은 후 카샤는 계속 나아갈 준비가 됐다. 그녀는 자신의 영혼 그룹을 방문해서 이안의 영혼을 만났다. 그리고 그들이 여러 번 함께 환생했다는 이야기를 들었다. 안내자는 그들의 관계가 왜 중요한

지를 설명했다.

그레이시와 이안은 이번 생을 위해 영혼의 협약을 맺었어요. 기억하고
깨어나도록 서로를 돕기로 약속했지요. 그레이시는 충분히 깨어났고요.
그래서 자신이 가야 할 길이 있으며, 이안이 그녀와 함께하도록 되어 있
다는 점을 깨닫고 있어요. 하지만 이것이 협약이었다는 점은 몰랐지요.
이안은 이제 기억하고 있어요. 물론 그에게는 자유의지가 있지만요.
이안의 관심사는 그가 창조해 낸 인격을 확장시키는 거예요. 그의 영혼
은 에너지를 많이 갖고 있어요. 그래서 삶에서 많은 공간을 차지하려는
경향이 있지요. 일에 아주 열정적이고요. 그는 이번 생에서 지상에 있
는 동안 상황을 더 좋게 만들고 싶다는 생각을 갖고 있어요. 그에겐 이
것이 할 일이죠. 이런 점들을 자각하는 동안, 이안은 자신이 할 일을 이
미 다 했다는 점을 인정하는 데 어려움을 겪고 있어요. 그레이시와의
협약을 지키려면 일에만 주의를 빼앗겨서는 안 돼요. 그런데 지금 이안
은 이러지도 저러지도 못하고 있어요. 그는 자신의 숙제를 끝까지 해내
야 해요. 그의 책임이니까요.
그레이시는 그녀의 삶에서 시간이 빠르게 흘러가고 있다고 느껴요. 아
마도 하나의 영혼으로서 도움을 주고 배우고 발전할 다른 방법들이 있
다고 생각할 겁니다. 그런데 저지당하고 있다는 느낌을 받아요. 그래서
할 일과 씨름하고 있는 겁니다.
둘 모두에게 두려움이 영향을 미치고 있어요. 그레이시는 자기 내면의
나침반을 자신 있게 따르는 것에 얼마간 두려움을 갖고 있죠. 이안은
그가 이 생에서 발달시킨 페르소나를 포기하는 데에 두려움을 느끼고

요. 둘 모두 궤도에서 약간 벗어나 있어요. 돌이킬 수 없을 정도는 아니지만요. 그들은 다시 길을 찾아 자신들의 협약을 이행해야 하죠.

그레이시는 이안과의 관계가 그녀에게 성적으로 다가오지 않는 이유를 궁금해해요. 이번 생에서는 성적인 에너지가 그들의 관계에 별로 중요하지 않아요. 성적인 에너지가 그들이 의도한 목적과 협약으로부터 에너지를 다른 데로 돌려버릴 테니까요. 그들의 목적을 달성하려면 인간 삶의 그런 부분들을 덜 중요하게 여길 수밖에 없어요.

최면요법가는 카샤의 안내자에게 그 협약에 대한 질문을 던졌다. 그것이 이안과 그레이시의 관계에서 갈등의 한 부분을 이루고 있었기 때문이다.

그레이시로 사는 카샤에게 이것은 어려운 문제예요. 그녀는 이 문제를 스스로 해결해야 해요. 저는 그녀가 자신이 한 영혼의 협약을 기억하고 따르면 좋겠어요. 자기만의 길도 계획해야 하고요. 협약을 한 영혼들에게도 함께하는 길만 있는 게 아니라 자기만의 길도 있으니까요. 그레이시와 이안은 협약의 상당 부분을 이미 완수했어요. 하지만 다가올 일은 모르고, 앞으로도 모를 겁니다. 그들이 배우고자 하는 것을 통해 힘겹게 헤쳐나가야 합니다.

그레이시는 자신만의 길을 기억해야 해요. 그리고 이안이 이 생에서 해야만 한다고 여기는 것에 초점을 덜 맞추어야 합니다. 이렇게 물러나주어야 이안이 그의 길을 찾는데도 도움이 돼요.

세션 내내 카샤의 안내자는 그레이시와 이안의 협약이 중요하다는 점을 강조했다. 그레이시와 이안은 협약의 내용을 완전하게 기억하지는 못해도 이 협약이 진정한 자기를 알도록 서로를 깨어나게 한다는 점은 알고 있었다. 카샤는 지상에서의 마지막 수업을 받는 중이며, 그녀가 배워야 할 것은 '행위'보다 '존재'하는 법이라는 이야기를 들었다. 안내자는 그녀가 타인을 위한 이로운 행위들을 내려놓는 게 어려우리라는 점을 인정했다. 그러면서도 '행위'로 타인을 돕는 것은 더 이상 그녀의 목적이 아니라는 점도 알려주었다. 이런 맥락에서 이안이 하기를 바라는 일에 초점을 맞추지 말고, 그녀 자신에게 집중하라는 조언도 해주었다.

세션이 끝날 즈음 그레이시는 육체로 돌아가는 것을 별로 달가워하지 않았다. 삶과 삶 사이의 존재 상태에서 안도감을 즐길 수 있었기 때문이다.

이 무한한 공간감과 제가 한 부분을 이루고 있는 에너지를 이 세상으로도 가져오고 싶어요. 모든 존재와의 연결과 그 광대한 느낌을요. 이 기억이 저의 목적을 달성하는 데 도움이 될 거예요.

그레이시로 살고 있는 카샤에게도 자유의지가 있다. 그녀는 원한다면 남편을 떠날 수도 있었다. 하지만 안내자는 남편 곁에 머물라고 분명하게 조언했다. 그녀에게는 벗어나야 할 습성도 있었다. 타인을 위해 적극적으로 살고 싶은 욕구와 남편의 느린 속도에 부정적으로 초점을 맞추는 것이 그것이다. 한편 이안에게도 깨뜨려야 할 버릇이 있었다.

많은 시간을 일에 사로잡혀 보내는 것과 그의 정체성 등이 그것이다. 삶의 목적을 달성하려면 두 사람 모두 자신의 내면과 서로에게서 진정한 평화를 발견해야 했다.

영혼의 협약은 신성한 것이다. 영혼들은 늘 그들의 협약을 이행하고 싶어 한다. 하지만 육체 안에 있을 때는 그들의 협약을 쉽게 제쳐두고 보통의 행동방식에 사로잡힐 수 있다.

깨어남을 통해 진정한 자기를 만나는 것은 고귀한 목적이다. 많은 사람들이 이런 목적을 갖고 있다. 자신이 진정 누구인지를 알면 내면의 안내자를 따르는 것 말고는 아무것도 할 필요가 없다. 어떤 욕구에 이끌려 타인에게 도움을 주려고 하지도 않는다. 완전하다는 느낌이 들면 어떤 욕구도 일어나지 않기 때문이다. 타인을 위한 진정한 봉사는 가슴에서 우러나며 본질적이고 자연스러운 것이다. 이런 봉사에 동력을 제공하는 것은 무조건적인 사랑뿐이다.

갈등의 양식

아이리스Iris는 금발의 생기 넘치는 여성이었다. 그녀는 결혼 생활이 '파경 직전'에 놓여 있다고 했다. 그녀와 남편 개브리얼은 예쁜 세 살배기 딸과 함께 살고 있었다. 둘 다 결혼 생활을 지키고 싶어 했지만 싸움을 멈출 수 없었다.

개브리얼은 종종 아이리스를 비판했다. 자연히 아이리스는 비난받는다고 느끼고 죄책감도 갖게 됐다. 이로 인해 화를 내거나 방어적으로 굴거나 남편에게 대들기도 했다. 그러면 개브리얼은 소극적으로 물러섰다. 남편이 움츠러드는 모습은 아이리스의 내면에 공포를 불러일으

컸다. 그러면 그녀는 화를 내는 것으로 그 두려움을 표출했다. 이런 싸움의 양식에 휘말렸다 벗어나면 이들은 곧 의기소침해졌고, 서로에게 마음의 문을 닫아버렸다.

LBL 세션을 시작하기 전에 최면요법가는 아이리스에게 여러 번 전생퇴행을 시켰다. 아이리스는 쉽게 트랜스 상태로 들어갔다. 그리고 삶과 삶 사이로 이동하기 전에 중요한 전생을 경험했다. 이 전생에서 아이리스와 개브리얼은 형제였고, 독일에서 살았다. 아이리스는 에밀이라는 열여덟 살짜리 소년이었으며, 개브리얼은 게르하르트라는 스물두 살짜리 형이었다. 이 전생의 장면에서 에밀은 아름다운 금발 여인과 게르하르트의 약혼을 축하하고 있었다.

둘은 바이에른주에 있는 어느 시골집의 멋진 정원에 서 있었다. 여름인지라 익은 산딸기와 장미 같은 화사한 꽃들에 둘러싸여 있었다. 둘이 이날의 의미를 조용히 느끼고 있는 동안 집 안에서 웃음소리가 흘러나왔다. 부모님은 거의 10년 전에 사고로 돌아가셨고, 그 후로 게르하르트가 동생 에밀을 보살펴왔다.

게르하르트는 제게 아버지와 같아요. 우린 아주 친밀하죠.

최면요법가는 아이리스를 또 다른 장면으로 데려갔다. 이제 에밀과 게르하르트는 2차 세계대전에 참전 중이었다. 그들은 참호 안에 나란히 붙어 서서 적들에게 총을 쏘았다. 그런데 게르하르트가 갑자기 몸을 움찔거리며 쓰러졌다. 에밀은 계속 총을 쏘다가 게르하르트가 미동도 하지 않는다는 것을 발견했다. 그는 총을 내던지고, 적들의 총탄으로부

터 형을 구하기 위해 자신의 몸으로 형의 몸을 덮었다. 하지만 이미 늦었다. 게르하르트의 가슴에 난 상처에서 피가 철철 흘렀다. 에밀은 형의 부상이 치명적이라는 점을 받아들일 수 없었다. 에밀이 형의 몸을 뜨겁게 부여안고 있는 사이 전장의 모든 소리들은 희미해져 갔다. 그가 할 수 있는 일은 아무것도 없었다. 게르하르트는 결국 에밀의 품에 안겨 죽음을 맞이했다. 그 순간 아이리스가 걷잡을 수 없이 몸을 떨며 말했다.

게르하르트가 개브리얼이었다니! 오, 이럴 수가! 너무 마음이 아파요! 정말이지 놀라워요! 오, 이런, 소름 끼치는 일이에요!

아이리스는 이제 훌쩍이기까지 했다.

모든 일이 너무 빠르게 일어났어요! 저는 믿을 수가 없어요. 그들은 왜 제가 아니라 그를 죽인 걸까요? 왜 제가 살아남은 걸까요? 그들이 저를 쏘았어야만 했어요!

최면요법가는 잠시 멈추고 게르하르트가 죽었다는 충격적인 사실을 받아들일 수 있도록 아이리스, 즉 에밀에게 충분한 시간을 주었다. 아이리스는 서서히 마음을 추슬렀다. 최면요법가는 이제 에밀로 살았던 짧은 생의 마지막 순간으로 아이리스를 데려갔다. 그런데 이 마지막 순간에도 에밀은 형의 죽음을 여전히 받아들이지 못하고 있었다.

저는 게르하르트를 생각하고 있어요. 그가 너무 그리워요. 그가 전쟁터

에서 죽임을 당하는데도 저는 그를 구해주지 못했어요. 저는 여전히 죄책감을 느끼고 있어요.

에밀은 그의 몸을 벗어나면서 형의 죽음을 보상하겠다고 맹세했다.

다음번에는 더욱 강해져서 게르하르트를 지키겠다고 제 자신에게 약속합니다.

이후 에밀의 영혼은 빠르게 영계로 들어갔다.

한계가 없어요. 저는 최대한 빠르게 위로 올라가요. 어둠과 허공을 뚫고서 날고 있어요. 이제 정말로 많은 별과 빛들이 보이기 시작합니다. 오! 이것들은 영혼들의 무리예요. 너무 기쁩니다! 저는 고향에 돌아왔어요.

기쁨의 눈물이 아이리스의 뺨을 타고 흘러내렸다.

크고 환한 빛이 저를 이끌어줘요.

그 빛은 에밀의 안내자였다. 안내자는 호리호리하고 키가 큰 여성처럼 보였다. 안내자가 에밀에게 전생의 장면들을 보여주자, 에밀인 아이리스는 다시 슬픔과 죄책감을 느꼈다.

다양한 장면들이 보여요. 스치듯 지나가는 전생의 장면들을 보니 게르하르트 때문에 너무 마음이 안 좋아요. 제 안내자는 형이 죽은 게 제 탓이 아니라고 말해요. 그를 구해주는 게 저의 책무도 아니었대요. 그 점을 이해해야 한답니다.

아이리스가 한숨을 내쉬었다. 그 순간 최면요법가는 아이리스의 표정과 몸이 달라지는 것을 보았다. 최면요법가가 안내자에게 그녀를 어디로 데려가는지를 물었다.

저는 친구들이 모여 있는 곳으로 가는 중이에요.

약 스무 명의 영혼들이 그녀를 반겨주었다. 그런데 그중 한 영혼은 특별히 전생은 물론이고 그녀의 현생과도 관련이 있었다.

개브리얼이에요. 그가 말하길, 저는 신뢰하는 법을 배워야 한대요. 삶을 신뢰하고 그를 믿는 법을 배워야 한답니다. 그리고 저의 분노를 직면해야 한대요! 저는 죄책감이 느껴지면 화가 나서 어쩔 줄을 몰라요. 개브리얼은 여기 저와 함께 있고, 이 생에서 머물 거래요. 개브리얼은 이 점을 제가 믿어야 한답니다. 그는 떠나지 않을 거래요. 저의 분노는 제 죄책감에서 오는 거예요. 우리가 형제로 함께 살았던 삶에서 제가 느꼈던 죄책감에서요. 그 죄책감이 현생에서 우리 사이를 틀어지게 만들고 있어요.

아이리스에게 이것은 심오한 이해의 순간이었다. 그녀의 마음이 깊이 움직인 것 같았다. 안내자는 잠시 멈추었다가 아이리스를 원로들이 있는 평의회로 데려갔다.

우리는 빈 공간을 지나서 길게 뻗은 길을 걸어 내려가요. 이 길은 황금빛으로 반짝여요. 제 마음이 겸허해져요.

그녀는 로마의 신전 같은 곳에 다다랐다. 안으로 들어가자 커다랗고 밝은 홀이 나타났다. 이 홀에는 열두 명의 원로들이 반원 모양으로 앉아 있었다. 아이리스는 대단히 흥분했다.

전에도 여러 번 이곳에 와봤어요. 그들은 전부 짙은 자줏빛 예복에 메달 모양의 목걸이를 하고 있어요. 가장 진화된 영혼은 가운데 앉아 있어요. 그가 전체 회의를 이끌어요.
그가 말하길, 그들은 저로 하여금 분노를 자각하도록 하고 있대요. 저는 다른 많은 생에서 분노를 경험했어요. 이번 생에서는 분노를 다르게 경험할 기회를 갖고 있고요. 제가 이전에 살았던 삶들과 에밀로 살았던 삶 사이에 어떤 유사성에 있는지 그가 설명해요. 이번 생에서는 그 유사성을 제거해야 해요.

아이리스가 부드럽게 외쳤다.

여기 있다는 게 너무 신기해요. 제가 배워야 할 것을 이해하게 돼서 정

말로 안심이 되고요. 전생이 어떻게 현생의 경험들을 불러일으키는지도 이해돼요. 이제 결혼 생활이 잘 유지될 수 있겠다는 희망이 생겨요.

원로들은 그녀의 용기를 북돋고, 결혼 생활 안에서 해결책과 마음의 평화를 찾을 수 있다고 말해주었다. 그녀가 화를 내고 그처럼 대응한 이유를 이해하면, 그녀 스스로 선택할 수 있는 가능성이 생긴다는 것이다. 그러므로 원로들은 그녀에게 자신의 분노를 직시하고 신뢰감을 더 키우라고 조언했다. 여러 생에서 그녀가 보인 주된 감정 반응은 분노였기 때문이다. 이렇게 아이리스는 새로운 희망과 이해를 얻고 현재로 돌아왔다.

세션이 끝나고 얼마 지나지 않아 아이리스는 결혼 생활과 자신의 내면에서 변화들이 일어났다고 보고했다. 현재는 그녀의 행위를 변화시키기 위해 여러 조처들을 취하고 있었다. 또 자기계발을 위해서 다양한 강좌들에 등록했다.

개브리얼과 아이리스는 둘의 차이를 새로운 관점에서 이해하게 되었다. 서로를 더욱 다정하게 대하고 싸움도 멈추었다. 아이리스가 죄책감에서 벗어나면서 그녀의 분노도 잦아들었다.

9년이 지난 후에도 아이리스와 개브리얼의 결혼 생활은 신뢰와 조화로 가득 차 있었다. 그들의 딸은 똑똑하고 재능 있는 10대 소녀로 성장했다. 아이리스는 LBL 세션을 아직도 생생하게 기억한다고 보고했다. 그리고 LBL 세션이 그녀에게는 삶에서 가장 심오한 경험의 하나였다고 고백했다.

에밀은 죽으면서 그의 형이 다시는 자신을 떠나지 못하게 하겠다고

맹세했다. 이 맹세를 할 때 에밀은 대단히 감정적인 상태였다. 깊은 죄의식과 상실감에 휩싸여 있었던 것이다. 이처럼 감정 에너지로 가득 찬 맹세는 언제나 미래의 삶에도 영향을 미친다. 이 에너지가 풀어져 사라질 때까지는 그렇다.

에밀의 맹세는 게르하르트의 영혼이 어떤 모습으로 환생하든 늘 가까이 머물게 하고 헤어지지 않겠다는 의미였다. 그러나 아이리스로 살아가는 다음의 생에서 에밀의 이 맹세는 좋은 결과를 불러오지 못했다. 아이리스가 너무 필사적으로 개브리얼을 곁에 두고 싶어 했기 때문이다. 이로 인해 둘 사이에서 말다툼이 생길 때마다 아이리스는 위협을 느꼈다. 아이리스에게서는 여러 생애 전부터 분노의 감정이 이어져 오고 있었고, 이로 인한 그녀의 불안한 반응들은 둘의 관계를 더욱 멀어지게 만들었다.

이처럼 강력하지만 쓸모없는 맹세로 인해 현재의 삶과 관계에서 분투하고 있는 사람들이 얼마나 많을까? 마이클 뉴턴 연구소의 최면요법가들은 많은 사람들이 이런 에너지를 품고 있음을 발견했다.

우리가 지구상에서 가장 보람 있게 할 수 있는 경험의 하나는 동반자와 지속적으로 사랑의 관계를 맺는 것이다. 많은 사람들이 이런 관계를 얻기 위해 애쓴다. 하지만 극소수만 이런 관계를 만들어낼 수 있다. 이 장에서 살펴본 것처럼 극복해야 할 함정들이 많기 때문이다.

사랑의 관계를 만들어내는 데는 노력이 필요하다. 하지만 스스로 인식조차 못하고 있는 마음의 응어리로 인해 이런 관계를 만들어내지 못하는 사람들도 있다. 이들은 건강한 관계에 도움이 안 되는 방식으로 반응한다. 한편 자신의 욕구와 타인의 욕구 사이에서 균형을 못 잡는

사람들도 있다. 지나치게 이타적이거나 이기적인 경우가 그렇다. 또 자기 내면의 소리를 듣지 못해서 자신과 타인을 가혹하게 판단하는 이들도 있다. 판단과 통제를 놓아버리는 법을 배우는 것이 지상에서 이뤄야할 목적이며, 그래야 사랑과 수용이 가능하다는 점을 모르거나 망각한 것이다.

낡은 습성들을 직시하고 놓아버리면, 동반자와 진정한 친밀감을 쌓을 수 있다. 물질계에서 영속적인 것은 아무것도 없다. 이 점을 분명히 깨달으면 사랑하는 이를 더욱 관대하게 대하고 소중히 여기게 된다.

관계를 헤쳐나갈 때도 여전히 용기가 있어야 한다. 과거가 잠들어 있을 때는 더더욱 그렇다. 안내자들은 무엇보다 정직이 중요함을 강조한다. 그러나 자신의 감정을 정직하게 드러내는 것은 쉬운 일이 아니다. 우리의 취약성을 드러낼 경우 상대가 우리를 이용하지는 않을까 두렵기 때문이다. 사실 진정성을 악용하는 사람과는 누구도 함께하고 싶어 하지 않는다. 하지만 마음을 열고 정직해야만 우리 자신이 어떤지를 상대에게 알릴 수 있다. 이렇게 서로의 진실을 알고 인정해야만 친밀감을 쌓아갈 수 있다.

5
자기 훼방에서 자기를 지키는 힘으로

자기 훼방은 역효과를 낳는다. 그런데도 많은 사람들이 관계의 어느 시점에서 자기 훼방을 일삼는다. 이런 행위에는 물론 이유가 있다. 하지만 자신이 정확히 무슨 짓을 하고 있으며 왜 그러는지를 언제나 분명하게 아는 건 아니다. 그 이유를 알려면 삶의 족적과 동기들을 깊이 파헤쳐 보아야 한다.

우리는 사랑이 충만한 관계를 갈망하면서도 과거에 상처 입고 실망한 경험이 있기 때문에 이런 관계를 두려워하기도 한다. 거부를 당하거나 사랑하는 이를 잃고 고통받은 적이 있는 것이다. 우리의 자기 훼방 행위는 이런 고통을 다시 느끼지 않도록 자신을 보호하기 위한 것이다. 혼란스러운 행위 이면의 근원적 원인을 이해하기 전까지는 같은 행위를 되풀이한다. 어떤 때는 상대와 친밀감을 느끼고 싶어 하다가도, 또 어떤 때는 밀어내는 것이다. 진심으로 원하는 것이 사랑이면서도 이런 마음을 일관되게 표현하지 않는다. 물러서는 것은 사랑이 아니다. 화를

내는 것도 사랑이 아니다. 부적절한 행위를 참아내는 것도 사랑은 아니다. 이런 행위들이 우리를 보호해 줄 것처럼 여겨지겠지만, 사실은 그렇지 않다. 우리는 결국 어떤 식으로든 상처를 입고 만다. 자신과 상대에게 정직하지 않았기 때문이다.

자기 충족적인 사람들은 관계에서도 일관된 모습을 보여준다. 자신이 무엇을 원하는지 알기 때문이다. 그리고 관계에 문제가 있으면, 문제를 분석하고 고치려 한다. 그렇다면 관계를 스스로 해치는 일을 어떻게 멈출 수 있을까? 먼저 낮아진 자존감을 해결해야 한다. 다음의 첫 번째 사례에서는 이런 문제를 살펴보았다.

낮아진 자존감 되살리기

36세의 애나Anna는 잇따른 학대 관계로 심신이 황폐해진 상태에서 LBL 세션을 받으러 왔다. 이전의 파트너였던 프레드도 그녀를 학대했다. 당연히 그녀는 그를 떠났다. 이제는 맥스라는 새로운 남자와 사귀고 있었다. 그러나 그녀는 불안하고 확신이 안 섰다. 남자를 다시 믿어도 될지 알 수 없었다. 그녀의 가장 깊은 소망은 따뜻한 가정을 꾸리고 어머니가 되는 것이었다.

그녀가 세션을 받으러 온 이유는 불행한 관계를 그처럼 여러 차례 맺게 된 이유를 알기 위해서였다. 또 친밀하고 화목한 가정을 꾸리고 싶다는 꿈을 어떻게 하면 이룰 수 있는지도 알고 싶었다. 세션에서 애나는 이전 애인이었던 프레드와의 관계에 대해 질문을 던졌다. 애나의 안내자는 다음과 같은 답을 주었다.

인간으로 태어나기 전에 애나와 프레드는 둘의 관계에 대해서 합의를 했어요. 애나와 프레드의 영혼은 많은 생을 함께하고, 서로 다른 역할을 떠맡았지요. 현재의 생에서 둘의 관계에는 특정한 목적이 있어요. 애나는 관계에서 경험한 고통들을 통해 힘을 키워야 해요. 지금 애나는 필요한 것을 배우고 있어요. 그들은 전생을 함께 보냈고, 현생에서 서로에게 영향을 미치고 있지요.

애나는 16세기에 살았던 전생에서 칼이라는 남자였고, 프레드는 칼의 장애 여동생이었다. 칼은 평생 동안 여동생을 보살폈다. 이런 정보 덕분에 애나는 자신을 어리둥절하게 만들었던 점을 말끔히 털어버릴 수 있었다. 현생에서 프레드를 그토록 걱정했던 이유를 이제 이해한 것이다.

최면요법가는 안내자에게 애나가 현생에서 경험한 학대 관계들에 대해 알려달라고 했다. 그리고 애나가 배워야 할 것이 무엇인지도 물었다.

그녀는 인간으로서 힘을 기르기 위해 파트너를 상실하는 경험을 해볼 필요가 있어요. 그녀의 영혼이 지닌 완전한 자각 속에 들어설 수 있는 길은 이것뿐이니까요.

안내자는 애나가 깊은 분리불안을 안고 있으며, 이런 분리불안이 자기 훼방적 성향에 영향을 미친다고 했다. 애나는 파트너를 잃어버릴지도 모른다는 두려움으로 인해 파트너가 그녀에게 해를 입혀도 참고 있었다. 상실의 두려움이 현재의 자존감보다 더 큰 것이다. 안내자는 애

나의 내면 깊은 곳에 있던 두려움과 불안이 지금은 거의 녹아버렸다고 했다. 그러면서 애나가 왜 새로운 파트너인 맥스에게 깊은 사랑을 느끼지 못하는지를 이야기했다.

과거의 고통스러웠던 경험들로 인한 방패막인 셈이죠. 자기 연민과 이해로 이 문제를 해결해야 합니다. 인내심도 어느 정도는 가져야 해요. 그러면 시간이 흐르면서 그 방패막이 사라질 거예요. 소통의 기반을 사랑에 두고 자신의 느낌과 요구, 생각, 충동 등을 분명하고 정직하게 표현해야 해요. 진정한 자기로서 존재하고 상대의 반응도 숙고해야 합니다. 적절할 때 상대와 논쟁도 벌이고 자신의 경계를 정해야 하고요. 이렇게 하기 시작하면 상대도 배우게 될 겁니다.

애나는 자신이 학대 관계들에서도 아직 충분하게 배우지 못했다는 점을 발견했다. 그녀는 여전히 진정한 자존감을 발견할 필요가 있었다. 안내자가 그녀에게 더 많은 정보를 알려주었다.

당신의 목적은 직관을 통해 다른 사람들을 돕는 것입니다. 그러니 매일의 삶에서 자신의 직관에 더 주의를 기울이고, 직관에 더 많은 영향력을 부여하세요. 직관과 느낌은 내적 인식을 구성하는 중요한 선물입니다. 또 다른 목적은 자기 신뢰를 배우는 것이지요. 이 목적을 이루려면 명상을 하고, 당신의 안내자인 나와 접촉해야 해요. 그러면 매일의 삶에서 원할 때마다 나의 인도를 받을 수 있습니다. 당신의 몸에 나타나는 신호들이 당신과 내가 언제 연결되어 있는지를 말해줄 겁니다.

애나는 온몸에 소름이 돋는 느낌이 든다고 했다. 이것은 그녀의 몸에 나타나는 신호 중 하나였다. 최면요법가는 애나에게 그녀의 영혼을 비춰주는 특별한 거울을 들여다보면서 영혼의 본체를 기억하고 다시 경험해 보라고 했다.

애나는 잠시 이렇게 한 후 자신이 본 것을 묘사했다.

저는 황금빛을 띤 타원형의 밝은 영혼이에요. 온기와 친근함, 기쁨, 민첩함, 쾌활함, 순수함, 신뢰, 연민, 사랑을 발산하고 있어요.

애나는 자신의 영혼이 지닌 지혜와 힘, 아름다움을 확인하면서 깊은 감동을 느꼈다. 그리고 삶의 어느 순간에든 영혼의 본체를 기억할 수 있다는 것을 깨달았다. 이제 애나는 자신의 영혼 그룹과 재회하는 곳으로 인도되었다. 그녀는 영혼 그룹 중에 현생에 등장하는 사람들이 있음을 알아차렸다.

저의 애인이었던 프레드도 있어요. 그가 제 손을 잡더니 자신이 했던 파괴적인 행위들을 후회한다고 사과를 하네요. 맥스도 거기 있는데 약간 뒤편에 있어요. 다른 이들도 있고요. 우리는 아주 강한 온기와 공감, 친근함, 활력을 뿜어내고 있어요.

애나는 잠시 이 사랑에 젖어 있었다. 그런데 곧이어 슬픔의 그림자가 그녀의 얼굴을 스쳤다.

과거로 인한 슬픔이에요. 저는 제 자신과 사이가 좋지 않아요.

애나는 칼로 살았던 전생으로 인해 죄책감을 느끼고 있었다. 그녀는 칼이 여동생을 충분히 보살펴 주지 못했다고 느꼈다. 그리고 현재의 삶에서 그녀의 관계를 망가뜨리고 있는 것에 대해서도 죄책감을 느꼈다. 안내자는 이 죄책감을 풀어버리는 방법을 이렇게 설명해 주었다.

더 지혜롭게 처신할 수 없었다는 점을 인정하고 받아들이면 그 죄책감을 벗어던질 수 있어요. 인간으로서 그녀도 완벽하지는 않으니까요.

안내자는 완벽주의도 일종의 자만이라고 설명했다. 이런 완벽주의는 전능한 신처럼 되려는 오만이라는 것이다. 이런 자만심의 반대는 겸허함이다. 자연스러운 자존감은 타인과 더불어 기쁨을 나누게 해주지만, 완벽주의는 불충분함을 느꼈을 때 생겨난다.

안내자는 애나에게 그녀의 모든 완벽주의와 죄책감, 자기 비난을 버리라고 조언했다. 안내자가 이 새로운 존재 방식에 어울리는 에너지를 가득 불어넣자 애나는 무언가 변화하는 게 느껴진다고 했다. 애나는 잠시 멈추었다가 이전의 애인이었던 프레드와의 사이에서 모든 것이 괜찮아졌다고 분명하게 말했다. 그러고는 새로운 파트너인 맥스와의 사이에서 무슨 일이 일어나고 있는지를 보고했다.

맥스가 저를 향해 걸어 나오네요. 그도 눈부신 빛처럼 보여요. 평온과 힘, 정직, 자신감을 뿜어내는 빛이에요. 그가 완전히 제 뒤에 서 있는 것

같은 느낌이 들어요. 전에는 느껴보지 못했던 평화로운 사랑 안으로 제가 들어가는 느낌이 들어요. 이런 느낌, 특히 이런 평온함은 정말 새로운 것이에요. 예전에는 두 사람 사이의 흥분과 끌림이 사랑의 관계라고 생각했었는데 말이죠.

애나는 곧 안내자에게 고마움을 전하고, 다시 접촉할 것을 약속하며 작별 인사를 했다. 이후 최면 상태에서 벗어난 애나는 변화가 일어났음을 감지했다. 세션을 받고 9개월 후 애나는 최면요법가에게 그녀의 발전 상황과 최근 소식을 전해왔다.

종종 선생님에게 받은 세션 내용을 생각해요. 그 경험이 저의 자신감에 엄청난 도움이 됐어요. 전 애인과 관련된 문제는 완전히 정리했어요. 저의 공감과 감수성도 강화되고, 지금은 제 수호천사나 영혼의 모든 조력자들과 아주 가깝게 접촉하고 있어요. 저의 안내자를 만날 수 있다는 점이 새삼 기뻐요. 제 영혼 그룹을 생각할 때도 늘 신이 나고요. 그들은 저를 안전하게 해주어요.

올해 제 할머니가 돌아가셨어요. 할머니가 그립지만, 지금은 저도 알아요. 할머니가 제 영혼 그룹의 일원이기 때문에 그녀를 다시 만나게 되리라는 것을요. 할머니가 세상과 작별하는 동안 저도 조금은 할머니를 도와드릴 수 있었어요. 세상과 어떻게 작별하고, 몸을 떠나 고향으로 돌아갈 때 어떻게 해야 하는지 세션에서 배운 덕이죠. 저는 할머니에게 저의 경험담을 들려주면서 죽음에 대한 두려움을 덜어드렸어요. 그리고 모두가 괜찮을 거라는 점을 납득시켰지요.

저의 새로운 파트너인 맥스와의 관계에도 세션이 큰 도움이 됐어요. 그의 빛나는 영혼이 저를 향해 다가오던 모습이 지금도 눈에 선해요. 그는 자신을 두려워할 필요가 없다는 점을 제게 분명히 알려주었어요. 그가 저를 실망시키지 않으리라는 점을 믿어도 좋다는 것도요. 지금 저는 그와 더욱 깊이 관계를 맺고 있어요. 그와 함께 살고 있거든요.

2년 후 애나는 몇 가지 좋은 소식을 전해왔다.

선생님께 알려드리고 싶은 소식이 있어요. 6개월 전에 딸을 낳았어요. 그 작은 생명이 정말로 대견해요. 제게는 더없이 특별한 아이죠. 처음에는 물론 쉽지만은 않았어요. 하지만 매일매일 딸과 배우고 있어요. 딸은 정말 제 인생에서 가장 사랑하는 존재입니다. 우리는 아름다운 가정을 일구고 있어요. 종종 제가 받은 세션을 생각하기도 해요. 그 당시에는 모든 것이 얼마나 멋지게 나아질지 상상도 못 했어요.

애나는 죄책감도 잠재우게 되었다. 그녀가 자기 훼방적인 행위를 하는 이유는 자신이 무가치하다는 느낌 때문이었다. 이로 인해 건강한 자존감을 지닌 사람이라면 피했을 관계에 머물러 있었다. 건강한 자존감을 지닌 사람이라면 아마 애초부터 이런 관계를 시작도 안 했을 것이다.

LBL 세션을 받으러 오기 전에도 애나는 자신이 곤경에 처해 있음을 알고 있었다. 마음이 불안한 데다 과거와 똑같은 패턴이 다시 시작되는 듯한 조짐들이 보였기 때문이다. 그녀는 불안과 죄책감이 너무 커서 긴장을 풀고 관계를 신뢰하지 못했다. 그러나 문제의 근원을 파악한 뒤

에는 과거에서 벗어날 수 있었다. 또 새롭고 건강한 관점을 받아들여서 마음속에 자존감도 쌓게 되었다.

낮은 자존감은 거부에 대한 두려움을 증가시킨다. 자신이 무가치하다고 느끼기 때문에 자기 가치의 증거를 타인에게서 구한다. 내면을 들여다보는 대신에 바깥에서 자신의 가치를 확인받으려고 하는 것이다. 그러나 안내자들은 이렇게 조언한다.

'내면을 들여다보세요!'

사랑은 당연한 것이 아니다

우리는 이따금 사랑하는 이의 존재를 당연하게 여겨서 관계를 스스로 망가뜨린다. 이런 위험성은 관계 속에 언제나 존재한다. "친숙해지면 무례해지기 쉽다."라는 오래된 속담은 바로 이와 관련된 것이다. 사람이든 물건이든 주변에 늘 있으면 우리는 그것의 가치를 평가절하한다. 그러나 죽음이 가까이에 있음을 늘 잊지 않으면 삶에 감사하는 마음이 커진다. 좀 우울하게 들리겠지만 이 말속에는 분명 지혜가 담겨 있다. 삶이 본질적으로 영속적이지 않음을 자각할 때에야 관계도 더욱 지혜롭게 꾸려갈 수 있다.

로저Roger의 사례는 두려움이 사랑의 표현을 어떻게 가로막는지 잘 보여준다. 우리는 두려움으로 인해 기회를 놓치고 사랑하는 이의 존재를 당연한 것으로 여긴다. 로저는 36세의 동성애자였다. 그는 몇 년간 다른 도시에서 일하다가 고향으로 돌아왔다. 곧 새로운 일자리를 찾고 멋진 거처도 마련했다. 그런데도 여전히 불안정한 느낌이 들었다. 그의 본가 식구들도 고향에 살고 있었는데, 그들은 그의 동성애를 인정해주

었다. 하지만 좁은 고향 동네와 교회는 동성애에 비판적이었다. 로저가 제리를 만나면서 이 문제는 더욱 격화됐다.

로저는 새 남자 친구인 제리를 많이 좋아했지만 이처럼 말 많은 관계를 맺는 것에 죄책감도 느꼈다. 이로 인해 제리와의 관계를 마음껏 즐기지도 못했다. 이런 편협한 마을이 정말 살기에 좋은 곳인지도 확신이 안 섰다. 그는 이런 딜레마에서 벗어날 지혜를 얻기 위해 LBL 세션을 받으러 왔다.

로저는 그의 의심을 들여다보다가 고대 이탈리아에 살던 때로 돌아갔다. 그는 30세가량의 크리스티안이라는 남자였으며, 로마에 본부를 둔 부대에서 경비병으로 일하고 있었다.

제 임무는 근처 마을들을 순찰하는 겁니다. 상황이 대체로 평화롭기 때문에 보통 혼자서 순찰을 돌아요. 제 임무 중에서 가장 힘든 건 마을 주민들 사이에서 벌어진 싸움을 말리는 것입니다. 저는 침실이 두 개 있는 석조 건물에서 다른 미혼 경비병들과 함께 살고 있어요. 우리는 함께 게임도 하고 훈련도 하죠. 저는 열일곱 살부터 내내 경비병으로 지냈어요. 저도 가끔 결혼을 해서 가정을 일구고 싶다는 생각을 하곤 했죠. 그러다 어느 마을에서 제 눈에 들어오는 처녀가 나타났어요. 그녀는 정말 아름다웠어요.

그러나 크리스티안은 이 처녀와의 관계를 발전시키지는 않았다. 그는 그냥 계속 군대에 남아서 다른 미혼 경비병들과 함께 지냈다. 그러다가 40세에 제대를 했다.

저는 제대를 한 후 로마 밖의 구릉지로 옮겨가서 혼자 살았어요. 다른 남성들에게 끌리는 것 때문에 죄책감이 들었거든요. 제가 로마에서 벗어난 건 이 때문이에요. 이따금 오래된 군대 친구들도 만나지만 외로워요. 저는 가끔 마을에 있는 선술집에도 가요. 그러던 어느 날 한 남자를 만나서 말을 주제로 이야기를 나눴어요. 그의 이름은 제임스예요. 그가 저를 초대해서 자신의 말들을 보여주었어요. 우리는 친구가 됐죠. 그러다가 친구 이상의 사이로 발전했어요. 남성과 사귀는 게 법에 저촉되는 일은 아니었으니까요. 하지만 결국에는 그 사회에서 추방되고 말 테죠. 우리가 연인으로 발전하는 데 시간이 좀 걸린 것도 이 때문이에요. 우리는 지금 동거를 하고 있고 아주 행복하게 지내요.

이 시점에서 로저는 크리스티안의 삶에 등장한 제임스가 제리와 같은 영혼의 소유자라는 점을 깨달았다. 제임스가 현생에서 로저의 새 남자 친구로 등장한 것이다.

크리스티안은 제임스와 몇 년 동안 행복하게 살았다. 그런데 어느 날 시장에서 돌아와 보니 제임스가 죽어 있었다. 크리스티안이 아는 한 살인의 흔적은 없었다. 제임스가 병을 앓고 있던 것도 아니었다. 크리스티안은 충격을 받았고, 이 어처구니없는 상실에 몹시 비통해했다. 그래도 제임스의 집에 계속 살면서 그의 말들을 돌봤다. 외로운 나날이었다. 그러다 새로운 친구들을 사귀고픈 마음에 선술집을 찾았다. 그는 실제로 가볍게 만나는 친구를 몇 명 만들었다. 하지만 새로운 애인은 만들지 못했다. 그는 그렇게 혼자 살다가 짧게 병치레를 한 후 60세 즈음에 조용히 생을 마감했다.

이제 저는 진정한 사랑이 존재한다는 걸 알아요. 제임스와 그런 사랑을 나누었으니까요. 그리고 사랑을 다른 활동들로 대체할 수 없다는 것도, 자신을 믿어야 한다는 것도 배웠어요. 진심으로 노력했다면 저는 다른 관계를 찾을 수도 있었을 거예요.

제임스에게 제가 어떤 마음을 갖고 있는지 그에게 더 일찍 많이 알려주어야 했어요. 하지만 저는 너무 많은 시간을 흘려보냈어요. 남성에게 끌리는 것에 죄책감을 가져서 저의 마음을 계속 표현하지 못했죠.

최면요법가는 로저에게 크리스티안의 삶을 보고 현생의 어려움과 관련해서 어떤 점을 깨달았는지 물었다. 그러자 로저는 다음과 같이 대답했다.

자신이 정말로 소중히 여기는 사람이 있으면 그를 사랑하고 지켜야 한다는 걸 배웠어요. 그와 함께할 수 있는 미래의 시간이 보장되어 있는 게 아니니까요. 누군가를 사랑하면 그 사람은 제 인생에서 큰 비중을 차지하게 돼요. 그가 사라지면 자연히 외로움을 느끼죠. 그러면 다른 사람들과 어울리며 대화를 나누고, 또 다른 사랑에 마음을 열어두어야 해요. 크리스티안은 제임스를 향한 사랑 때문에 또 다른 사랑을 찾지 않았어요. 저는 제리를 사랑하고 지켜야 해요. 하지만 죄책감이 너무 커서 그에게 제 감정을 표현하지도 못했어요. 사랑은 무척 중요하고 추구할 만한 것인데도 말이죠.

로저는 세션을 끝낸 후 다른 사람들이 어떻게 생각하든 제리와의 관

계를 일궈 나가리라 결심했다. 최근에 들은 소식에 의하면, 로저와 제리는 많은 시간을 함께 보내면서 연인 관계를 발전시켜 가고 있었다.

로저는 크리스티안으로 산 전생에서 제임스의 존재를 당연시하고, 그의 사랑을 표현할 수 있는 기회들을 무시해 버렸다. 동성애라는 관계에 죄책감을 느껴서 마음을 제대로 표현 못 한 것이다. 그런데 제임스가 죽은 후로 그의 죄책감은 다른 양상을 띠었다. 이제는 제임스에게 자신의 사랑을 표현하지 않고 감춘 것에 죄책감을 느끼게 된 것이다. 사랑을 표현하지 않고 감춘 탓에 그는 새로운 관계를 발전시킬 기회 또한 잡지 못했다.

로저는 전생퇴행을 통해 이처럼 유용한 깨달음을 얻었다. 창피를 당할지도 모른다는 두려움이 사랑을 표현하지 못하게 가로막는다는 것을 이제 이해한 것이다. 실제로 많은 사람들이 두려움으로 인해 사랑하는 사람과의 관계를 망친다. 그러나 자신의 두려움을 이해하고, 두려움이 우리를 지배하게 방치했을 때 어떤 안타까운 결과가 나타나는지를 깨달으면 그것을 이겨낼 힘이 생긴다. 이런 점을 깨달아야 우리의 파괴적인 행위를 중점적으로 해결하고 앞으로 나아갈 수 있다. 또한 우리가 꿈꾸던 사랑의 관계를 실현할 기회도 얻는다.

거부의 상처 극복하기

우리의 행동양식은 흔히 여러 생애에 걸쳐서 우리에게 스며든 습관과 같다. 하지만 우리는 그 사실을 깨닫지 못하고 있다. 인간은 습관의 동물이고, 반복적인 생각과 행동은 특정한 양식을 만들어낸다. 이는 같은 상황에 직면할 경우 비슷한 방식으로 반응하게 된다는 것이다. '터

널 시야tunnel vision'°에 갇혀 있기 때문에 어떤 문제가 발생하면 과거와 똑같은 태도와 해결책을 사용하는 것이다.

이런 양식을 깨트리려면 먼저 자신이 습관에 지배당하고 있음을 인식해야 한다. 자신이 어떤 행동양식을 반복하고 있다는 것을 어렴풋이나마 알아차리면 자신의 태도를 주의 깊게 관찰하게 된다. 그러면 타인과의 관계에 영향을 미치는 파괴적인 행동양식을 멈출 방법들을 찾을 수 있다.

36세의 티나Tina는 남편도 없이 홀로 10대 아이 둘을 키우고 있었다. 티나는 학교에서 사회 교사로 일했고, 점술가로도 활동하고 있었다. 그녀는 이성 관계가 너무 실망스러웠던 이유를 알기 위해 LBL 세션을 받으러 왔다.

그녀의 생물학적 아버지는 그녀가 태어나기도 전에 아내를 버리고 다른 여자에게로 갔다. 그는 티나와 함께 지내던 여름방학 때도 딸인 그녀와 놀아주기보다, 다른 어른들과 어울리거나 여자들과 시시덕거리는 데 더 많은 시간을 쏟아부었다.

세션 중에 티나는 1950년대에 북아메리카에서 흑인 남성으로 살던 전생을 다시 체험했다. 그는 잘생기고 키도 큰 전문 댄서였다. 이름은 마이클이고 당시 나이는 23세였다.

저는 응당히 받을 만한 존중을 못 받고 있어요. 인종이 다른 여인과 사랑에 빠졌고요. (깊은 한숨을 쉬며) 우리는 숨어서 사귀는 수밖에 없어요.

○ 터널 속에서 터널 입구를 바라볼 때처럼 제한된 시야를 의미한다.

그녀와 저는 함께 일하면서도 사적으로 같이 있는 모습을 보이면 안 돼요. (크게 소리 내 운다.) 저는 별도의 문을 사용해야 해요. 또 여행 중에 둘이 똑같은 장소에 머물러서도 안 돼요.

마이클의 가정은 홀어머니와 형제자매들로 이루어져 있었으며 애정이 넘쳤다. 최면요법가가 마이클에게 연인에 대해 묻자, 그는 이렇게 대답했다.

그녀가 와서 우리 밴드와 함께 노래를 불렀어요. (크게 울부짖는다.) 그런데 우리 아이를 잃었어요! 우리의 사랑은 이루어질 수 없어요. 피부색이 다르거든요.

마이클의 생은 짧게 끝났다. 자신이 망가진 것 같고 세상이 싫어져서 술로 마음을 달래다가 결국에는 약물을 과다 복용해서 모든 것에 종지부를 찍은 것이다.

티나는 그녀의 안내자를 만났다. 안내자는 마이클이 인종을 초월한 사랑으로 저항에 직면해야 했던 이유를 설명해 주었다.

누군가와 긴밀한 사랑의 관계를 맺으면 상처를 크게 입을 수도 있어요. 하지만 이런 사랑의 관계를 잘 감당해 내면 다른 많은 난관도 이겨내게 됩니다. 그러므로 이런 연애는 배움의 한 방식이 될 수 있죠. 티나는 이런 사랑의 관계를 기다리고 이것을 얻기 위해 싸우는 것이 가치 있는 일이라는 점을 배우고 있어요. 그녀는 기다릴 필요가 있습니다. 그녀가

살아온 생애들의 전반적인 테마는 상실과 실의, 슬픔입니다. 사랑이 끝나면 상처를 입죠. 이런 상처는 강렬한 감정을 다루는 법을 배우는 것과 관련이 있어요.

최면요법가는 티나에게 남자와 행복한 연애 관계를 맺었던 생이 한 번이라도 있었는지 물었다. 그러자 티나는 흥분한 듯 손을 이리저리 흔들면서 인류가 원시적으로 수렵·채취 생활을 하던 오래전의 생으로 돌아갔다.

더워요. 저는 여자인데 발이 커요. 여기는 모래밭이 있고요. 저는 옷을 많이 안 입고 있어요. 가슴은 맨살을 그대로 드러내고, 아랫도리에는 천 쪼가리를 걸치고 있어요. 우리는 머리카락을 칼로 잘라요. 아프지만 고통이 심해도 참아요. 저는 강하니까요. 지금은 어떤 남자와 함께 있어요.

티나는 그 남자가 자신보다 키가 작고 역시나 허리에만 천 쪼가리를 두르고 있다고 했다. 그러면서 큰 소리로 깔깔 웃었다. 힘이 넘쳐 보였고 자신을 자랑스러워하는 것 같았다.

제 아이들은 우리가 사는 마을에 부족민들과 함께 있어요. 우리는 돌아다니면서 동물을 잡아요. 사냥을 하는 겁니다. 먹을 수 있는 것을 나무에서 따거나 땅에서 채취하기도 하죠. 그리고 온기를 유지하기 위해 모두 함께 잠을 자요. 동물 가죽으로 몸을 덮고요. 가끔은 다른 사람들을

만나서 어울리기도 해요. 의식을 치르고 소통도 잘합니다. 일종의 내적인 소통이죠. 모두들 자신이 무엇을 해야 하는지 잘 알고 제 몫을 해냅니다.

최면요법가는 그들이 사냥하는 동물과 불에 대해 물었다.

네, 우리에게는 불이 있어요. 남자들이 불을 피우죠! 저는 사냥을 잘해요. 황소나 물소 같은 것을 잡아요. 몸집이 아주 큰 동물들이죠. 저는 몸을 숨기고 있어요. 사냥할 때는 흔히 여럿이 함께 하는데, 가끔은 혼자서 하기도 해요.

최면요법가는 사람들과의 관계와 가족에 대해서도 물었다.

아이들은 모두의 자식이나 마찬가지예요. 그래서 아이들을 모두 함께 키웁니다. 제게는 남편이 한 명 있어요. 우린 성관계에는 그다지 관심이 없어요. 성관계를 할 기분도 아니고요. 임신을 하면 제약을 받으리라는 걸 알고 있으니까요. 게다가 제게는 아이들이 있어요. 여성들은 서로를 도와줍니다. 아이를 낳을 때가 돼서 마을을 떠나면, 나이 많은 여성이 출산을 도와줘요.
남성과 여성의 상호작용은 정해진 규칙 없이 자연스럽게 이루어집니다. 그냥 자연스러워요. 최초의 성관계는 첫 생리 후에 이루어지고요. 연장자 여성들이 그것에 대해 알려줍니다. 저는 연장자 여성들과 성인의식을 치렀어요. 그들은 저를 부족민들로부터 멀리 떨어진 특별한 장

소로 데려가서 이야기를 들려주었어요. 그 덕분에 의식을 아주 안전하게 치를 수 있었지요. 여기서 우리는 결코 혼자가 아니에요. 때로는 남성과 여성들이 모두 함께 지내요.

티나는 이것이 그녀가 지구에서 살았던 초기의 생들 가운데 하나임을 깨달았다. 그녀는 자신에게 이 부족민으로 살았던 시간이 아주 중요하다고 말했다. 이 생을 마감할 때 그녀는 숨을 가쁘게 몰아쉬면서 이렇게 말했다.

아, 저는 죽어가고 있어요. 제 몸을 떠나야 해요. 저의 부족도 떠나야 하죠. 그들은 저를 두고 가야 해요! (크게 울부짖는다.) 저는 걸을 수도 없어요! 부상을 당했거든요. 상처를 입었어요. 발과 다리가 제대로 움직이질 않아요. 부족민들은 의식을 치르고 저를 혼자 내버려 둬요. 그들은 계속 돌아다니고 살아남아야 하니까요.
절벽이 보여요. 저는 절벽을 좋아합니다. 절벽 색깔이 맘에 들어요. 지금 제게는 아무것도 없어요. 동물들이 제 몸의 일부를 먹어 치우고 있어요. 저는 이제 떠나요. 하지만 평온합니다.

최면요법가는 그 부족민으로 살았던 삶에서 얻은 중요한 메시지가 있는지를 물었다.

부족민들의 삶에서 남성과 여성은 동등해요. 서로를 존중하죠. 우리는 온갖 목적을 갖고 다양한 의식을 치러요. 모두가 부족의 생존을 위해

제 몫을 하고요. 현생에서 저는 많은 힘을 갖고 있어요. 덕분에 부족 생활을 할 때 함께 뭉쳐야 했던 것과는 달리, 혼자서도 생존할 수 있다는 점을 입증했죠. 전생에서 저는 홀로 죽음을 맞이했어요. 살려낼 가능성이 없는 한 사람을 보살피는 것보다는 부족의 생존이 그들에게는 더 중요한 일이었기 때문이죠.

티나는 현재 함께 일하고 있는 남자에게 엄청 끌렸다. 그런데 둘이 만날 때마다 내면에서 어마어마한 스트레스가 일어났다. 그에게 열등감을 느꼈기 때문이다. 그녀는 그에게 이끌렸지만 그 감정에 따라 행동하고 싶지는 않았다. 그는 너무 똑똑한 것 같았다. 그녀는 자신이 바보 같다는 느낌에 감히 그를 제대로 쳐다보지도 못했다.

이처럼 끌림과 열등감 사이의 갈등은 티나에게 스트레스를 안겨주었다. 최면요법가가 이 내적 갈등에 대해 묻자, 티나의 안내자가 티나에게 일어나고 있는 일을 설명해 주었다.

그녀는 소통하려 애쓰고 있어요. 하지만 그에게 말을 걸기도 힘듭니다. 그가 학구적인 사람이기 때문이죠. 그의 지적인 본성에 대응하는 게 티나에게는 힘든 일이에요.

그러자 티나가 소리쳤다.

영혼의 차원에서는 그를 만날 수 있어요. 하지만 현실적으로는 그럴 수가 없어요.

안내자는 이어서 더 많은 정보를 제공해 주었다.

그 남자는 도전자입니다. 그의 본래 모습은 티나가 생각하는 것과는 달라요. 그녀는 그의 지성을 높게 평가하죠. 하지만 그가 지성을 갖고 있다면 티나에게는 지혜가 있습니다. 티나는 그가 쓰는 어휘들을 잘 모르죠. 그래서 불안하고 그의 앞에서 침묵을 지키는 겁니다. 그녀는 두려움 때문에 그를 집에 초대도 안 해요.

티나는 갑자기 사랑에 빠졌던 열 살 어린 시절로 돌아갔다.

저는 사랑에 빠졌어요. 이웃에 사는 마티아스를 오래전부터 좋아했어요. 그런데 그와 가까이 있을 때는 아주 불안정해져요. 그를 그리워하면서도 가까이 다가가지 못해요. 그는 아주 아름다운 눈을 갖고 있고, 저를 집에 초대도 해요. 재미있는 데다 잘 웃기도 하고요. 좀 슬퍼 보이기도 하지만요. 그는 제가 그를 좋아한다는 걸 몰라요.

이제 티나는 자신의 젊은 시절을 살펴보았다.

제가 무언가를 할 때마다 그들이 저를 비웃어요. 저는 확인을 구하고 있는데 말이죠.

안내자는 티나의 자기 비하적 시각에 대해서 더욱 자세히 설명해 주었다.

그녀는 자신이 다른 사람들만큼 똑똑하지 못하다고 느껴요. 다른 사람들만큼 알파벳도 일찍 익히지 못하고 수영도 빨리 못한다고 생각하죠. 자신이 멍청하다고 느낍니다. 사람들은 그녀를 비웃고, 그녀는 마땅히 받아야 할 도움도 못 받고 있어요. 결국 그녀는 자신에게 무언가 잘못된 부분이 있다고 생각합니다. 그래서 아주 많이 울기도 해요.

얼마간 소리치던 티나는 갑자기 울컥 화가 치밀었다. 그 순간 그녀의 내면에 새로운 힘이 차올랐다.

이만하면 충분해! 그 사람들이 쏟아낸 쓰레기는 그 사람들이 책임져야해. 그건 내 책임이 아냐! 난 그들이 생각하는 것보다 훨씬 괜찮은 사람이야. 이제 나의 여성적이고 성적인 힘을 되찾을 수 있어. 남성이나 여성이나 동등하잖아! 주도권은 나한테 있어.

세션이 끝나고 3주 후 티나가 최면요법가에게 편지를 보내왔다.

세션을 받은 후로 꿈을 많이 꾸고 있어요. 아주 선명하고 유익한 정보를 제공해 주는 꿈들이에요. 왠지 제단을 만들어야 한다는 느낌이 들었어요. 그래서 제단을 만들고, 미래의 남편에게 보내는 편지와 여성적인 상징물로 제단을 채웠어요. 그러자 평온해지고 저에 대한 신뢰감도 증가했어요. 이제 이 생에서 멋진 남자를 만나 행복하게 잘 살 수 있을 거라는 확신이 들어요.

티나의 안내자는 티나가 삶의 시각을 바꿀 수 있도록 전생퇴행 중에 그녀를 인도해 주었다. 그 덕분에 티나는 최근의 전생들에서 자신이 서툴고 미숙했음을 느꼈다. 흑인 남자로 태어나 백인 여자와 사랑에 빠졌던 생에서는 그런 느낌이 특히 강했다. 이 전생과 현생의 어린 시절에 했던 경험은 거부에 대한 그녀의 두려움을 증폭시켰다.

하지만 부족민으로서 힘차게 살았던 전생을 다시 경험한 덕분에 삶을 역동적으로 재조정하고, 두려움과 열등감을 느끼던 낡은 양식을 지워버릴 수 있었다. 그리고 어린 시절을 떠올리면서 자신이 스스로를 얼마나 작고 나약하게 느꼈는지를 깨달았다. 이로써 다시 힘을 내고 나약한 자기를 거부했다. 그러자 내면의 힘을 새로이 인식하고, 자신과 미래에 대한 신뢰를 키워나갈 수 있었다.

거부당했다는 느낌과 질투심 극복하기

어린 시절에 거부를 끊임없이 당하면 어른이 돼서 질투심을 많이 느낄 수 있다. 질투심은 끔찍한 감정이다. 질투심은 감정이지만 우리는 이것을 몸으로도 경험한다. 뭉개지거나 메스껍거나 찔린 것 같은 느낌을 받고, 두렵거나 화도 난다.

이런 강렬한 느낌들은 보통 파괴적인 행동을 하게 만든다. 확신을 얻기 위해 상대를 괴롭히거나 자신에게 충실하지 않다면서 상대를 비난하는 것이다. 또 상대를 의심해서 몰래 선을 넘어버린다. 상대의 지갑이나 컴퓨터를 뒤지고, 소재를 확인하는 것이다. 이렇게 상대의 삶을 힘들게 만들다 보면 우리의 삶도 견디기 어려워진다. 불안하고 절망적이고 불행해진다.

42세의 어거스타Augusta는 살아오는 동안 질투심에서 비롯된 이런 행동들을 많이 보여주었다. 그녀는 거부당했다는 느낌을 관계에까지 투영해서 자신의 행복을 스스로 망가뜨렸다고 인정했다. 예컨대 그녀는 불안할 때 상대의 과거 관계들에 더욱 사로잡혔다. 이런 집착이 정당하지 않다는 점을 마음 깊은 곳에서는 잘 알면서도 말이다. 상대는 이런 그녀로 인해서 마음에 상처를 입고 깊은 좌절감을 느꼈다. 그녀와 정서적으로 거리를 두려고도 했다. 다행히 어거스타는 최근에 자신의 감정과 행동을 제대로 인식하고, 평생 품고 살던 질투심을 극복하고 싶다는 바람을 갖게 되었다.

어거스타의 부모는 결혼도 하지 않은 상태에서 그녀를 낳았다. 그러자 아버지의 식구들은 어거스타의 어머니는 물론이고 어리고 순진무구한 어거스타까지 비난했다. 나중에 어거스타의 이복동생은 받아들인 반면, 어거스타는 태어나는 순간부터 무시했다.

다행히 그녀의 아버지는 딸과 아들을 언제나 동등하게 대했다. 그녀의 이복동생도 늘 누나를 다정하게 대했다. 하지만 아버지의 식구들은 결코 그녀를 인정하지 않았다. 이로 인해 어거스타는 자라면서 타인에게 경계심을 품게 되었다. 유년 시절 거부당한 경험이 그녀의 내면에 깊은 불안감을 심어준 것이다. 그리고 이런 불안은 타인을 비판하는 마음과 질투심을 쉽게 촉발시켰다.

그녀가 세션 일정을 잡은 이유는 몇 년 동안 해외에서 살다가 모처럼 자신에게 냉담하던 아버지의 식구들을 만나기로 했기 때문이었다. 그녀는 지금이야말로 거부당했다는 느낌과 질투심을 치유할 때라고 생각했다. 전생퇴행 중에 그녀는 어린 시절의 장면으로 돌아갔다.

어거스타는 남동생과 함께 아버지의 동생, 그러니까 삼촌이 운영하는 가게로 갔다. 삼촌은 그녀의 동생에게 동전을 몇 개 주었다. 일곱 살이던 동생에게는 제법 큰돈이었다. 동생은 그 돈을 어거스타와 나누려 했다. 그런데 그 순간 삼촌이 불쾌한 얼굴로 돈을 나눠 갖지 말라고 했다. 어거스타는 이 거부의 순간과 동생의 얼굴에 스쳤던 슬픈 표정을 떠올리면서 훌쩍였다.

안내자는 그녀를 두 번의 전생으로 인도했다. 그런데 두 전생에 등장하는 가족들이 서로 다른 정서를 보여주었다.

저는 여덟 살쯤 되는 소녀인데 숲을 거닐고 있어요. 이 숲에 오면 행복하다는 느낌이 들어요. 그래서 아무 근심 걱정 없이 익숙한 장소를 찾아가죠. 제가 사는 집은 근처에 있어요. 하지만 집에는 돌아가고 싶지 않아요. 그곳에는 사랑이 전혀 없거든요. 부모님이 두 분 다 계시지만, 아빠는 좋은 분이 아니에요. 공격적이고 인색한 데다 엄마에게 위협적으로 굴어요. 다른 아이도 없고요. 그래서 그 집에 있으면 안전하다는 느낌이 안 들어요. 오히려 무시만 당하죠. 아빠가 저를 무시해서 저는 늘 아빠를 피해 다녀요. 아빠는 엄마도 늘 헐뜯어요. 조금도 행복하지 않으니까요. 저는 엄마와도 별로 연결되어 있다는 느낌이 안 들어요. 엄마는 슬픔에 젖어 있고 폐쇄적이에요.

어거스타는 이 전생에서 그녀가 배워야 할 교훈이 무엇인지를 발견했다.

이 전생의 주제는 사랑을 아는 것이 아니에요. 그래서 그 어린 소녀는 숲으로 들어가 자연과 교감해요. 자연이 그녀의 친구인 셈이죠.

안내자는 그녀를 또 다른 전생으로 인도했다.

밤에 바다 가까이 있는데 공기가 차가워요. 저는 부츠에 두껍고 무거운 옷을 입고 있고요. 아일랜드처럼 추운 곳이거든요. 저는 밤에 바다 쪽으로 돌출해 있는 언덕으로 가서 바다를 굽어보는 걸 좋아해요. 평화로운 느낌이 들기 때문이죠. 경치와 고요함도 좋고, 자연과 연결되어 있다는 느낌도 들어요.

집은 가까이에 있어요. 작지만 난로가 있어서 아늑한 집이죠. 이 집에는 사랑이 감돌아요. 서로를 존중하고 보살피는 평화로운 사랑이지요. 지금 이 집에서는 저와 아내 단둘이 살아요. 우리는 선량하고 마음씨 따뜻한 사람들이죠. 저는 탁 트인 자연 속에 있으면 그저 평화로워요. 아내와 함께하는 시간도 좋고, 혼자 있는 시간도 좋아요. 사랑을 생각하니 감사의 마음이 가득 차오르네요.

어거스타는 이 전생에 대해서 깊이 생각해 보았다.

아내가 먼저 세상을 떠났어요. 하지만 저는 신과 교감하고 있어요. 덕분에 혼자라고 느끼지도 않고, 죽음을 두려워하지도 않아요. 믿음과 신뢰가 있으니까요.

최면요법가가 어거스타에게 이 남자의 내면으로 들어가보라고 하자, 어거스타가 이렇게 말했다.

강하게 연결되어 있다는 느낌이 들어요. 진실로 신을 안다는 것이 어떤 것인지 알겠어요. 저는 다른 전생에서도 신과 연결되어 있었기 때문에 다시 그 자리에 도달할 수 있어요.

어거스타는 이제 아버지 쪽 식구들의 태도에도 불구하고, 그녀의 부모가 자신을 얼마나 원했는지를 기억했다. 그리고 그녀의 어머니가 첫 아기를 만나리라는 생각에 얼마나 행복해했는지도 기억했다.

전생퇴행을 마친 후 어거스타는 더욱 완전하고 평화로운 느낌을 갖게 되었다. 안정감을 되찾았으며, 아버지 쪽 식구들을 만날 때도 늘 마음을 활짝 열어놓으리라 다짐했다. 그들은 언제나 그녀를 비난했지만 자신은 그런 식으로 반응하지 않으리라 결심했다.

질투심은 물론 잠재울 수 있다. 하지만 자신에게는 없고 타인에게만 있다고 생각하는 것이나 타인에게 초점을 맞추면, 질투심을 떨쳐버릴 수 없다. 질투심을 치유하려면 먼저 자신의 내면을 들여다보아야 한다. 그리고 거부당했을 때 어떤 느낌이었는지를 깨달아야 한다. 그러려면 자신의 상처를 인정하고 슬픔을 있는 그대로 느끼고 넘어가야 한다. 어거스타는 용돈을 동생만 받고 자신은 받지 못했던 일을 기억했을 때 바로 그렇게 했다.

그 덕분에 그녀는 자신이 놓쳤던 사랑을 늦게나마 되찾게 되었다. 사실 사랑은 늘 거기에 있었다. 단지 그녀가 그 사랑을 망각했을 뿐이다.

어거스타처럼 우리 모두도 과거의 어느 시점 어딘가에서 사랑과 연결의 심오한 에너지를 느꼈을 것이다.

사실 LBL 세션을 받지 않아도 이런 무조건적인 사랑을 다시 경험할 수 있다. 깊이 이완한 후 명상과 확장 상태에 들어가, 애정 깊은 안내자에게 접속을 요청하면 된다. 심오한 사랑이 우리를 위해 늘 거기 있다는 사실을 마음으로 받아들이면 된다. 그러면 충만한 사랑의 느낌이 가슴속으로 밀려 들어올 것이다.

상처받은 마음 치유하기

자기 훼방적인 행위의 근원은 때로 전생에도 있다. 어느 전생에선가 슬픔을 너무 많이 경험한 탓에, 자신을 보호하기 위해서 가슴을 닫아버리고 이후의 생애들에서 경계심을 품게 된 것이다. 그런데 불행하게도 우리는 자신의 방어적인 태도를 알아차리지 못하고, 관계에서 교감이 부족하거나 외로운 원인을 외부에서 찾는다. 상대가 냉정하고 열정이 없으면, 그런 상대 때문에 자신이 불행한 것이라고 생각한다. 하지만 내면을 더욱 깊이 들여다보면, 우리 삶에서 작용하고 있는 진짜 원인을 발견할 수 있다.

36세의 트리시아Tricia는 현재의 남편 바트가 지적이지만 정서적으로 무심하고 냉담한 사람 같다고 했다. 그래도 그녀는 여전히 그에게 유대감을 느꼈다. 아마도 결혼 생활을 10년간이나 유지해 왔기 때문인 것 같았다. 그들은 아들 둘을 키우고 있었는데, 큰아들은 그녀가 첫 번째 남편에게서 낳은 자식이었다. 그런데 아들 둘의 성격이 아주 달랐다. 특히 다섯 살짜리 작은아들 토르는 아버지처럼 지적이고 강박적인 성

향을 지니고 있었다. 그녀의 두 남편은 모두 정서적으로 메마르고 냉담했다. 트리시아는 자신이 왜 이런 성격의 남자들만 끌어당기는지 궁금했다. 최면요법가는 트리시아를 전생의 한 장면으로 데려갔다. 그녀는 1920년대의 어느 춥고 안개 자욱한 밤 시카고에 있었다.

아, 1922년이네요. 저는 서른두 살 먹은 여성인데 분홍색 드레스를 입고 있어요. 한쪽엔 남성, 다른 쪽엔 여성과 팔짱을 낀 채 걸어가는 중이에요. 모두들 술이 많이 취했어요. 그래서 춤을 추다가 발을 헛디뎌 비틀거리기도 하면서 도로를 걸어요.

이 생에서 저는 신여성이에요. 장난기도 많고 행복해요. 아니, 사실은 그렇지 않아요. 좀 웃겨요. 무슨 말이냐 하면, 저는 성공적인 저널리스트로서 제 일에 몰두하고 있어요. 연예 관련 글을 쓰지요. 이런 라이프 스타일에 따라 살아가고 그 안에서 즐기기도 하지만, 뭔가 빠져 있어요. 그래서 아주 외로워요.

이런 생활을 구석구석 세세하게 탐색한 후 그녀는 이 생의 마지막 날로 돌아갔다.

추운 겨울 같아요. 지금 저는 여든세 살이나 됐어요. 호화로운 방에서 침대에 누워 있어요. 도우미 말고 주변에는 아무도 없고요. 보살핌을 받고는 있지만 너무 외로워요.

이 전생을 돌아보면서 그녀는 주변에 도우미들만 있고 정작 사랑하

는 가족은 없어서 아주 외롭고 우울하다고 했다.

20대에 만난 제 필생의 사랑은 전쟁에 참여해서 애국의 의무를 확실하게 완수했어요. 그 탓에 저는 그를 다시는 못 만나게 됐지요. 그가 떠날 때 제 마음도 가져갔나 봐요. 이로 인해 저는 누구도 제 가까이에 다가오는 걸 허용하지 않았어요. 작별 인사 같은 건 다시 할 필요가 없었지요. 저는 그 후로 쭉 혼자서 살았어요. 물론 일에서는 제 자신을 창조적으로 표현했어요. 그래도 폐기물 같은 느낌은 떨쳐버릴 수 없었어요. 다른 사람과 결코 의미 있게 연결될 수 없었으니까요. 이런 연결이 없으면 삶은 살 만한 가치가 없는데도 말이죠.

그녀는 전생에서 비롯된 몇 가지 면모들이 현생에서도 작용하고 있음을 확인했다. 행복한 척 가장할 때마다 침울함과 후회의 감정이 슬그머니 고개를 쳐드는 것이나, 다시는 누구와도 가까워지지 않겠다고 결심한 것이 그런 예였다. 그러나 이제 그녀는 사람들과 거리를 두고 살겠다는 결심으로 인해 정서적으로 교감을 나누기 힘든 남자를 거듭 선택하게 되었음을 이해했다. 이런 양식을 끊으려면 마음을 열고 사람들과 연결되는 법을 배워야 했다.

이 점을 깨달은 후 그녀는 자연스럽게 삶과 삶 사이의 상태로 올라갔다. 그녀는 끈적거리는 타르 구덩이가 보인다고 했다.

모든 것이 고착되어 있는 느낌이에요. 메시지를 받았어요!

평의회의 의원들은 그녀에게 직관적 능력을 이용하고 신뢰하라고 조언했다. 그리고 모든 것이 에너지라는 점을 일깨워 주었다. 그들은 또 길 위에 있는 사람들을 따뜻하게 일깨워 주는 도구 같은 존재가 그녀라고 알려주었다.

전생퇴행의 어느 시점에서 그녀는 현생에 있는 자신의 영혼 그룹을 다시 살펴보았다.

제 남편은 영혼들의 또 다른 사분면에 떨어져 있어요. 그는 제 에너지와 연결되어 있지 않아요. 아들 토르도 그 그룹에 있고요. 이제 토르가 왜 그토록 그의 아버지와 결속되어 있는지 이해가 됩니다. 다른 아들은 제 그룹에 있어요. 그는 나중에 딸을 얻을 거예요. 저는 그의 딸, 즉 제 손녀와 긴밀하게 연결될 거고요.

트리시아는 전생퇴행을 통해 그녀 가족의 역학관계도 더욱 깊이 이해했다. 남편이 왜 그토록 냉담하며 그녀를 무시했는지 알게 된 것이다. 그리고 남편은 작은아들과 가까운 반면, 그녀는 큰아들과 더 많이 연결되어 있는 이유도 알게 됐다. 이뿐만 아니라 그녀가 정서적으로 교감하기 힘든 남자들을 선택한 이유도 파악했다. 남편처럼 그녀도 정서적 교감을 두려워했기 때문이다. 상처받을지도 모른다는 두려움 때문에 교감할 수 있는 남성들을 오히려 피한 것이다.

전생의 기억을 통해 트리시아는 안정적으로 살아가기 위해 마음을 닫는 것이 별 효과가 없음을 알았다. 우리는 누구나 자신과 비슷한 상대를 끌어당긴다. 내면에 해결되지 않은 문제들이 있으면 정서적으로

비슷한 사람을 끌어당긴다. 다행히 어떤 식으로든 문제를 해결하게 되어 있다. 문제를 해결하기 전까지 타인들은 우리의 일그러진 모습과 기능 장애를 마치 거울처럼 우리에게 되비춘다. 그러므로 깨어나지 않으면 닫힌 마음은 또 다른 닫힌 마음을 만나게 된다. 다행히 트리시아는 깨어났고, 정서적인 교감이 없으면 삶에서 어떤 성취도 가능하지 않음을 다시 기억해 냈다.

4년 후 트리시아는 남편을 떠났다. 이혼할 때 아들 토르는 아버지와 함께 사는 쪽을 선택했다. 그 이유를 그녀는 이해할 수 있었다. 둘이 비슷하기 때문이었다. 이런 깨달음 덕분에 그녀는 지나친 슬픔을 피할 수 있었다.

지금 그녀는 아주 다정한 남성과 헌신적인 관계를 맺고 있다. 그들은 영적으로 긴밀하게 연결되어 있으며 서로를 열린 마음으로 정직하게 대한다. 그들은 분명히 관계를 망가뜨리지 않을 것이다.

우리가 관계 속에서 하는 선택의 이면에는 언제나 이유가 있다. 이 장에서 소개한 사례들은 전생의 경험과 다짐들이 현생의 선택에 어떤 식으로 영향을 미치는지 분명하게 보여준다. 헛되이 버려지는 경험이나 다짐은 하나도 없는 것이다. 심지어 자신의 행복을 망가뜨리는 경험도 유용할 수 있다.

트리시아가 경험했던 것처럼 정서적으로 외로운 삶도 심오하고 가치 있는 가르침을 줄 수 있다. 그녀는 마음을 열고 정서적 친밀감을 받아들이는 것이 중요함을 배웠다. 애나와 티나가 경험한 전생의 실망과 거부는 힘을 키워줄 수 있다. 또 로저를 고통스럽게 만든 상실은 용기와 의지를 갖게 해준다. 전생의 행위들을 폭넓게 이해하는 과정이 고통

스러울 수 있지만, 이런 이해는 우리를 대단히 자유롭게 만들기도 한다. 자신이나 관계를 망가뜨리는 일을 피할 수도 있다. 이를 알고 자기 인식을 키우면 삶에서 계속 발전해 나갈 것이다.

6
가족 간의 갈등을 딛고 성장하기

타인과의 관계는 우리가 지구상에서 경험하는 어떤 것보다도 많은 기쁨과 슬픔을 선사한다. 그리고 우리 개개인은 평화와 투쟁, 사랑과 배신을 경험한 생애들을 우리 안에 여전히 간직하고 있다. 또한 모든 갈등에는 기대와 상처, 두려움들이 많이 개입되어 있다.

서로 관계를 맺는 방식은 아주 다양하다. 상대를 숨 막히게 만들거나 차갑게 굴 수도 있고, 상대에게 신경도 안 쓰거나 지지해 줄 수도 있고, 차분하거나 공격적으로 대할 수도 있다. 모두 어느 정도는 두 극단 사이에 놓여 있다. 그래서 관계의 함정과 흐름을 뚫고 앞으로 나아가는 것은 많은 생을 통해 배워야 한다.

지혜는 경험을 통해 발달되고 다듬어진다. 이런 성장에 타인과의 관계를 키우는 것보다 더 중요한 경험은 없다. 타인과 관계를 맺는 능력은 언제나 진정한 자기와 맺고 있는 관계의 질을 반영한다. 갈등이 늘 안 좋은 것은 아니다. 갈등은 우리에게 부정적인 만큼 유용할 수도 있

다. 서로 다른 견해를 나눌 경우, 오히려 갈등을 통해 타인과 능숙하게 상호작용하는 법을 배울 수도 있다. 또 지혜와 힘도 키울 수 있다. 우리의 행위를 거울처럼 비춰주는 타인을 통해 자신을 제대로 볼 수 있다. 나아가 무조건적으로 사랑하는 법도 알게 된다.

이 장에서는 가족 간에 갈등이 폭발했을 때 평화를 만들어내는 방법을 살펴볼 것이다. 불화에 대해 알아보고, 갈등에 휘말린 상태와 갈등을 차단한 상태 사이에서 균형을 잡는 법도 배울 것이다. 우리가 사이좋게 지내기 힘든 식구나 부모를 갖는 데는 이유가 있다. 더욱 수용적인 사람이 되는 법을 배우면 평화에 이르는 진정한 길을 발견할 수 있다.

가족 간의 불화를 해결하는 법

가족 간의 갈등을 툭 터놓고 해결하려다가 오히려 상황을 더욱 악화시키는 경우가 종종 있다. 누구나 행복을 원하지만 조화를 일궈내기 위해 논쟁하다 보면 역효과가 나기도 한다. 가정에서 자신의 요구를 관철시키려다 다른 가족 구성원들의 적개심을 사기도 한다. 자신들의 요구가 충족되지 않을까 봐 두렵기 때문이다. 한편 침묵이나 순종적인 태도도 어떤 이들에게는 짜증을 불러올 수 있다. 발을 빼고 있는 것처럼 여겨지기 때문이다.

우리 내면의 평화가 타인에게 영향을 미치는 경우도 이따금 있다. 그럴 때는 우리도 기분이 좋아진다. 반면에 우리 내면의 평화가 전혀 영향을 미치지 못하는 경우도 흔히 있다. 우리를 힘들게 만드는 식구가 늘 있기 때문이다. 아무리 힘들어도 우리는 이런 식구나 친지들과도 유대 관계를 만들어내기 위해 애쓴다.

57세의 일리노어Eleanor가 처음 세션을 받으러 온 이유도 가족 간의 갈등 때문이었다. 그녀는 친밀한 가족 관계를 중요하게 생각했다. 그런데 불행하게도 일리노어의 며느리는 그녀를 그다지 좋아하지 않았다.

일리노어는 아들과 며느리가 부모로서 아주 냉담하다고 생각했다. 아들 부부는 자식 넷을 키우고 있었는데, 부모로서 그들 모두에게 인색하고 비판적이었다. 그런데 이 넷 중에 둘은 생물학적으로 아들의 자식이고 둘은 며느리의 아이였다. 일리노어는 그래도 넷 모두를 손자로 받아들이고, 똑같은 사랑을 주기 위해 최선을 다했다.

일찍이 일리노어는 아이들에게 더 온화할 필요가 있다고 아들에게 조언했다. 그런데 이 일로 일리노어와 아들 부부의 사이만 더 나빠졌다. 아들이 일리노어에게 조언을 듣고 나서 며느리에게 그 이야기를 했기 때문이다. 이후 며느리는 일리노어를 피하고, 아들은 계속 일리노어가 아닌 자신의 아내 편만 들었다.

한번은 파티를 하는데, 며느리가 자신의 두 아이를 무시한다면서 일리노어를 비난했다. 한편 일리노어는 자신의 생물학적 손자인 막내 아이를 며느리가 지속적으로 괴롭히는 모습을 여러 번 목격했으나 꾹 참고 손자를 위로해 주기 위해서 이런저런 노력을 다했다.

일리노어는 며느리에게 비난을 당하자, 자신은 네 아이를 모두 사랑하고 공평하게 대한다고 침착하게 대응했다. 그러자 며느리가 눈물을 터뜨리면서 일리노어에게 같이 살 수 없으니 집에서 나가라고 소리쳤다. 이 일로 가족들 사이가 심하게 틀어졌다.

우리는 관계가 친밀한 가족이었어요. 그런데 이제는 아들도 저를 지지

해 주지 않아요. 그는 아이들을 위해서 며느리와 계속 잘 지내고 싶어합니다. 이런 점은 저도 이해할 수 있어요. 하지만 어느 면에서 제가 희생당하고 있는 거죠. 며느리는 저를 골칫거리처럼 만들고 있어요. 저는 어쨌든 며느리가 잘 이겨내도록 도와주려고 하는데, 며느리는 도움을 받지 않으려고 해요. 지금도 가슴이 아픕니다.

세션을 통해 일리노어는 로마 시대에 100인의 병사를 지휘하는 대장으로 살았던 전생을 경험했다. 당시 100인으로 이루어진 이런 군대를 '백인조'라고 불렀다. 이 백인조들이 모여 수천의 병사들로 이루어진 군단을 형성했다.

제 앞에서 전투가 벌어지고 있어요. 하지만 저는 안전한 곳에 서서 전투를 지켜보고만 있어요. 약간 무감각하고 그 자리에 얼어붙은 것 같아요. 저는 지휘권을 가진 사람 같아요. 많은 병사들이 죽거나 부상을 입고 있어요. 상황이 좋지 않아요.
이제 저는 말을 타고 전속력으로 전장을 벗어나요. 부하들을 저버린 게 아니라 도움을 요청하러 가는 거예요. 드디어 막사에 도착했어요. 막사 안을 보니 앞쪽에 커다란 탁자가 있고, 거기서 지휘관들이 전투에 대해 논의를 하고 있어요. 저는 보고를 하고 도움을 요청했어요. 다른 백인조들은 다른 곳에서 전투를 하고 있어요. 그런데 지휘관들이 그들에게는 가용한 보충 병력을 보내면서 제 병사들에게는 보내지 않아요. "지금은 안 됩니다. 지금은 안 돼요." 이렇게 말하면서 제게 돌아가라고 손짓을 해요.

이 백인조 대장은 전투 작전과 관련해서 한 번도 들은 적이 없는 중대한 사실을 발견했다.

저의 부대는 중요한 전투를 수월하게 치르기 위해서 적군을 다른 곳에 묶어두는 양동작전의 도구일 뿐이었어요. 우리 부대를 일종의 제물로 보낸 거죠. 저는 그런 사실을 몰랐어요. 그 사실을 알고 나니 감정이 격해지네요. 버림받고 배신당한 것 같아요.

최면요법가는 그에게 이 사실을 알고 나서 어떻게 했는지 물었다.

저는 돌아가서 다른 병사들을 도우려 했어요. 그런데 창이 제 가슴을 관통했어요. 창이 저를 향해 날아오는 걸 봤지만 피할 수 없었어요. 결국 저는 심한 통증과 함께 뒤로 넘어지면서 머리를 땅에 부딪치고 말았어요.
얼마간 거기 누운 채로 전투 소리를 들어요. 누군가 저를 도우러 오지만 그가 할 수 있는 일은 아무것도 없지요. 제 영혼이 몸을 빠져나가는 게 느껴져요. 저는 어딘가 다른 곳으로 이동하는 것 같아요.

일리노어는 잠시 멈추었다. 최면요법가가 그 백인조 대장이 어디로 가느냐고 다시 질문을 던졌다.

초원에 서 있는데 주변에 사람들이 있어요. 제가 알아야 하는 사람들이에요. 저는 좀 어리둥절한 상태 같아요. 그들은 저를 지지해 주는 사람

들이에요. 저를 부축해서 걷게 도와주죠. 가슴 통증은 사라지고 없어요. 이제 저는 붕 떠서 가고 있어요. 정상적인 느낌이 들고요. 밝은 곳을 향해 가다가 이제 그 밝음 속으로 들어가요.

저는 약간 길을 잃은 것 같다고 느끼면서 무無의 공간 속에 떠 있어요. 하지만 평화로워요. 그런데 거기 누군가 있어요. 제가 하느님으로 알고 있는 분이에요. 그가 이렇게 말해요.

"나의 자녀여, 내가 여기 있다."

하지만 그의 모습은 보이지 않아요. 저는 여전히 약간 어리둥절한 상태예요. 그가 이렇게 말해요.

"나의 자녀여, 어서 오라."

하지만 저는 여전히 어중간한 상태에 있는 것 같아요.

최면요법가가 이 어중간한 상태에 묶여 있는 이유를 물었다. 일리노어는 그녀의 영혼이 손상되어 있기 때문이라고 했다. 최면요법가는 일리노어에게 손상된 영혼이 치유될 수 있는지 신에게 물어보라고 했다. 그러자 일리노어는 그가 이렇게 답했다고 했다.

자녀여, 다 됐다. 이제 다 됐다.

일리노어는 울컥했지만 이 메시지를 받아들이려고 애썼다. 그녀는 여전히 책임을 느끼고 있었기 때문이다. 최면요법가는 더 많은 정보를 요구했다.

저는 과거에 대해 책임감을 느끼고 있어요. 제가 세계의 한 부분이고 열두 명으로 이루어진 그룹의 일원이었던 과거에 대해서요. 우리가 크리스털 주변에 서 있는 게 보여요. 크리스털에 금이 갔기 때문이죠. 그 크리스털의 에너지를 증가시키기 위해 애쓰고 있었는데, 예기치 못하게 크리스털이 깨져버린 겁니다. 이로 인해 지구를 둘러싼 에너지망이 손상됐어요. 그 결과 대륙이 이동하고 물이 사방으로 흘러넘쳤어요. 바다가 상승하고 아틀란티스 섬과 함께 많은 사람들이 사라졌어요. 큰 재해가 일어난 겁니다.

그 홍수는 우리가 의도한 것이 아니었어요. 우리는 그저 지구에 대한 영향력을 키우려고 애썼을 뿐이에요. 그래야 모든 것이 나아지니까요. 하지만 뜻대로 되지 않았어요.

최면요법가는 일리노어에게 어떻게 해야 하는지 신에게 물어보라고 했다.

그는 이렇게 말해요.

"그것도 모두 계획의 일부였다. 다 되었고, 다 치유되었다."

치유가 필요하다고 느끼는 것은 오로지 제 기억 때문이에요. 치유는 이미 일어나고 있어요. 그런데 제가 그 일을 좋지 않게 받아들여서 고착돼 버린 거래요. 어떤 일을 좋지 않게 받아들이는 건 제 성격의 한 부분이고요. 저는 제 안의 그런 점을 치유해야 해요.

최면요법가가 치유의 방법을 물었다.

그는 이렇게 말해요.

"사랑하라. 자기를 사랑하라."

이 말을 들으니 감정이 격해지네요. 이제는 좀 멍해요.

최면요법가는 그녀에게 로마 병사로 살았던 전생을 떠올리고, 그때의 전투 상황과 크리스털이 깨진 상황 사이에 어떤 유사성이 있는지를 살펴보라고 했다. 일리노어는 그 유사성을 확인했다. 그녀는 전생에서 병사들을 잃어버리고 지구상에 대단히 파괴적인 재해가 닥치게 한 것이 모두 자신의 책임이라고 생각했다. 하지만 두 상황에서 그녀는 그저 명령에 따랐을 뿐이었다. 로마 시대의 전생에서는 훨씬 큰 전투 작전에, 아틀란티스 섬이 존재하던 시대에는 훨씬 큰 신의 뜻에 따른 것이다. 그러므로 이제 그녀는 자신의 탓이었다는 생각을 내려놓기로 했다.

이후 그녀는 많은 존재들의 에너지가 느껴지는 곳으로 이동했다. 하지만 그곳에서 그녀가 볼 수 있는 영혼은 네다섯 명뿐이었다. 그녀는 이들을 '마스터'라고 했다.

저는 무언가에 대비해서 에너지를 흡수하고 있는 것 같아요.

최면요법가가 기다리자 일리노어가 다시 말을 시작했다. 일리노어는 무언가 달라져 있었다.

저는 동시에 두 곳에 존재하는 것 같아요. 그 그룹과 함께 있으면서 여전히 림보limbo, 즉 중간 상태에도 존재하는 겁니다. 이제 마스터들이

떠나고 있어요.

일리노어가 다시 마스터들과 연결되자, 그들은 그녀 자신이 멀리 떠 났던 것이라고 설명했다.

"림보 상태는 자신감을 상실하고 자신을 믿지 못하는 상태를 의미합 니다."

그녀가 림보 상태의 느낌에 대해 여러 질문을 던졌지만, 그들은 하나 의 대답만 내놓았다.

"새로운 여정, 새로운 길."
그들은 이렇게 말해요.
저는 제 책임이 아닌 책임을 떠안은 탓에 다시 중간 상태로 끌려가고요.

최면요법가는 일리노어가 세션에서 풀리던 의문들에 대해서 그들이 답을 줄 수 있는지 물었다. 그 순간 마스터들이 갑자기 사라져 버렸다. 이런 일은 전에도 경험한 적이 있었다. 보통의 경우라면 충분히 진보된 피술자들이 마스터들과의 직접적인 연결을 통해 직관적으로 답을 얻 었을 것이다.

일리노어는 이해하고픈 바람을 간직한 채 자식들과의 갈등에 마음 속으로 초점을 맞추었다. 그러자 그 즉시 그녀의 마음속에 대답이 떠올 랐다.

그건 그들의 여정이에요. 제 역할은 그냥 상황이 표면화되도록 저 자신

으로 존재하는 거예요. 정직하고 다정하게 행동하면서 그들을 그냥 내버려 두는 거죠. 상황을 그냥 기분 좋게 받아들여야 해요. 제 자신을 신뢰하고, 다른 사람만큼 저도 중요하다는 것을 인식하는 게 필요해요.

LBL 세션을 마칠 즈음 일리노어는 훨씬 평화로운 상태가 되었다. 세션을 받기 전에는 그녀의 행동이 불러온 엄청난 결과들 때문에 죄책감을 느끼고 있었다. 그 죄책감은 부적절한 것이었다. 그녀의 행동은 그녀보다 높은 권위자들이 명령한 것이었기 때문이다. 그녀 휘하의 병사들이 전장에서 쓰러지고 바다가 상승해 아틀란티스를 파괴해 버렸지만, 모두 그녀의 책임이 아니었다. 그녀에게는 아무 잘못이 없었다.

며느리가 그녀에게 도전한 것은 놀랄 일이 아니었다. 며느리는 일리노어의 과거를 비춰주고, 일리노어의 부적절한 죄책감을 촉발시켜 주는 존재였다. 그녀는 일리노어에게 아무 잘못이 없는데도 일리노어를 비난했다. 이런 비난과 가족 간의 분열은 일리노어가 전생을 방문하는 동안에 경험한 것과 똑같은 감정을 불러일으켰다. 군 수뇌부가 병력 증원을 거부했을 때와 가족들이 그녀를 지지하지 않았을 때 그녀는 상처를 받았다. 버림받았다는 느낌과 배신감에 마음이 아팠다.

요컨대 일리노어는 가족 간의 화합을 원했지만 정작 그녀 내면의 조화는 놓치고 있었다. 이로 인해 죄책감이 그녀를 지배했다. 가족 간에 불화가 생길 때마다 마음 깊이 죄책감을 느꼈다. 그녀의 이성이 그럴 필요 없다고 말해도 마음으로는 죄책감이 들었다. 바깥에서 일어나는 갈등은 결국 내면의 갈등을 비추는 거울인 셈이다. 그녀는 자신을 의심했으며, 자신에게 잘못이 있는 것인지, 아니면 정말 아무 잘못도 없는

것인지 궁금했다. 가족 간의 마찰에 직면할 때마다 이런 내적 혼란은 그녀를 더욱 견디기 힘들게 만들었다.

그러나 내면이 평화로워지면서 그녀는 가족의 갈등을 새로운 눈으로 바라보게 되었다. 가족들을 있는 그대로 받아들였고, 며느리가 불안을 유발해도 그것에 영향받지 않았다. 이제 일리노어에게는 내면의 힘과 조화가 생겼다. 그 덕분에 어떤 난관이든 사랑과 용서의 마음으로 정직하게 대응할 수 있게 되었다.

역기능적 가족은 성장의 조력자

부모 중에도 자식을 힘들게 하는 사람들이 많다. 자식을 학대하거나 방치하거나 싸우기 좋아하는 사람들이 그런 예다. 자식들 입장에서는 이런 부모 밑에서 자신이 희생자가 된 것 같은 느낌이 든다.

'친구 같은 부모는 가질 수 없는 걸까?'

이런 생각도 든다. 너무 오랫동안 이런 생각을 곱씹다 보면 분노와 자기 연민 같은 감정들이 쌓여서 더욱 고통스러운 삶을 살게 된다.

부모도 우리가 선택한다는 사실을 어렸을 때부터 깨닫는 이들은 거의 없다. 지상에 태어나기 전 우리의 영혼은 삶의 계획을 세운다. 그리고 부모는 이 계획에서 아주 중요한 부분을 차지한다. 우리의 영혼은 사랑과 행복감을 선사하는 부모라 할지라도 삶의 계획에서 중요한 부분을 차지할 경우에만 그들을 부모로 선택한다. 반면 어떤 식으로든 우리를 힘들게 하는 부모를 선택하는 경우도 있다. 그들이 우리가 배워야 할 것이 무엇인지를 가르쳐주는 부모들이기 때문이다.

부모는 여러 가지 방법으로 우리에게 가르침을 줄 수 있다. 하지만

가장 설득력 있는 방법은 모범을 보이는 것이다. 사랑과 배려, 정직을 직접 실천하고 보여줌으로써 가르침을 주는 것이다. 그러나 우리는 부모의 부정적인 행위에서도 가르침을 얻을 수 있다. 폭력적으로 행동하거나 자녀를 방치하는 역기능적 부모를 보면서도 어떻게 행동해야 하는지 강력한 가르침을 얻을 수 있다.

41세의 사리나Sarina는 친정 가족들 때문에 삶이 고달팠다.

제 어머니와 아버지, 여동생, 할머니 모두 인격장애자였어요. 저는 늘 그들의 희생양이었고요. 그들의 딸, 언니, 손녀로 살아가는 것 자체가 고역이었지요.

이런 상황에서도 사리나는 삶을 잘 헤쳐왔다. 그녀는 가족들이 보여주는 부정적인 행위들도 헛되이 흘려보내지 않았다.

다행히 저는 심리적으로 '정상'이었어요. 직관과 회복력도 컸고요. 이런 회복력은 제 본성의 일부이기도 하고, 가족들과 생활한 경험에서 터득한 것이기도 해요. 그 점은 정말 감사한 일이죠.

아이러니컬하게도 저는 가족들의 부정적이고 폭력적인 행위를 보고 자란 탓에, 타인과의 건강한 관계 속에서 가족들의 이런 행위와는 반대되는 행위들을 더욱 중시하고 추구했어요. 성인으로서 제 자신과 삶에 바람직한 결정을 내리려고 노력했고요. 덕분에 결혼 생활도 행복하게 꾸려 나가고, 아이들도 다정하고 사랑스럽고 자신감 있는 사람으로 키우고, 직업적으로도 훌륭하게 일을 해나가고 있어요.

이처럼 그녀는 많은 장애물을 극복했다. 그런데 최근 들어 가족들의 행동양식 때문에 그 어느 때보다도 크게 좌절하고 기운이 빠져버렸다.

제 가족들의 역기능은 집요하게 계속되었어요. 부모 형제와 그들이 만들어내는 분란의 화살들을 감당하는 게 나이 들수록 힘들어졌어요. 이제는 그들이 절대 변하지 않으리란 걸 분명하게 깨달았어요. 제게는 저의 영혼을 지켜줄 지지가 더 많이 필요해요. 그래야 그들에게 대응하는 방식도 바꿀 수 있을 테니까요.

세션 중에 사리나의 안내자가 나타나서 그녀가 이토록 힘든 가족을 선택한 이유를 설명해 주었다.

사리나의 목적은 성장에 있어요. 그녀가 이런 부모를 선택한 이유는 이 목적을 이루기 위해서입니다. 사리나의 성장을 위해 그녀의 어머니는 딱 필요한 만큼의 사랑, 딱 필요한 만큼의 빛만 제공합니다. 사리나가 이렇게 힘든 삶을 선택한 이유는 자각을 위한 인내력을 시험하기 위해서예요. 요컨대 그녀는 자기 자신을 시험하고 있는 겁니다.
그녀는 가족들에게서 발을 빼야 합니다. 어딘가 다른 곳에서 그녀의 목적을 발견해야 해요. 자연은 훌륭한 치유자입니다. 자연 속에는 그녀를 위한 것들이 있어요. 그녀도 자신에게 필요한 것이 무엇인지를 부분적으로 인식하고 있어요. 우리는 사리나가 자신의 꿈과 훌륭한 작업들에서 얻는 느낌들을 통해서 나아가고자 하는 방향으로 인도할 겁니다.

최면요법가는 사리나가 가족들에게 분노한 후 죄책감을 느낀다는 점을 일깨워 주었다. 그리고 안내자들에게 더 많은 정보를 줄 수 있는지를 물었다.

가끔은 분노도 괜찮아요. 그녀 자신과 아이들을 지키는 데 필요하다면 가끔 힘도 써야 합니다. 그러면 자신에게도 힘이 있다는 걸 알게 돼요. 이제 그녀는 문제를 내려놓아야 해요. 그것은 더 이상 그녀의 일이 아닙니다. 그녀의 부모는 이번 생에 태어날 때 비협조적이고 폭력적이며 화를 잘 내는 사람으로 살아가기로 선택했어요. 그녀의 성장을 위해서지요. 그들은 사리나가 자신을 시험해 보고픈 소망을 이루도록 조력자로 이 세상에 온 겁니다. 그녀를 자극해서 어둠의 시기에도 밝음을 유지하게 만드는 존재들이죠.

세션이 끝나고 두 달 후 사리나는 최면요법가에게 다음과 같은 글을 보내왔다.

제가 가장 고마운 점은 부모님에 대해서 아주 평화로운 느낌을 갖게 되었다는 것이에요. 제 머리와 가슴을 그토록 무겁게 짓누르던 것이 사라졌어요. 제 안에서 기적적인 변화가 느껴져요. 이제는 부모님에게 관심을 갖고 그들과의 접촉도 조율할 수 있게 됐어요.

사리나는 부모의 부정적인 성향으로 인해 어려움을 겪었다. 하지만 그녀가 그런 부모를 선택한 이유는 진정한 자기로 존재할 수 있는 능력

영혼들의 지혜

을 시험하기 위해서였다. 어머니는 사리나가 완전한 고립감을 느끼지 않을 만큼만 빛을 밝혀주었지만, 그런 어머니를 선택한 것은 잘한 일이었다. 영혼이 강하고 사랑이 가득해야 사방이 어둠으로 둘러싸여 있을 때도 빛을 잃지 않을 수 있기 때문이다.

결의를 다지게 만드는 부모

서로 아웅다웅 싸우는 데만 열심인 부모는 흔히 자식들의 요구를 무시해 버린다. 배우자의 공격으로부터 자신의 낮은 자존감을 방어하는 데만 초점을 맞추기 때문이다. 수시로 갈등에 휩싸이는 이런 부모들을 보면, 우리는 자식을 돌보지 않고 방치한다고 비난한다. 안정적이고 편안한 환경을 원하는 아이들의 요구를 이들이 무시해 버렸기 때문이다. 그런데 눈에 보이는 현상이 진실의 전부는 아니다. 아이들 중에는 안정적이고 편안한 환경을 전혀 원하지 않는 이들도 있다. 이들이 정말로 필요로 하는 것은 하나의 영혼으로서 성장하게 도와주는 환경이다.

제니퍼Jennifer는 50대 초반의 성공한 사업가였다. 25년 동안 행복한 결혼 생활을 이어오고 있었지만 자식은 없었다. 그리고 그녀는 부모와의 관계를 하나의 투쟁처럼 느끼고 있었다. 그녀가 LBL 세션을 받으러 온 것도 이런 부모를 선택한 이유가 궁금했기 때문이다.

최면요법가는 제니퍼를 어머니의 자궁 속으로 인도했다. 제니퍼는 편안함을 느꼈으며 그녀의 영혼 자기와도 연결되었다. 그러자 최면요법가는 그녀의 영혼 에너지가 자궁을 들락거리는지, 아니면 그 안에 머물러 있는지를 물었다. 제니퍼는 분명하게 대답했다.

저는 그냥 태아의 몸속에 있어요. 그 안에 계속 머물러 있는 상태예요!

제니퍼는 자궁 속에서 혼자라고 느꼈다. 그녀는 영혼으로부터 어떤 도움도 받고 있지 않다고 보고했다. 최면요법가는 왜 그런지 궁금했다. 제니퍼는 이렇게 대답했다.

그 덕분에 제가 할 수 있다는 것을 깨닫고 있어요. 그러니까 일부러 이렇게 한 겁니다. 도움이 제공되었지만 제가 거절했어요. 정말로 혼자 시도해 보고 싶었으니까요. 저는 충분히 강해요! 이 생의 모든 계획과 이 몸속으로 들어온 일, 저의 목적…. 저는 모두 할 수 있어요. 여기 존재할 만큼 충분히 강하니까요. 정말로 저는 태어날 수 있을 만큼, 이 세상에 존재할 수 있을 만큼 충분히 강해요.

제니퍼에게 이것은 아주 강력한 깨달음이었다. 성장하는 동안에도 자신이 정말로 여기에 존재해야 하는지 확신이 안 섰기 때문이다. 그녀는 자신이 강하다고도 느끼지 못했다. 혹시 이번 생이 실수는 아닐까 하는 생각마저 들었다. 들은 이야기에 따르면, 그녀는 아기였을 때 잘 먹으려고 하지도 않았다고 한다. 태어난 후 자신의 몸속에 머무르고 싶지 않아서였는지도 모른다.

제니퍼는 그녀의 힘에 관한 정보를 더욱 많이 얻고, 삶에서 그녀가 성취한 것과 연관 지어 생각하기 시작했다.

제가 늘 품고 있는 결의에 대해 생각하는 중이에요. 이 결의는 제 본성

의 일부이기도 해요. 저는 언제나 이 결의를 품고 살았죠. 지금도 떠올라요. '무언가를 하기로 결심하면 꼭 해내고 말 것이다.'라는 결의죠. 이제 부모님이 보여요. 그들은 다투고 있어요. 부모님의 모습을 보면서 저는 단단히 결심했어요. 부모님의 모습이 제게 연료를 공급해준 셈이죠. 이 불꽃은 저를 멈추지 않게 만들어줬어요. '난 할 수 있어! 뭐든 할 수 있어.' 제니퍼로서 저는 이 생각을 중심점으로 삼았어요. 침술을 배우러 학교에 갔을 때나, 마라톤 훈련을 받았을 때처럼 무언가를 하기로 결심했을 때는 언제나 이런 생각을 중심에 뒀죠. 이런 결의는 마치 불꽃같아요. 그러고 보니 제 사무실에 불말 fire horse° 그림이 있네요.

이번 생에서 제니퍼는 견뎌내는 법을 배워야 했다. 여러 전생에서 그녀는 인간으로 사는 삶이 어려웠다. 하지만 이제 그녀의 영혼은 단호했다. 부모가 그녀를 힘들게 했지만, 그런 부모를 보면서 자신이 되고 싶지 않은 모습이 어떤 것인지를 알게 되었다. 어느 면에서는 부모의 갈등이 그녀의 힘과 용기를 고취시킨 것이다.

제니퍼는 영계에 도착해서 자신의 영혼 그룹을 만났다.

누군지 모르는 어떤 존재가 앞으로 다가와요. 성모마리아나 관세음보살 같은 존재의 에너지를 대할 때처럼 어머니다운 따뜻한 기운이 느껴져요. 환대와 보살핌을 받는 느낌도 들고요. 그 때문인지 삶에서 보살핌을 전혀 받지 못할 때도 여전히 사랑과 보살핌을 느낄 수 있다는 점

○ 성경에서 불말은 하나님의 신속한 역사와 강력한 능력을 상징하는 존재로 등장한다.

이 다시 생각나요. 보살핌을 받는다는 그 느낌은 음식에서 오는 게 아니에요. 이런 느낌을 주는 존재가 반드시 어머니여야 하는 것도 아니고요. 이런 느낌은 사실 우리 안에 있어요. 그리고 이런 느낌을 어디서 찾아야 하는지 우리는 알고 있지요.

최면요법가는 제니퍼에게 어머니의 사랑과 보살핌을 놓쳐버린 이유를 물었다.

그건 기대와 관련이 있어요. 모든 것이 어떻게 내면에서부터 시작되는지 가르침을 얻기 위해서이기도 하고요. 무언가를 외부에서 얻을 수 없을 때 내면에서 그것을 구하는 것은 좋은 일이에요. 실제로 저는 이렇게 했어요. 덕분에 사람들이 제게 무언가를 주지 않을 때도 그들을 탓하지 않을 수 있었어요. 무언가를 주고 안 주고는 그 사람들 자유예요. 저는 그것을 요구할 수 없지요.

최면요법가는 이제 제니퍼에게 지금과 같은 부모를 선택한 이유를 물었다.

사실 모든 게 간단해요! 그들은 저를 화나게 만들어요. 하지만 그뿐이에요. 전부 다 괜찮아요. 화는 문제가 안 됩니다. 그건 중요하지 않아요. 정말로 중요한 건 우리의 성장이에요.
어머니와 저는 많이 웃으면서 유치하고 재미나게 살아가기로 되어 있어요. 함께 시간을 더 많이 보내고, 둘이서 즐겁게 할 수 있는 일들을 생

각하면 멋질 거예요. 생각만 해도 기분이 좋아지네요. 저는 진정한 보살핌이 내면에서부터 시작된다는 것을 배우고, 어머니에게 보살핌을 기대하지 않기로 했어요. 제가 어머니에게 자기 자신을 사랑하는 법을 가르쳐줄 수도 있어요! 너무 늦기 전에 둘이서 얼마 동안 즐거운 시간을 가질 수도 있을 거예요. 성장의 여지는 지금도 있어요.

어머니도 자신이 존재하는 방식 그대로 행복할 수 있어요. 저는 그런 방식으로 살고 싶지 않지만, 어머니는 그런 방식을 받아들일 수 있죠. 어머니가 원하는 게 그런 것이니까요. 어머니보다는 제가 그 방식을 안 좋게 느끼는 거예요. 저는 그냥 저로서 존재하고 타인은 타인대로 존재하게 두어야 해요. 저는 이 점을 기억해야 하죠.

최면요법가는 제니퍼에게서 '삶은 고달픈 것'이라는 식의 태도가 풍긴다는 점에 주목했다. 그래서 그녀에게 그런 태도가 어디서 생겨났는지를 물었다.

'삶은 고달픈 것'이라는 생각은 제가 아니라 어머니의 주장이었어요. 지금 저는 그런 생각을 털어버리는 중이고요.

제니퍼는 이제 아버지의 영혼과 접속했다. 아버지를 선택한 이유를 이해하고 싶었기 때문이다.

아버지의 영혼은 더 어리고 두려움도 약간 갖고 있어요. 아버지는 저의 결의를 잘 알아요. 가끔은 그런 결의가 두려워서 불안해하기도 하고요.

하지만 그는 온화한 사람입니다.

우리는 전에도 한 번 생을 함께한 적이 있어요. 전생을 함께한 이유는 용기를 갖고 밖으로 나가도 좋다는 것을 그에게 가르쳐주기 위해서였어요. 두려워할 필요가 없다고요! 그는 제게 인내심을 가르쳐주었어요. 그가 제 인내심을 시험하고 있다는 걸 저는 알고 있었고요.

지금 저는 아버지에게 다른 삶의 방법들을 가르쳐주고 있어요. 그가 가진 직관의 기술들을 받아들이도록 가르쳐주고 있죠. 그가 선택만 한다면 지금이라도 그의 직관에 귀 기울일 수 있어요. 이처럼 그가 성장할 수 있는 여지는 아직 있어요. 우리는 서로에게 스승이 되어주기 위해서 서로를 선택했어요. 정말 기분 좋은 일이죠!

세션을 마치고 몇 달 후 제니퍼는 최면요법가에게 편지를 보내서, 그녀가 치유의 여정을 어떻게 계속 펼쳐가고 있는지를 들려주었다.

세션을 마치고 몇 달이 지난 후 저는 부모님의 방식을 더 존중하고, 더 많은 연민의 마음으로 바라보게 되었어요. 부모님이 결코 저와 같을 수는 없으며, 제가 원하는 부모처럼 되지도 않으리라는 걸 알았기 때문이죠. 저는 그런 점들을 받아들였어요. 제 역할은 변화하는 법을 부모님에게 보여주는 거예요. 부모님이 그 방법을 이해하면 정말 좋을 텐데요! 하지만 그렇게 되지 않아도 괜찮아요.

제 현생의 목적과 현생은 제 영혼의 목적에서 한 조각 작은 부분에 불과해요. 저는 어머니와 함께하고 자궁 속에서 죽지 않기로 선택했어요. 어머니가 되는 '평범한' 길을 따르지 않으리라는 선택도 했고요. 부모

님의 가계를 잇기 위해 아이를 낳지 않는다고 죄책감을 느끼거나 좀 부족한 사람인 것처럼 여길 필요도 없죠. 종합적으로 저는 세션을 통해서 제가 단순히 물리적인 존재가 아니라 그 이상의 존재라는 걸 배웠어요.

제니퍼가 지금의 부모를 선택한 이유는 여러 가지 교훈을 얻기 위해서였다. 부모의 분노는 제니퍼에게 그녀만의 힘을 일깨워주었다. 덕분에 그녀는 사랑과 보살핌을 내면에서 구하는 법을 배웠다. 우리는 자신의 욕구를 충족시키기 위해서 타인에게 간청을 하거나 빌거나 협박을 하기도 한다. 하지만 가장 빠른 길은 자신이 필요로 하는 것을 스스로 자신에게 주는 것이다.

제니퍼는 받아들임의 중요성도 배웠다. 그녀는 부모를 변화시키고 싶어 했다. 그러다 결국에는 자신의 부모님이 정서적으로 지금의 상태에서 안정을 찾고 있음을 깨달았다. 더욱 행복한 삶을 살고 싶으면, 부모를 있는 그대로 받아들여야 한다. 시간을 내서 자신이 부모에게 배운 것들을 생각해 보는 것도 가치 있는 일이다. 우리는 부모의 사랑은 물론이고 사랑의 부재에서도, 자양분이 되는 부모의 보살핌은 물론이고 우리를 불안하게 만드는 부모의 행위들에서도 배움을 얻을 수 있다. 우리가 부모에게서 배움을 얻을 수 있느냐 아니냐는 정확히 우리 자신에게 달려 있다.

올가미 같은 가족

친밀한 가족과 올가미 같은 가족의 차이는 무엇일까? 올가미 같은 가족은 부족과 같다. 과거에 부족민들은 서로 단단하게 엮여 있었다.

그래야만 했기 때문이다. 유목을 하는 부족들은 척박한 환경에서 살았기 때문에 부족 집단에 개개인의 생존이 달려 있었다. 그래서 부족들마다 엄격한 규칙을 갖고 있었으며, 이 규칙을 어기는 부족민은 추방해 버렸다.

일부 부족과 씨족은 응집력이 특히 강해서 보복 체계를 가동하기도 했다. 부족의 일원이 다른 부족민에게 몹쓸 짓을 당하면, 이런 일을 저지른 부족의 일원을 아무나 골라서 보복했다. 순진무구한 어린아이도 봐주지 않았다. 이런 보복을 강력하게 실행하는 것이 좀 잔인해 보일 수도 있다. 하지만 이런 규칙은 부족의 생존을 보장하기 위해 수많은 세대를 거쳐 확립한 것이었다.

이런 부족사의 잔재는 오늘날 우리의 가족 문화 속에도 남아 있다. 예를 들어 올가미 같은 가족 관계에서는 사랑하는 가족 구성원이 괴로워할 경우 다른 구성원들도 그 고통을 함께 느낀다. 가족의 고통이 자신의 고통이나 마찬가지이기 때문이다. 그리고 가족 중 누군가가 스스로를 돌보지 않으면 화를 내고 자신의 마음의 평화를 위해 그들을 통제하고 싶어 한다. 그들이 지나치게 독립적이어도 짜증이 난다. 영혼의 여행을 하는 중에도 때때로 이런 부족 문화에서 벗어나 자신의 개인성과 독립성을 발달시킬 필요가 있다.

디아나Deanna는 40대 중반의 미혼녀였다. 그녀는 아직도 가족과 올가미처럼 얽혀 있으며 이 가족들을 다루는 방법을 알고 싶다고 했다. 세션 초기에 그녀는 네 살 때의 어느 장면으로 돌아갔다.

긴장이 돼요. 부모님이 싸워서 그런 거예요. 두려움에 몸이 얼어붙는

것 같아요. 저는 다른 방에 있고, 부모님은 두 분이 쓰는 침실에 있어요. 부모님의 싸움을 경험하는 건 이번이 처음이에요. 두 분이 아주 큰 소리를 내는 걸로 봐서 화가 단단히 나 있는 게 분명해요.

어머니는 여동생을 임신하고 있어요. 어머니하고 여동생이 걱정돼요. 이제 고성은 그쳤지만 대신 어머니가 우는 소리가 들려요. 저는 무력감에 휩싸여 있어요. 언니와 다른 여동생도 여기 있는데, 그들도 마찬가지로 겁먹고 있고요.

어머니가 아무 일도 없는 척하면서 부엌으로 들어와요. 우리가 걱정스런 눈으로 쳐다봐도 어머니는 모르는 척 외면해요. 언니는 무언가 잘못됐다는 걸 알아요. 저는 심장이 방망이질 치고요. 마음이 아프고 두렵기도 해요. 심장이 오그라드는 것 같은 느낌도 들어요. 심장이 미칠 듯이 빠르게 뛰기 시작해요. 두려운 상황이 닥치면 이런 증상이 나타나서 곧 죽을 것 같은 느낌이 들어요. 완전히 무력해지죠.

LBL 세션에서 나중에 디아나의 안내자는 부모를 대하는 법에 대해서 몇 가지 조언을 해주었다.

당신은 부모님들의 문제에 사로잡혀 있어요. 하지만 그들의 문제는 당신과는 상관이 없어요. 당신 자신의 삶을 살아야 합니다. 어떤 일을 의무감과 책임감 때문에 억지로 하지 말고, 자신이 정말로 하고 싶은 일을 사랑의 마음으로 하세요. 부모님의 존재 방식에 대응하는 것이 나쁜 일은 아니에요. 그것을 인정해야 해요. 하지만 대응 후에는 받아들임과 무조건적인 사랑으로 옮겨가야 합니다.

감정을 느끼는 것은 아주 중요해요. 감정을 느끼지 못한다면 몸을 갖고 여기에 존재하는 것이 무의미하죠. 감정이 없으면 단절되고, 그러면 여기에 존재하지 않는 것이나 마찬가지입니다. 아픔도 느낄 필요가 있어요. 하지만 그 상처에 고착되면 안 됩니다.

25년 전 디아나의 아버지는 담배와 술을 끊지 않으면 1년 안에 죽으리라는 말을 의사에게 들었다. 그녀의 아버지는 이 말에 너무 겁이 나서 즉시 술과 담배를 끊었다. 대신에 탄산음료와 사탕을 즐기기 시작했다.

그런데 늙어서 아프고 불편한 지금, 그는 의사를 찾아가려 하지 않았다. 디아나는 혹시 아버지가 죽을지도 모른다는 소리를 들을까 봐 두려워서 그런 것은 아닐까 생각했다. 안내자는 그녀에게 이런 정보들을 알려주었다.

그의 영혼이 그 정도의 불편을 선택한 거예요. 그는 고집이 세죠. 거기다 당신의 어머니가 병원 치료에 두려움을 갖고 있어서 아버지의 고집이 더 강해졌어요. 그는 '참고 견디면 돼!' 하고 생각하죠. 여기에는 겹겹이 얽혀 있는 카르마와 역사가 작용하고 있는데, 당신과 전혀 상관없는 부분도 있어요. 그도 자신이 할 수 있는 일이 뭔지 알지만, 그의 노력은 정말로 그의 몫이에요.

그가 스스로 깨달아서 의사에게 진찰을 받고 자신을 돌보게 내버려 두어야 해요. 그를 어린아이라고 여기는 게 좋아요. 아이에게 필요한 것은 문제를 해결할 시간과 사랑뿐이지요. 당신이 어떻게 해도 별다른 변화는 일으키지 못할 겁니다. 그를 소외시키고 고립시킬 뿐이지요. 일어

날 수 있는 가장 안 좋은 일은 무엇일까요? 그가 죽는 겁니다. 영혼들은
이렇게 말하네요. "그래서 뭐?"

당신은 뒤로 물러서야 해요. 당신이 아버지를 비난하는 쪽으로 움직인
다면, 그건 카르마를 해결하는 방향과 정반대로 가는 거죠. 연민과 무
조건적인 사랑을 가지세요. 그를 판단하기보다 그를 위해 거기 있어주
어야 해요. 요컨대 사랑의 공간으로 옮겨가야 하죠. 그것이 당신이 배
워야 할 가르침입니다.

최면요법가는 디아나가 준비했던 질문들 가운데 하나를 물었다. 디
아나는 자기 회의의 원인과 그 해결 방법을 더 많이 알고 싶어 했다.

자기 회의를 인정해야 합니다. 자기 회의를 그냥 사실 그대로 표현해야
해요. 그런 후에는 그것에 힘을 실어주지 말아야 합니다. 회의가 빠져
나가게 그냥 두는 거예요. 지침을 구할 때 이 점을 가장 먼저 생각해야
합니다! 그다음은 두려움을 생각해봐야 하고요. 두려움은 진동수가 낮
은 에너지이기 때문이죠.

사랑이나 두려움 같은 에너지는 모두 우리의 의식 안으로 들어와요. 사
랑과 두려움은 동전의 양면 같은 거고요. 전부 에너지에 불과해요. 일
단 자신의 반응과 이런 반응의 원인을 자각하고 나면, 앞으로 움직여야
해요. 낮은 차원의 공명을 일으키는 두려움을 고차원적인 사랑의 에너
지로 변형시켜야 해요.

두려움과 사랑은 진동 속도가 다를 뿐 똑같은 세포나 마찬가지예요. 케
이크는 맛이 뻑뻑해질 수도, 깔끔해질 수도 있어요. 재료가 똑같아도 이

재료를 다루는 방식에 따라 두 개의 다른 케이크가 만들어지는 거예요. 케이크를 만들 때 너무 많이 두드리면 케이크가 뻑뻑해질 수 있어요. 생각을 지나치게 많이 하면 답답해지고 긴장이 되는 것과 같죠. 또 케이크를 오븐 속에서 너무 오래 구우면 까맣게 타버려요. 오븐의 높은 온도는 과격한 기질이 뿜어내는 열기와 같아요. 이런 열기는 당신과 주변 사람 모두를 태워버리고 무겁게 만들죠.

이런 생각을 적용해서 삶을 하나의 모험처럼 경험해야 해요. 비유로 든 케이크 이야기도 활용하고요. 당신에게는 당신만의 삶의 재료들이 있어요. 이 재료들을 갖고 어떤 케이크를 만들어야 할까요?

디아나는 안내자가 준 지혜를 받아들였다.

제가 배워야 할 가르침은 저의 가족과 함께하는 데 있지 않아요. 가족을 변화시키는 것은 제 일이 아니에요. 저는 판단하지 않고 가족들과 함께하는 시간을 즐길 거예요. 안내자들도 모든 관계에서 이렇게 하는 것을 저의 목표로 삼으라고 했어요. 과거에 저를 짜증 나게 했던 관계에서도요.

사심 없는 반응과 이기적인 반응은 달라요. 아버지나 가족, 부족과의 관계에서 제가 배워야 할 가르침은 그저 받아들이고 내려놓는 것이에요. 이런 게 바로 무조건적인 사랑이죠.

영혼의 여정에서 앞으로 나아갈수록 삶에서 맞닥뜨리는 난관은 더욱 복잡해진다. 가족들을 받아들이고 사랑하는 일은 우리의 화나 분노

를 표출하는 것보다 훨씬 어려울 수 있다. 우리가 사랑하는 사람들이 이기적이거나 자신을 방치할 때 특히 그렇다. 우리가 원하는 것은 그들이 주의를 기울이고 자신을 돌보는 것이다.

그러나 이 지구상에서 개개인은 정확히 자신의 필요에 맞게 설계된 길을 걷고 있다. 이 점을 깨닫는다면 타인에게 최선의 것이 무엇인지를 안다는 오만한 생각을 버리거나 내려놓게 된다. 그리고 타인을 있는 그대로 사랑하게 된다.

가족이나 친척 중에 자살한 사람이 있을 때

자살은 강렬한 감정들을 유발한다. 자살은 포기이자 모든 사람들을 버리는 행위이기 때문이다. 그래서 사랑하는 사람이 스스로 목숨을 끊거나 자살하겠다고 위협하면 우리는 그에게 버림받았다고 느낀다. 다른 일반적인 반응으로 분노와 슬픔도 함께 느낀다.

이따금 우리는 내가 더 많이 해주었더라면, 그 마지막 전화를 받아주었더라면, 그 신호들을 더욱 잘 알아차렸더라면 그들의 죽음을 막을 수 있었을 것이라고 느낀다. 누군가와 말다툼을 벌였는데 그 사람이 나중에 스스로 목숨을 끊으면 마음이 더욱 불편해진다. 그러나 우리는 그들을 구하고 싶었어도 그들은 구원받기를 원치 않았다. 그들은 그냥 도망치고 싶어 했다.

많은 사람들이 이 지구상에서의 여정을 힘들어한다. 연구에 따르면, 약 70%의 사람들이 살아가는 동안 이따금 우울함을 느끼고, 이 중 많은 수가 자살을 생각한 적이 있다고 한다. 하지만 사회는 실제로 자살한 사람들의 수에 관심을 갖는다. 도피하고 싶어 하는 사람들의 수와

비교해 보면 자살자의 수가 훨씬 적은데 말이다. 실제로 많은 사람들이 자살보다 술이나 마약 같은 다른 수단들을 통해 도피한다.

사랑하는 사람이 자기 파괴적인 성향을 갖고 있거나 세상에 존재하고 싶어 하지 않을 때 우리는 어떻게 해야 할까? 32세의 콜린Colin은 가정폭력으로 고통받는 여성들을 상담해 주는 사람이었다. 그녀는 LBL 세션을 통해서 자신이 제 길을 제대로 가고 있는지 알고 싶어 했다.

콜린은 전생의 한 장면으로 돌아갔다. 그녀는 기혼의 행복한 젊은 여성이었다. 하지만 그녀에게는 문제 많은 여동생이 있었다.

저는 현관에 서서 밖을 내다보고 있어요. 거리에 차들이 지나가고 강물도 보여요. 그런데 제 동생 때문에 걱정이에요. 그녀의 영혼이 길을 잃고, 마약을 복용하면서 질 나쁜 사람들과 어울리고 있거든요. 그녀는 순진하고 사람들을 잘 믿어요. 저는 별 탈 없이 행복하게 지내고 있지만, 동생을 위해 그 자리에 있어주지 못할까 봐 걱정돼요. 동생이 그렇게 하지 못하게 만들고 있어요. 제가 조언을 해주려고 노력해도 동생이 듣질 않거든요.

최면요법가는 콜린을 또 다른 장면으로 인도했다.

동생이 목매달려 있는 모습이 보여요. 저는 동생을 데려와서 함께 살았어요. 동생이 우울증을 심하게 앓고 있었거든요. 그런데 외출했다가 돌아와 보니 동생이 맨 위 난간에 목을 매달고 있는 거예요. 동생을 떠받치려 했지만 이미 죽어 있었어요.

저는 죄책감에 시달려요. 가슴에 큰 압박감이 느껴져요. 제가 작은딸과 함께 사는 집에서 동생이 자살을 했다는 게 화도 나고요. 저는 남편의 도움으로 끈을 자른 후 동생을 바닥으로 끌어내려요. 그러곤 목 놓아 웁니다. 남편은 충격에 휩싸여 있고요.

최면요법가는 콜린이 가슴의 통증을 이겨내고 제대로 숨을 쉬게 도와주었다.

지금도 화가 나지만 얼마간 안심도 돼요. 이제 몸부림이 끝났으니까요. 동생이 평화로운 상태에 있는 게 느껴져요. 제 죄책감도 사라졌고요.

콜린은 이 전생에서 벗어났다. 그리고 삶과 삶 사이에 있는 동안, 이처럼 커다란 트라우마를 이겨내는 방법에 대한 정보를 얻었다.

빨리 회복해야 한다는 생각에 더 많은 일을 하다가 좌절감을 느끼면 불필요한 저항만 커져요. 일어나는 감정들을 그대로 받아들이고 순응해야 해요. 지금의 순간에 존재하면서, 어떤 판단이나 저항 없이 그 감정들을 허용해야 하죠.

이제 그녀는 부정적인 사람들을 어떻게 다루어야 하는지 궁금했다.

안내자들이 제게 거울을 보여주면서 상황을 바라볼 수 있는 기회로 활용해 보라고 해요. 일단 부정적인 행위에 대한 저의 잘못된 믿음들을

발견하면, 내면으로 눈을 돌려서 그것을 떠나가게 내버려 두어야 해요. 그러고 나서 경계를 세운 뒤 제가 타인에게 기대하는 것과 제가 마땅히 받아야 할 것이 무엇인지를 자신에게 물어봐요. 관계를 내려놓는다면 저는 죄책감을 느낄 필요가 없어요. "가르침에 귀를 기울여라." 안내자들은 이렇게 말해요. 듣는 것이야말로 이 생의 여정에서 제가 해야 할 일이에요. 귀를 기울이면 제게 올바른 것과 그렇지 않은 것이 무엇인지 알게 될 거예요. 그리고 저에게 가르침을 주고 성장하게 하며 확신을 갖도록 도와준 이 사람들에게 사랑을 보내야 해요.

콜린은 또한 자신이 많은 전생에서 힘들게 살았음을 알게 되었다. 어떤 전생에서는 자살을 하기도 했다. 안내자들은 그녀의 영혼의 여정에 대해서 더 많은 정보들을 제공해 주었다.

용서의 문제가 계속 대두되고 있어요. 제가 저지른 죄에 대한 용서이지요. 이 죄가 계획된 이유는 제게 많은 것들을 가르쳐주기 위해서예요. 저는 죄와 더불어 일어난 모든 일들을 경험하게 되어 있었어요. 이제는 모든 것이 자연스럽게 펼쳐질 거예요.
전생들에서 저는 자살을 했고 정신 건강에도 문제가 있었어요. 하지만 그 덕분에 많은 걸 배웠어요. 다른 사람들과 제 고객들이 겪은 일들을 통찰할 수 있게 되었어요. 전생들에서 저는 학대하는 사람이었어요. 하지만 그건 아주 오래전 일이죠. 어쨌든 그 덕분에 저는 가해자들의 내면이 사실은 나약하고 피해 의식에 젖어 있다는 점을 알게 됐어요. 제가 경험한 모든 일들은 제게 통찰력과 연민, 이해심을 가르쳐주었어요.

사람들과 함께하며 인내하고, 삶을 다양한 각도에서 경험하게도 되었고요. 이 모든 것은 가치 있는 일이죠.

자살한 여동생과 함께한 생에서 저는 여동생을 그냥 놓아주는 법을 배워야 했어요. 제가 할 수 있는 일은 아무것도 없었으니까요. 저는 가족을 위해 제 자신을 희생하지 말아야 했어요. 처음에는 정말로 걱정이 됐지만, 놓아주고 그냥 존재하게 내버려 두는 법을 배웠어요. 제 안내자들이 아주 잘했다며 박수를 쳐주네요.

가족과의 불만족스러운 관계는 우리의 마음에 엄청난 아픔을 가져다준다. 아무리 노력해도 가족을 변화시킬 수 없다는 것을 알고 나면 우리는 무력감을 느낀다. 그러나 우리가 탐구한 사례들은 앞으로 나아갈 수 있는 길을 알려준다. 우리는 타인을 변화시킬 필요가 없다. 그저 우리 자신만 변화시키면 된다.

이 점을 진정으로 이해하고 나면 내려놓게 된다. 일리노어는 끈끈한 가족 관계를 원했다. 하지만 겉으로만 끈끈하고 단란함을 가장하는 가족 관계는 전혀 위안이 될 수 없다. 결국 일리노어는 가족 관계가 친밀하고 화목하면 좋겠다는 꿈을 포기했다. 가족들이 다른 방법으로도 행복하게 시간을 함께할 수 있음을 깨달았기 때문이다.

부모의 실제 모습을 받아들이면 자유로워질 수 있다. 사리나와 제니퍼는 지금의 가족을 선택한 이유를 이해한 덕분에 더욱 평화로워졌다. 그리고 디아나는 부모에 대한 걱정에서 물러날 수 있었다.

받아들임은 콜린에게도 아주 효과적이었다. 그녀가 사랑하는 사람들은 부정성과 씨름하고, 이 지구상에서의 삶에 적응하는 법을 배우고

있었다. 콜린은 그들이 사랑과 행복에 이르는 길을 찾아가는 과정에 있음을 깨닫고, 그들을 놓아줄 수 있었다. 이런 새로운 깨달음과 더불어 콜린은 그녀의 역할이 무조건적인 사랑을 주는 것이라는 점도 알게 되었다.

안내자들은 가족 때문에 힘들어하는 사람들에게 흔히 '그들을 그냥 내버려 두라'고 조언한다. 우리의 동기를 면밀하게 살펴보면, 흔히 사랑하는 사람보다 우리 스스로를 더욱 걱정하고 있다. 무언가 안 좋은 일이 그들에게 일어났을 때 우리가 이겨내지 못할까 봐 걱정하는 것이다. 우리의 두려움은 부족을 보살펴야 한다는 태고의 의식을 상기시킨다. 우리는 부족민들이 행복하고 평화롭길 바란다. 그들이 행복할 때 우리의 마음이 더 편안하기 때문이다.

하지만 무조건적인 사랑은 받아들임이다. 우리 개개인은 자기만의 영적인 도정에 올라 있다. 사랑하는 사람의 선택을 존중하면 그로 인해 마음이 아프고 밤에 잠을 못 이뤄도 우리는 결국 평화를 발견할 것이다.

7
서로를 살찌우는 관계

'양육하다nurture'라는 말은 원래 라틴어에서 생겨났으며 '먹을 것을 주고 소중히 기르다'라는 의미를 지니고 있다. 음식은 우리에게 기본적으로 필요한 것이다. 생존을 하려면 음식이 있어야 한다. 하지만 건강한 어른으로 성장하려면 정서적으로도 소중하게 양육되어야 한다. 그리고 일단 어른이 되면 스스로를 살찌우고 보살필 줄 알아야 한다. 하지만 강하고 독립적일 때도 우리에게는 타인의 지지와 사랑이 필요할 때가 있다. 이런 때는 애정에 굶주린 아이처럼 자신이 작고 취약한 존재로 느껴진다. 하지만 얼마간 보살핌과 관심을 받으면, 대부분의 사람들은 곧 회복돼서 자신의 삶을 밀고 나간다.

친구나 친지들이 취약하고 어려움에 처해 있을 때 우리는 그들을 위해 그 자리에 있어주고 싶어 한다. 그들이 넘어졌을 때 다시 일으켜 세워주고 소중하게 아껴주는 방법을 알고 싶어 한다. 하지만 친구나 친지로서 보살피는 역할을 수행하려면 먼저 자신이 강하고 회복력이 있으

며 사랑할 줄 아는 사람이 되어야 한다. 그렇다면 어떻게 해야 이런 역할을 수행하는 데 필요한 정서적 자원을 확실하게 가질 수 있을까?

이 장의 주제는 의무가 아니다. 선한 사람이 되려는 노력도 아니다. 선하고 책임을 다하는 사람이 되는 데는 노력이 필요하다. 하지만 꼭 이런 식으로 노력을 해야만 하는 것은 아니다. 자신을 사랑하고 보살필 줄 아는 사람이 되면, 타인을 향한 사랑과 보살핌도 자연스럽게 가능해진다. 이 장에서는 서로를 살찌우는 데 필요한 지혜를 가르쳐주는 사례들을 살펴보겠다.

욕구의 균형

많은 사람들이 언제나 타인에게 도움이 되어야 한다고 믿는다. 위기가 지나갈 것임을 아는 상태에서, 정서적으로 위기에 처해 있는 누군가를 돕는다면 이런 믿음은 문제가 안 된다. 하지만 늘 이런저런 위기에 처해 있는 사람과의 관계에서 이런 믿음은 바람직한 것이 아니다. 상대가 도움에 지나치게 의존할 수 있기 때문이다. 장기적으로는 우리에게도 득이 안 된다. 언제나 상대를 일으켜 세워줘야 한다는 데 신물이 날 것이다. 심지어는 우리 자신의 상태가 안 좋아져서 병에 걸리거나 분노하게 될 수도 있다.

그렇다면 어떻게 해야 진정으로 상대를 유익하게 지지해 줄 수 있을까? 다른 사람을 유약하게 만드는 것과 힘을 더해주는 것 사이에서 균형을 잡는 일은 힘이 들 수도 있다.

60세가 다 된 키스Keith는 컴퓨터 산업 분야에서 성공적으로 이력을 쌓아오고 있었다. 그는 아주 영적인 사람이지만, 어떤 종교도 갖고 있

지 않았다. 다만 타인을 행복하게 만들기 위해 최선을 다하는 것이 몸에 배어 있었다. 키스가 LBL 세션을 받으러 온 이유는 모호하지만 삶의 변화를 받아들일 준비가 돼 있다고 느꼈기 때문이다.

세션 중에 키스는 그의 안내자에 둘러싸여 있다는 느낌을 받았다. 안내자는 마음을 평온하게 만들어주는 영적인 존재 같았다. 키스는 그동안 안내자와 교감을 하지 않아서 그의 존재를 모르고 있었다.

제가 그동안 안내자의 말에 귀를 기울이지 않은 것 같아요. 유감스럽게도 그의 말을 듣지 않았어요! 하지만 그가 괜찮다고 하네요. 그에게 고맙다고 말하고 싶어요. 그는 이해를 아주 잘 해줘요. 오랫동안 저와 함께 있었으니까요. 그가 저를 안아줍니다. 기분이 너무 좋아요! 그가 저더러 마음을 가라앉히래요.

최면요법가는 키스의 마음을 진정시키는 말을 해주었다. 그리고 마음이 차분해지면 더 쉽게 듣고 이해하게 될 거라고 조언했다.

안내자가 저를 어딘가로 데려가고 싶어 해요. 뭔지 모르지만 제가 보고 싶지 않은 것을 제게 보여주려고 합니다. 하지만 저는 그걸 보고 싶지 않아요!

최면요법가는 키스에게 도움을 요청해 보라고 했다.

그가 괜찮다고 말해요. 그런데 제가 어느 전쟁에서 사람들을 죽이는 것

같은 느낌이 들어요. 저는 그런 일을 좋아하지 않아요. 올바른 일이 아니잖아요. 그 일을 하면 안 됐어요. 저는 숨어 있어요. 언덕 너머 땅 밑에 있지요.

제가 뭘 보게 될까요? 오! 제가 이런 일을 요구했어요. 저는 더 공격적일 필요가 있었어요. (제가 죽인) 사람들은 문제없어요. 그들은 군인이니까요. 하지만 제가 왜 이런 일을 해야만 했던 걸까요?

키스는 군인으로 살았던 이 전생에서 더 공격적인 사람이 될 계획이었다는 사실을 발견했다. 하지만 그는 공격적이고 남성적인 에너지를 불편하게 느꼈다. 이런 불편은 그의 균형이 깨졌다는 점을 말해주는 것이었다. 그는 더 강하고 덜 굴종적일 필요가 있었다. 그리고 이 생과 여러 번의 전생에서 사람들이 그를 조종하는 것을 허용했음을 인정해야 했다. 키스는 이제 그가 여성으로 살았던 전생으로 인도되었다.

저는 애나라는 여자아이의 엄마예요. 애나를 사랑해서 애나에게 아주 다정하게 대하죠. 애나의 길고 검은 머리칼을 빗겨주고 있어요. 애나는 이렇게 머리 빗겨주는 것도 좋아하고 제가 빵을 굽는 것도 좋아해요. 그런데 애나는 집에서 달려 나가다가 차에 치여서 어린 나이에 죽어요. 제 잘못이죠. 애나를 잘 지켜봤어야 했는데.(울음을 터뜨린다.)

최면요법가는 키스에게 이 장면을 보고 이해해야 할 것이 무엇인지를 물었다.

저는 사랑하는 사람을 잃는 것이 어떤 것인지를 이해해야 해요. 하지만 그녀는 괜찮아요. 그녀는 지금 (현생의 어머니로) 저와 함께하고 있어요. 그녀는 제 가슴속에 있어요. 제가 그녀를 보호하고 있지요. 저는 그녀를 위해 죽을 겁니다. (운다.) 그녀는 저와 함께하고 있고 앞으로도 영원히 그럴 거예요.

제가 왜 이런 가르침들을 이해하지 못하는지 모르겠어요. 그녀는 오랫동안 저와 함께할 것이고 저와 아주 긴밀하게 연결되어 있어요. 이제 제가 어머니를 왜 그토록 보호하려 했는지 알겠어요. 저는 이 영혼과 아주 많은 생을 함께해 왔어요. 그래도 그 전쟁에 관한 것은 여전히 이해를 못하겠어요. 오, 그것도 보호와 관련이 있는 것이네요. 저는 보호해 주는 걸 좋아합니다.

최면요법가는 보호하는 것이 키스의 타고난 성격인지 궁금해했다.

맞아요. 보호를 해주려면 가끔은 공격적일 필요가 있어요. 공격력이 떨어지면 조종을 당할 수 있으니까요. 조종을 당하면 보호를 해줄 수 없고요. 마찬가지로 자신을 지킬 줄 알아야 타인도 지켜줄 수 있어요.

키스는 자신보다 타인을 보호하고 돌봐주기를 좋아했다. 그러나 안내자들은 그가 계속 이렇게 하는 것을 원하지 않는다는 점을 그에게 분명히 말해주었다.

안내자들이 그러는데, 제가 몸을 쓸 필요는 없답니다. 제가 말을 잘 구

사하니까 제 말을 이용하면 된대요.

키스는 강하다는 느낌을 더 느낄 필요가 있었다. 하지만 그는 방법을 몰랐다. 최면요법가는 방법을 보여줄 것을 부탁해 보라고 했다.

다른 사람들의 말을 들으면 제가 가고자 하는 길에서 벗어날 수 있어요. 저는 저의 길을 지켜야 합니다. 안내자의 말이, 다른 사람들이 시키는 일을 할 필요는 없답니다. 다른 사람들을 기쁘게 해주거나, 그들의 감정을 보호할 필요는 없대요. 저는 그냥 제 가슴이 말하는 일을 하고 그 길을 따라가면 된답니다. 타인이 저를 조종하거나 방해하게 내버려 두지 말아야 해요. 물론 그들이 저를 조종한다고 느끼지는 않아요. 하지만 종종 그들의 말에 따르는 건 사실입니다. 저는 그냥 그들이 행복하길 바라요. 애나처럼요. 저는 오랫동안 애나가 행복하기를 바랐어요. 하지만 그렇게 만들지 못했죠. 애나는 너무 일찍 세상을 떠났어요.

최면요법가는 그 짧은 생에 애나를 위한 영혼의 선택과 가르침이 있었느냐고 물었다. 키스는 그들 사이에 협약이 있었다고 보고했다. 애나는 일찍 죽기로 되어 있었다. 최면요법가는 키스에게 그 협약의 위력을 느껴보고, 후회나 죄책감이 들면 풀어버리라고 했다.

좋아요. 애나는 웃고 있습니다. 애나의 말이, 제가 이해를 하는 데 거의 평생이 걸렸대요. 그녀가 이 생에 온 건 저의 어머니로 살기 위해서예요. 저는 그녀를 보호해 주고 싶어요. 그녀를 아주 많이 사랑하니까요.

다른 사람들의 의견에 따르는 것은 제게 쉬운 일이에요. 저는 애나를 행복하게 만들어주고 싶었어요. 그리고 다른 모든 사람들도 마찬가지예요. 그들을 행복하게 만들어주고 안 좋은 일들로부터 지켜주고 싶었어요.

전생에 애나의 어머니는 딸이 자라서 행복하게 살기를 기대했다. 이 바람이 좌절되자 그녀는 자신을 탓했고, 자신이 딸을 망가뜨렸다고 느꼈다. 일을 바로잡으려는 욕구가 너무 강해서 상처가 되는 기억이 자국을 남기듯 영혼까지 영향을 받았다. 이런 자국은 키스의 삶에서 사람들을 행복하게 해주고 싶은 욕구로 발현되었다. 이런 욕구의 발현 속에서 그는 상황을 바로잡고 있다는 느낌을 가질 수 있었다.

그런데 이따금 그는 주변 사람들을 실제로 돕는 대신 오히려 그들을 나약하게 만들었다. 그가 그들의 책임까지 다 떠안아서, 결과적으로 그들이 힘을 키울 수 있는 기회를 방해했기 때문이다. 키스는 타인을 기쁘게 해주고픈 그의 욕구와 전생의 연관성을 이해하기 시작했다.

저는 둘 다 할 수 있어요. 다른 사람들을 보호도 해주고 강해질 수도 있어요. 다른 사람들이 제게 영향을 미칠 필요는 없어요. 제가 그렇게 허용하지도 않고요.

제가 저보다 앞에 두는 사람들도 있고, 제가 해야 할 일을 제게 보여주는 사람들도 있어요. 저는 참을성을 가져야 해요. 모 아니면 도처럼 완전히 소극적이거나 완전히 공격적으로 굴 필요가 없어요.

안내자가 그의 색깔이 어떻게 섞여 있는지 주의 깊게 보래요. 저의 색

은 그의 색깔들과 같아요. 저도 이 색 저 색 조금씩 섞여 있어요. 제 생각이지만 어떤 노래와 관련이 있는 것 같아요. 그가 웃네요.

이제 안내자는 키스를 또 다른 생으로 인도했다. 그가 새로 얻은 깨달음들을 확고하게 다지기 위해서였다.

아무것도 안 보이고 그냥 추워요. 알래스카처럼 주변이 온통 얼음이에요. 저는 이글루 안에 있는 것 같아요. 너무 추워요! 털옷을 많이 입고 있는데, 좋은 냄새가 나요. 저는 여기서 개를 사랑하는 법을 배웠어요. 제가 키우던 개를 안내자가 보여주었어요. 그 개는 아주 특별해요. 추운 건 싫지만 저는 행복해요. 그게 우리가 살아가는 방식이에요. 저는 이 생에서 다시 남자로 태어났는데, 그건 마음에 들지 않아요.

앞에서 설명한 것처럼 키스는 남성적 에너지를 경험하는 걸 좋아하지 않았다. 남성적 에너지가 공격적이라고 생각했기 때문이다. 최면요법가는 추운 곳에 살았던 이 전생의 가르침들에 대해 물었다.

이 생의 가르침은 소유하지 않고 살아가는 것에 대한 두려움과 관련 있어요. 생존과도 관련 있고요. 맞아요. 얼음이 너무 많고, 죽어 나가는 사람도 너무 많아요. 배도 너무 고프고요. 물고기도 없어요. 얼음이 너무 두꺼워서 물고기를 잡을 수도 없어요. 저는 배고픈 게 싫어요. 안내자가 그러는데, 제가 지금 과체중인 건 이 때문이래요. 배고픔을 싫어했던 경험의 자국이 제 영혼에 새겨진 거죠.

　　　　　영혼들의 지혜

키스는 이제 아주 감정적인 상태가 되었다.

개들을 잡아먹으면 안 돼요! 그런데 개들을 잡아먹고 싶어 하는 사람들이 있어요. 그들이 개를 잡아먹게 내버려둘 수 없어요. 저는 소리쳐요. "안 돼!" 너무 화가 나요.

최면요법가는 키스가 그의 힘과 목소리를 이용해서 개들을 보호하고 있다는 점을 지적했다.

맞아요. 그들이 제 말에 귀를 기울였어요. 저는 기다려야 한다고 말했어요. 그들에게 기다리라고 했어요. 우리는 이겨냈어요. 개들이 우리를 물고기에게 인도했거든요. 그래서 우리 모두 웃었어요. 기분 좋았으니까요.

최면요법가는 키스가 리더였음을 지적하고 그의 목소리가 지닌 힘과 권력을 인식하라고 조언했다.

맞아요. 그들은 제 말에 귀를 기울였어요. 그때처럼 제가 "안 돼!" 하고 말한 것은 처음이었어요. 저는 개들을 사랑했으니까요. 사람들은 그때부터 계속 제 말에 귀를 기울였어요. 저는 그런 그들이 좋았어요. 제 안내자가 이렇게 말했어요.
"보다시피 가슴의 소리를 따르는 것은 정말로 쉽습니다."

키스는 그의 가슴에 손을 댔다.

가슴은 나를 보호해 줘요. 총은 필요 없어요. 총이 아니라 가슴이 보호를 해주니까요. 저는 군인이 되고 그것을 깨달았어요. 제가 믿어야 할 것은 그 점입니다. 저의 어떤 행위나 위력이 아니라, 가슴을 믿어야 해요. 믿으면 살상을 할 필요가 없어요. 이런 점을 배웠다는 게 저는 정말로 뿌듯해요. 이걸 깨닫고 저는 소름이 돋았어요. 가슴이 우리를 보호해 준다니! 많은 사람들이 죽었지만, 그들 모두 많은 것을 배웠을 거예요. 그들의 삶은 허비된 것이 아니에요. 허비되는 삶은 결코 없어요.

키스는 자신이 희생하는 삶을 살았음을 깨달았다. 다른 사람이 중요한 가르침을 얻게 나름의 역할을 한 것이다.

그 생에서 저는 가르침을 얻었어요. 안내자는 제가 지금 희생을 배우고 있대요. 그건 저의 문제와는 상관이 없는 거예요. 희생 말입니다. 아주 짧은 삶을 살지만 다른 영혼에게는 정말로 큰 가르침을 주죠. 제가 상실에 대해 배웠던 생에서 애나가 그랬던 것처럼요. 그녀는 저의 가르침을 위해 자신을 희생했어요.
안내자가 말하길 사실은 어떤 상실도 없답니다. 우리 모두 영원히 여기 함께하니까요. 우리의 여정은 상실과 고통, 가르침과 관련이 있어요. 그리고 우리는 그것을 이기고 살아남을 것이기 때문에 문제없습니다. 안내자의 말을 들으니 어떤 상실도 없다는 느낌이 마음 가득 차오르네요. 와우!

최면요법가는 여기에 보편적인 메시지가 있는지 물었다.

가슴으로 생각하라는 것이죠. 우리는 대개 머리로 생각해요. 하지만 전혀 그럴 필요가 없어요. 하나부터 열까지 가슴에 기초해서 모든 결정을 내려도 됩니다. 간단해요. 가슴의 소리를 따르라! 지금 세계에 필요한 것도 바로 이것입니다. 저는 사람들에게 말해야 해요. 머리나 에고가 아니라 가슴으로 생각하라고요. 안내자의 말에 따르면 그것이 진리랍니다. 그가 제 몸을 진리로 가득 채우고 있어요. 와우! 아주 간단하죠?

최면요법가는 세션이 끝난 후에도 몇 번이나 키스의 상황을 점검했다. 1년 후 그는 세션을 통해 삶이 변화했다고 말했다. 그는 거부당하거나 잘못된 결정을 내리거나 타인을 실망시키는 것에 대한 두려움을 털어버렸다. 또 즐겁게 일을 한 덕분에 승진도 했다. 그리고 1년 후에는 한 번도 가본 적이 없던 지역으로 이사를 해야 할 것 같은 직감이 들었다. 그는 이 직감에 따랐다. 즐거운 마음으로 이주를 했으며, 지금은 영혼이 원하는 것은 무엇이든 하리라 마음을 열어놓고 있다. 요컨대 그는 가슴으로 살아가며 다른 사람들과 마음을 나누고 있다.

키스의 사례는 가슴의 소리를 따라야 한다는 점을 가르쳐준다. 가슴의 소리에 따른다는 것은 우리의 느낌에 따라야 한다는 의미다. 우리의 느낌을 따르려면, 우리가 품고 있는 감정의 응어리를 말끔히 털어내야 한다. 키스도 그렇게 했다. 덕분에 그는 어떤 변화가 임박했음을 느꼈으며, 실제로 그런 일이 벌어졌다. 마음속에 오래전부터 각인돼 있던 생각으로 인해서 모든 사람을 행복하게 만들어주기 위해 분주히 돌아

다녔는데, 이제 그런 생각이 사라져 버렸다. 지금 그는 자신을 인도해 주는 느낌을 믿는다. 언제 나서고 언제 물러서야 하는지, 언제 베풀고 언제 거절을 해야 하는지 이제는 잘 알게 된 것이다.

엄격한 사랑

타인에게 도움을 줄 때 그 균형을 잡는 것은 쉽지 않은 일이다. 도움을 원하는 사람이 우리와 가까운 경우에는 특히 그렇다. 채드Chad는 30세의 원예가였으며 야외에서 일하는 것을 좋아했다. 그가 세션을 받으러 온 이유는 자신이 배워야 할 가르침이 무엇인지를 알기 위해서였다. 그는 키스와 똑같은 덫에 걸려 있었다. 사전 미팅에서 최면요법가는 그가 누나와 특별한 문제가 있음을 발견했다.

채드는 누나가 화를 잘 내고 충동적이며 습관적으로 과소비를 한다고 말했다. 그녀에게는 늘 빚이 있었으며 빌린 돈도 잘 갚지 않았다. 그런데 채드는 너그러운 편이고 쉽게 조종당해서 반복적으로 누나에게 돈을 빌려주었다. 세션에서 그는 이 문제를 어떻게 해결해야 하는지 안내자에게 물었다.

계속 돈을 빌려주는 것은 모두에게 최선이 아닙니다. 저는 물론 누나가 뭔가를 할 수 있게 계속 도움을 주고 있어요. 하지만 다른 사람에게 덜 휘둘리면 살아가면서 제 자신을 더 도울 수도 있을 테죠. 문제는 사람들이 제게 화를 내는 게 싫다는 거죠. 그 화가 제가 아닌 그들과 관련된 것이어도요. 저는 화가 많은 사람들을 떠나 어딘가 더 좋은 곳으로 가고 싶어요.

채드는 원로들의 평의회를 방문해서 더 깊은 정보를 받았다. 그들은 우리의 직감을 이용하는 문제에 대해서 조언을 해주었다. 이 조언은 가슴으로 생각하는 것에 대해서 키스가 받았던 지침을 다른 식으로 표현한 것이다.

저는 더 긍정적으로 생각하고, 감사하는 마음을 갖고, 다른 사람의 입장에서 볼 줄 알아야 해요. 직감은 저의 길을 계속 가고 결정을 내리게 도와줍니다. 결정이 좋게 느껴진다면 그건 잘한 결정입니다. 그런 게 직감이죠. 안내자는 그런 식으로 우리를 도와줘요. 그런데 저는 직감을 충분히 자주 사용하지 않아요. 제 마음이 너무 부산하기 때문입니다. 저는 머릿속으로 너무 많은 생각을 해요. 그래서 안내자들은 제게 명상을 하라고 권합니다. 저는 마음을 깨끗이 비우고, 휘몰아치는 생각들을 밀어낸 후 마음을 고요히 만들어야 해요. 그래야 직감의 소리를 들을 수 있으니까요.

채드는 마음이 산란한 까닭에 직감의 소리를 듣지 못한다는 점을 깨달았다. 그는 완벽해지려고 애쓰기 때문에 결정을 내릴 때는 걱정을 한다. 마음을 차분하게 해도 결국엔 또다시 두려움이 일어난다. 걱정을 놓아버리거나 다스리는 법을 배워야만 평정심을 더 느끼게 될 것이다. 그러면 직감이 타인에게 관대해야 할 때와 타인에게서 물러나야 할 때가 언제인지를 알도록 그를 지지해 줄 것이다.

직감의 인도와 가슴의 소리에 따를 때 우리는 지혜와 연민에 다가가게 된다. 사랑하는 사람에게 가장 이익이 되는 것이 무엇인지를 파악해

서 적절한 행동을 할 뿐 아니라, 타인이 동의하지 않고 우리에게 더욱 많은 것을 요구해도 우리 자신의 요구를 보살필 수 있다. 반면에 우리의 요구를 희생하고 타인을 도와야 할 때도 있다. 우리에게 필요한 것은 유연하고 지혜로운 경계선을 설정해서 타인과 자신의 욕구 사이에서 균형을 잡는 것이다.

사랑받지 못한 상처의 치유

전생퇴행을 하다 보면 다양한 안내자들이 되풀이해서 전하는 메시지가 하나 있다. 다른 사람들을 돕고 싶으면 먼저 우리의 가슴을 사랑으로 채워야 한다는 것이다. 메리Mary의 사례는 이 메시지가 얼마나 중요한지를 입증해 준다.

60세에 가까운 메리는 자신이 어머니를 버렸다는 생각을 떨쳐버리지 못하고 있었다. 최근에 어머니가 돌아가시고 난 후로 이런 불안한 생각은 더욱 극심해졌다.

메리의 어머니는 폭력적인 가정에서 성장했다. 성인이 된 후에는 알코올의존증이 있는 남자와 결혼했는데, 시시때때로 남편에게 구타를 당했다. 결국 어머니는 메리가 열 살 때 아이들을 데리고 남편을 떠났다. 메리가 묘사한 바에 따르면, 그들은 '낡고 허름하기 짝이 없는 집'으로 옮겨갔다. 아주 어려운 시기였다. 메리가 어렸는데도 어머니는 메리에게 많은 것을 기대했다. 어느 날엔가는 궁핍하고 위태롭던 어머니가 이렇게 말하기도 했다.

"누가 날 원하겠어?"

메리는 빨리 어른이 되어야만 했다. 어머니가 메리의 보살핌을 필요

로 했기 때문이다. 메리는 헌신적인 딸이었던지라 어머니의 요구와 기대를 충족시키기 위해 애썼다. 하지만 그것은 불가능했다. 어머니가 '슬픔과 수치심, 자기 비하의 채울 수 없는 우물'과 같은 상태에 있었기 때문이다.

어머니가 돌아가신 후 메리는 어머니의 삶을 생각해 보다가 아주 슬픈 삶이었다는 결론에 이르렀다. 그러고 나자 자신이 어머니에게 정말로 충분히 해주었는가 하는 의구심이 들었다. 그러지 않은 것 같다는 생각에 마음이 불안해지기도 했다.

메리는 어머니에게 사랑받는다는 느낌을 받아본 적이 없었다. 그럼에도 어머니의 죽음을 이야기할 때 메리의 두 눈에는 눈물이 그렁그렁 고였다. LBL 세션을 받으러 올 때, 메리의 마음속에는 오로지 한 가지 생각밖에 없었다.

엄마가 정말로 나를 사랑했는지 알고 싶어.

최면요법가가 세션을 시작하고 얼마 지나지 않아 메리는 전생을 경험했다. 그녀는 결혼해서 행복하고 부유하게 살고 있었으며 자식도 여럿이나 있었다.

집안이 평온해요. 부족한 게 하나도 없어요.

그러나 몇 년 후 그녀의 평화는 산산이 깨져버렸다. 이 전생에서 아홉 살짜리 딸이 갑자기 세상을 떠났기 때문이다. 그녀는 비탄에 빠졌으

며 남아 있는 다른 아이들을 품는 일조차 버거워했다.

저의 일부가 사라져 버린 느낌이었어요. 다른 아이들이 저를 필요로 했
지만 그들을 위해 온전히 그 자리에 있어줄 수 없었어요. 딸을 잃은 상
실감을 극복할 수 없었으니까요. 다른 아이들이 필요로 하는 것을 줄
수 없었어요. 사랑은 있었지만 그 사랑을 표현하지 못했어요.

메리는 정서적으로 텅 비어 있었고 아이들과 연결되지 못하는 어머니
를 갖는다는 것이 어떤 느낌인지 잘 알고 있었다. 메리가 현생에서 어머
니와의 관계를 통해 경험한 것이 정확히 이런 느낌이었기 때문이다.

이 전생에서 메리는 그런 어머니였다. 그녀는 아이들을 정서적으로
방치했다. 그러면서도 어머니가 정서적으로 텅 비어 있을 때 아이들의
내면에 어떤 상처가 생기는지 이해하지 못했다. 그러나 이제 메리는 그
녀가 정말로 아이들을 사랑했음을 깨달았다. 그녀는 단지 자신의 슬픔
에 사로잡혀서 아이들에게 사랑을 표현하지 못했을 뿐이다.

이제 메리는 현생의 어머니도 전생의 자신과 똑같았음을 깨달았다.
어머니도 그녀를 사랑했던 것이다! 어머니는 그저 그 사랑을 표현하지
못했을 뿐이다. 메리는 자신이 가졌던 궁금증의 답을 이해하고 온몸으
로 그것을 느끼기도 했다.

세션이 끝나고 일주일 후 메리는 최면요법가에게 편지를 보내왔다.

정말로 흔치 않은 일이에요. 세션 덕분에 제 어머니가 저를 사랑하신다
는 걸 알았어요. 저는 늘 어머니가 저를 사랑하지 않았다고 느꼈어요.

어머니가 제 안에서 사랑할 수 없고 사랑할 가치도 없는 어떤 것을 본다고 생각했기 때문이죠.

저는 저의 고차원적인 자기로부터 선물을 받았어요. 바로 제 어머니가 저를 사랑했다는 걸 깨달은 것이죠. 이것을 전에는 마음 깊이 알지 못했어요. 알았다는 말밖에는 달리 사용할 수 있는 말이 생각나지 않아요. 하지만 이 안다는 것은 우리가 일상에서 쓰는 안다는 말과는 다른 것 같아요.

저는 너무나 감사해요. 이런 앎은 가장 귀중한 선물입니다.

메리는 전생을 다시 경험하고 진정한 어머니의 사랑을 기억한 후에야 어머니의 마음을 느낄 수 있었다. 그녀의 어머니가 슬픔에 가득 차서 정서적으로 텅 빈 상태였던 탓에 자신의 사랑을 표현할 수 없었음을 깨달은 것이다.

이처럼 사랑하는 이의 고통과 몸부림에 대한 통찰은 우리에게 힘을 가져다준다. 그들의 행위를 새로운 시각으로 이해한 덕분에, 우리가 결코 잘못하거나 사랑받을 수 없는 존재가 아니었다는 것을 깨닫는다. 자신은 물론이고 여전히 우리를 아프게 하는 사람들에게도 사랑과 연민을 느끼게 된다. 이처럼 우리 자신이 사랑으로 충만하면, 타인과의 관계도 훨씬 편안하고 자연스럽게 발전시켜 나갈 수 있다.

치유를 부르는 용서

용서에는 치유의 힘이 있다. 용서받고 구원받았다는 느낌만큼 우리를 살찌우는 것은 드물다. 그런데 용서는 타인을 위한 것만은 아니다.

용서를 하면 우리 자신도 자유로워진다.

물론 여기서 이야기하는 것은 거짓된 용서가 아니다. 거짓된 용서는 회피일 뿐이다. 상처들 중에는 너무 깊고 고통스러워서 그냥 마음속에서 제거해 버리고 싶은 것들이 있다. 가해자를 용서하면 그 고통이 사라져 버릴 것 같은 생각도 든다. 하지만 이런 생각은 잘못된 것이다. 그 사건을 마음속에서 몰아내 버려도 그것은 없어지지 않는다. 예를 들어 과거에 배신을 당했던 경우와 비슷한 상황에 맞닥뜨리는 순간, 우리는 다시 원래의 상처 속으로 내던져진다.

진정으로 용서하려면 먼저 가해자의 행동을 잘 살펴보아야 한다. 그리고 우리 자신의 행동도 돌아보아야 한다. 자신의 동기를 잘 모르면 진실을 명료하게 이해할 수 없다. 도리어 자신의 행위를 합리화하고 타인을 탓한다. 진실을 보는 데는 많은 용기와 분별력이 필요하다. 자신과 타인의 영혼을 통찰할 수 있어야 진실을 제대로 알 수 있다. 이렇게 가해자와 자신을 깊이 이해해야 비로소 용서도 가능해진다.

나타샤Natasha의 사례는 이런 진정한 용서에 이르는 길을 보여주었다. 40세인 나타샤는 19년 동안이나 계부에게 성적 학대를 당했다. 계부에게 불과 여섯 살 때 강간을 당했고 이후로도 그의 지배에서 벗어나지 못했다. 이런 학대는 나타샤의 삶에 큰 혼란을 일으켰고, 이로 인해 몇 년간 치료를 받으면서 수치심과 자기혐오를 치유해야 했다. 그러나 이런 치유 작업에도 불구하고 나타샤는 여전히 강간으로 인한 트라우마에서 벗어나지 못하고 정신적으로 고통받고 있었다. 결국 그녀는 고통에서 벗어나지 못하는 심층적인 이유를 알고 싶은 마음에 LBL 세션을 받으러 왔다.

세션 초기에 나타샤는 맥스라는 남자로 살았던 최근의 전생을 경험했다. 맥스는 결혼을 해서 자식을 둘이나 두고 있었지만 늘 결혼 생활에서 벗어나고 싶어 했다. 그는 부유하면서도 돈에 집착하는 편이었다. 게다가 부인을 전혀 존중하지 않았으며, 성적으로도 냉담했고, 부인과 자식들을 때리기까지 했다. 그가 부인에게 바라는 것은 오로지 그들의 사회적 지위를 유지하는 것뿐이었다. 반면에 돈과 명성, 사회적 인정 등 온갖 물질적이고 외적인 일들에는 열을 올렸다. 맥스는 자신의 행위를 결코 되돌아보지 않았으며, 부인에게 갈수록 폭력적으로 굴었다. 자연히 그들은 서로를 미워했다. 하지만 가까운 사람들에게는 이런 점을 숨겼다.

맥스의 부인에게는 남편을 죽이는 것 말고는 자신과 아이들을 보호할 방법이 없었다. 그녀는 일산화탄소가 치명적이고 효과도 빠르게 나타나며 고통도 일으키지 않는다는 것을 알았다. 그래서 일산화가스로 맥스를 독살했다.

맥스는 죽을 때까지도 자신의 행위가 어떤 영향을 미쳤는지 자각하지 못했다. 하지만 나타샤는 전생의 자신이었던 맥스를 곧 꿰뚫어 보았다. 전생퇴행 중에 나타샤는 그의 행위를 깊이 생각해 보았다.

맥스처럼 굴면 어떤 좋은 결과도 얻을 수 없어요. 저는 맥스의 눈을 들여다보면서 그에게 "정신 차려!"라고 말해주고 싶어요. 그리고 이런 말도 해주고 싶어요. "당신을 용서할게요. 맥스, 당신은 어린애 같았어요. 그리고 당신에게 고맙습니다."

나타샤는 맥스가 이제 존중과 인정을 받고 있음을 느낀다고 보고했다. 그는 자신이 훌륭한 삶을 살지 않았으며 용서를 받아야 한다는 것을 잘 알고 있었다. 이제 맥스의 부인이 나타났다. 그녀는 맥스의 부인으로 살면서 피해를 입었지만 남편을 용서하기로 했고, 결국 그들은 서로를 용서했다. 맥스였던 나타샤는 또 다른 깨달음을 얻었다.

저는 아이들에게도 사과를 해야 해요. 그들을 내팽개치고 구타를 심하게 했거든요. 그래 놓고도 저는 스스로를 훌륭한 아버지라고 생각했었어요. 하지만 지금은 그렇게 생각하지 않아요. 저 때문에 아이들이 정말로 상처를 받았어요.

나타샤는 맥스로 살았던 생을 다시 살펴본 후 더 이상 그 생으로 인해 괴로워하지 않게 되었다. 그녀는 원로들의 평의회를 찾아가 자신의 영혼의 진보에 대한 정보를 얻었다.

그들의 말이, 아무런 배움을 얻지 못했을지라도 맥스로 산 인생 또한 중요한 것이었대요. 그래서 지금은 제가 원하기만 한다면 정말로 본격적으로 배움을 시작할 수 있답니다. 제가 얻어야 할 가르침이 무엇인지를 깨닫고, 배울 수 있대요. 아니면 그대로 죽 걸어 나가다 배수관 속으로 빠져버릴 수도 있겠죠. 하지만 맥스처럼 저는 내달리지 않았어요. 이 점을 이해하는 것이 제겐 중요해요. 맥스로서의 삶은 다른 선택을 할 수도 있는 기회였는데, 그렇지 못했죠.

최면요법가는 나타샤에게 이런 점을 어떻게 느끼느냐고 물었다.

그들의 말을 정확히 이해할 수 있어요. 저는 내내 상자의 뚜껑을 닫아 두고 있었어요. 뚜껑 열기를 거부했죠. 그들은 저를 '버터 플라워'라고 부르곤 했는데, 다시 그렇게 부르면서 이렇게 말해줍니다. "버터플라워! 넌 이제 달라지려 하고 있어. 그것을 깨닫고 있다고!" 그들의 말이, 저는 너무 오랫동안 담장 위에 앉아 있었답니다. 저는 그 문제를 많이 생각해 보고, 현생의 지난 3년 동안 본격적으로 들여다보기 시작했어요. 현생에서 일어난 학대는 저를 깨우기 위한 것이었어요! 그것은 강요된 것이었죠. 그들이 말하길, 다른 전생에서도 자각할 수 있는 요소들이 많았답니다. 그런데 맥스로 산 전생에서 저는 그런 자각을 다 무시했어요.

평의회 의원들은 나타샤가 현생에서 경험한 학대가 특히 잔혹하고 고통스러웠던 데는 이유가 있다고 지적했다.

그 모든 고통으로 인해 저는 현실에 안주하기가 더욱 힘들어졌어요. 그 학대는 위기를 만들어내기 위한 것이었어요.

최면요법가는 나타샤에게 계부의 영혼과 이런 학대를 합의한 세부 상황을 더 알고 싶다고 했다.

우리 둘 다 각자의 역할을 하기로 했어요. 이번 생을 시작하기 전에요.

물론 저는 이번 생이 시작되면 그런 학대가 큰 상처가 되리라는 걸 알고 있었어요. 그를 선택한 것은 그가 그 일을 할 수 있는 존재였기 때문이었어요.

최면요법가는 나타샤에게 계부에 대해 질문했다. 계부가 그런 학대를 할 수 있는 존재였다고 했는데, 그를 선택한 다른 이유는 없었는지 알고 싶었기 때문이다.

그의 영혼은 학대를 할 수 있었어요. 그를 선택한 이유죠. 그 계획을 세울 때 우리는 사실 유대감이 강하지 않았어요. 그는 저와는 아주 다른 차원에 있었거든요. 우리가 합의를 할 때 저의 안내자와 그의 안내자도 그 자리에 있었어요. 그들이 제게 그의 영혼을 보여주었는데 그의 빛은 아주 희미했지요.

최면요법가는 이 학대에서 얻은 가르침의 핵심이 무엇인지 궁금했다. 나타샤는 천천히 숨을 내쉬고 몇 차례나 멈추었다가 정보를 받아들였다.

연민과 용서, 그리고 의식의 깨어남이죠. 맞아요. 깨어나야 해요. "깨어나라! 깨어나라!" 이런 소리가 들리네요. 그리고 동전의 다른 면을 경험하는 것도 중요해요. 제가 이전에는 학대자의 역할을 했잖아요.

최면요법가는 평의회 의원들이 그녀의 영혼의 진보를 어떻게 평가

하고 있는지를 물었다.

아주 무거운 짐을 벗었어요. (그녀는 미소를 짓는다.) 그들은 저를 대단히 자랑스러워하고 있어요! 제게 아주 힘든 시험이었다는 걸 그들도 알기 때문입니다.

나타샤는 남자들에 대해 뿌리 깊은 두려움을 안고 있었다. 최면요법 가는 그 두려움을 치유할 방법이 궁금했다.

남자들에게 두려움이 생긴 이유는 양쪽을 모두 경험했기 때문입니다. 남자로 살았던 전생에서는 학대자의 역할을 했고, 이 생에서는 남자에 의해 학대를 받았죠. 저는 오랫동안 그 두려움을 외면했어요. 그것을 들여다보고 싶지 않았던 거죠. 저는 현재의 삶에서 많은 것들을 정리하는 데 동의했어요. 계부의 학대는 그중 가장 큰 부분에 속하고요.

저는 내면을 들여다보는 법을 배워야 해요. 원로들은 제 자신을 신뢰하는 것도 제가 해야 할 작업의 일부라고 말해요. 그러자면 용서가 먼저 이뤄져야 하는데, 용서는 단지 타인만을 위한 것이 아니에요. 저는 아주 구체적인 작업들에 참가하고 있는데, 그중에서 가장 중요한 작업은 남자들에 관한 것이에요. 저만의 가치를 알면서도 남자들을 존중하는 법을 배우는 겁니다. 그리고 이 문제를 둘러싼 저의 고통도 마주해야 해요.

굳이 가보고 싶지 않은 정서적 자리들이 많이 있어요. 하지만 저는 이런 자리들에 가보아야 합니다. 그게 치유의 유일한 길이니까요. 저는

그냥 믿음만 있으면 돼요. 그들이 가르쳐준 바에 따르면, 저는 고비를 넘겼어요. 이 대화를 명심하라고 그들이 말합니다.

최면요법가는 나타샤가 이 대화를 잊지 않도록 이마를 부드럽게 건드렸다. 삶에서 앞으로 나아갈 때 나타샤에게 이 기억이 필요하리라는 걸 잘 알았기 때문이다. 이 기억은 나타샤가 세션에서 얻은 가르침들을 통합하고 과거의 모든 찌꺼기들을 비우는 데 도움이 될 것이다.

나타샤는 이제 그녀가 학대로 고통받아야 했던 이유를 이해했다. 그녀의 영혼은 고착 상태에 빠져 있었으며, 맥스로 산 삶에서는 전혀 진보하지 못했다. 이런 상황에서 학대는 그녀를 억지로라도 깨우기 위해 준비된 것이었다. 학대의 고통이 탐구의 길에 오르도록 자극할 것이기 때문이다. 그녀는 몇 년 전부터 자기 개선을 위해 노력하고 있었다. 그녀를 LBL 세션으로 인도한 것도 이런 치유의 길이었다.

그녀는 전생에서 자신이 가해자였다는 점도 발견했다. 이로 인해 그녀는 맥스를 용서하고, 현생의 계부까지도 용서하는 작업을 시작할 수 있었다. 나타샤와 맥스가 같은 영혼을 공유하고 있었고, 그녀가 부정했던 자신의 일부분이 바로 맥스였기 때문에, 그녀는 더욱 효과적으로 자신을 용서할 수 있었다.

이렇게 자신의 잃어버린 부분을 용서하고 포용하는 작업은 우리를 완전하게 만들어준다. 이런 완전함을 종교에서는 신성함으로 표현한다. 우리 영혼의 여정에서 핵심은 용서다. 이 용서가 없으면 우리는 결코 완전해질 수 없다.

전생퇴행을 경험하고 몇 년 후 나타샤는 계부를 온전히 용서했다. 덕

분에 다시 데이트를 시작하고 사랑에 마음을 열어놓게 되었다.

계부를 향한 용서의 마음이 느껴지자 커다란 안도감이 들었어요. 학대를 선택한 것은 바로 저의 영혼이었어요. 앞으로 나아가게 제 자신을 깨우기 위해서였지요. 그 선택은 효과가 있었고, 매우 성공적이었어요.

용서는 관계를 살찌울 수 있는 아주 강력한 조처 중 하나다. 용서가 너무 멀리 있는 것처럼 느껴진다면 상처를 준 행위를 더욱 큰 시각에서 이해하도록 해야 한다. 가장 고차원적인 시각에서 그 상황을 충분히 이해하고 나면, 용서의 필요성은 사라진다. 용서가 저절로 이루어지면서 모든 고통이 녹아내리기 때문이다.

끊어져 버린 유대

연결은 인간관계에 있어서 가장 기본적인 것이다. 그런데 관계를 맺고 있는 중에도 단절되어 있다고 느낄 수 있다. 타인과 진정으로 연결되는 방법은 무엇일까? 우리는 한 쌍으로 연결된다. 타인과의 기본적인 연결이 늘 일대일로 이루어진다는 의미다. 그룹의 경우에도 개개인은 타인과 개인적으로 연결된다. 이런 연결은 일종의 네트워크와 같다. 예를 들어, 세 사람이 친구 사이면 세 개의 관계가 있는 것이다. 네 사람이 그룹을 이루고 있을 경우에는 여섯 개의 관계가 만들어진다. 또 두 사람 사이에 관계가 형성된다고 하더라도, 제3자가 이들이 맺고 있는 연결의 성격에 영향을 미친다.

연결되어 있다는 느낌은 안정적이지 않다. 연결감이 들었다가 이내

사라지기도 한다. 그렇지만 타인에 대한 연결감의 질은 우리의 관계에 큰 영향을 미친다. 어머니와 아이 사이의 연결도 마찬가지다.

36세의 발렌티나Valentina는 LBL 세션 중에 어머니와의 단절감을 이렇게 묘사했다.

산도를 통과하는 중인데 엄청 혼란스러워요. 평화롭지가 않아요. 너무 많은 일들이 일어나고 있고요. 어머니가 스트레스를 받고 고통스러워 해요. 모두들 걱정을 해요. 사람들이 저를 꺼내기 위해서 애를 쓰지만, 어머니는 두려움에 빠져 있어요. 그래서 출산의 과정을 신뢰하지도 못하고, 태어나려는 아기와 연결되지도 못해요.

발렌티나는 자신이 탄생하던 순간을 돌아보고 그 환경이 적대적이었다고 설명했다. 그녀는 누구와도 강한 연결감을 느끼지 못했다고 한다. 자라는 동안에도 그녀는 종종 단절감을 느꼈다. 막 걸음마를 배우는 아기였을 때는 이런 일도 있었다. 어머니가 옷을 입혀주려 하는데도 그녀는 어머니에게 협조하지 않고 아기 침대 위에서 장난스럽게 폴짝 폴짝 뛰어다녔다. 그러자 약속에 늦을까 봐 초조해지고 화가 난 어머니가 갑자기 발렌티나의 머리칼을 움켜쥐고 넘어뜨려 버렸다. 당시의 느낌을 발렌티나는 이렇게 회상했다.

아기 침대 난간에 머리를 찧었어요. 머리 뒤편 오른쪽을요. 두려운 느낌이 들었어요. 겁이 나고 내가 약한 존재라는 느낌도 들었지요. 이런 느낌으로 인해 저만의 안전한 세계로 들어가고 싶은 마음이 들었어요.

어머니가 저를 보호해 주리라는 믿음과 내가 안전하다는 느낌도 깨져 버렸지요. 결국 저는 자신을 닫아버렸고, 제 안에서 안전함을 느끼면서 자립해야만 했어요. 지금도 안전하지 못하다는 느낌이 자신감에 영향을 미치고 있죠. 어린 시절에 안전하다는 느낌과 연결감을 느끼는 것은 매우 중요합니다.

발렌티나는 '단절'을 마음의 문을 닫고 자기만의 세계 속으로 들어가는 것으로 설명했다. 어떤 사람들은 위축감이나 공처럼 몸을 말고 움츠러든 상태, 타인과 거리를 두는 상태로 묘사했다. '연결'은 발렌티나가 경험한 일곱 번의 전생퇴행을 관통하는 여러 테마들 가운데 하나였다. 그녀는 동전의 양면을 모두 경험해야 재연결에 이를 수 있음을 발견했다. 이 장의 앞부분에서 소개한 메리의 사례처럼 발렌티나도 그녀의 전생들을 돌아보고 자신의 아이들과 단절되어 있었음을 깨달았다. 그 덕분에 그녀는 어머니를 용서하고, 아이들과 연결되어 있는 더욱 다정한 어머니가 될 수 있었다. 연결과 단절의 본질을 이해했기 때문이다.

많은 부모들이 연결의 본질을 이해하지 못하고 있다. 이로 인해 실제로는 아이들을 밀어내고 있으면서 본인은 아이들에게 도움이 되고 있다고 생각한다.

자기 사랑의 중요성

애착과 연결은 다르다. 애착이 있으면 사랑하는 사람에게 무언가를 기대한다. 그리고 상대와 연결되어 있다고 생각했는데 그렇지 않으면, 결국에는 자신이 원하는 것을 얻기 위해서 사랑하는 사람을 통제하고

조종하려 든다.

연결은 이와 다르다. 진정으로 연결되어 있으면 무언가를 기대하지 않는다. 우리의 사랑이 그보다 훨씬 크기 때문이다. 우리는 그저 사랑하는 사람에게서 인간의 모습을 본다. 상대의 약함과 힘, 방어적인 태도를 보는 것이다. 상대가 어떤 행위를 해도 상대와의 연결이 끊어지지는 않는다. 상대가 연결을 부정하고 자기 길을 가버려도 마찬가지다.

마리Marie는 57세의 간호사였다. 그녀는 사랑하는 사람들과 단절감을 느끼고 있었으며, 그들과의 관계를 회복하는 방법을 알고 싶어 했다. 특히 아들과의 관계를 바로잡고 싶었다. 10대 초반까지만 해도 아들과 연결되어 있다는 느낌이 들었는데, 이후로 아들이 스스로를 고립시켜 버렸기 때문이다. 현재 아들은 열여덟 살이었다.

최면요법가는 마리의 안내자에게 마리가 이런 문제를 겪게 된 이유를 물었다.

마리는 사랑에 대해서 선입견을 갖고 있어요. 그래서 그녀의 경험이 기대와 다르면 마음을 계속 열어두지 못하죠. 그녀는 스스로를 닫아버려서 사랑을 받아들이지 못합니다. 자신이 굳이 무언가를 애써 하지 않아도 사랑을 받을 자격이 있다는 걸 그녀는 이해하지 못하고 있어요. 사랑은 무언가를 하거나 자격이 있어서 얻는 게 아닙니다. 많은 사람들이 이런 오해를 품고 있지만요.
무조건적인 사랑은 있음을 안다는 느낌 같은 것입니다. 증명해야 할 것이나 행동이 아니에요. 사랑은 내적으로 인식할 수도 있고, 전혀 모를 수도 있어요. 사랑은 그냥 거기 사랑이 있다고 믿는 겁니다.

영혼들의 지혜

정서적으로 가까워지면, 사랑이 거기 있다고 믿는 게 쉬워지죠. 상대의 진심을 믿기 때문에 의심을 갖지 않게 됩니다. 신뢰를 쌓는 데 필요한 것은 진심과 정직입니다. 이것은 머리가 아닌 가슴에서 생겨나고요. 사랑은 생각하는 것이 아니라 느끼는 겁니다. 사랑을 하면 모든 행동이 진심에서 우러나오죠. 무엇이든 돌려받으리라는 기대 때문에 주는 것이 아니라, 가슴이 주라고 말하기 때문에 베풀게 됩니다.

상대에게 사랑의 증거를 바라는 것은 정말로 중요하지 않아요. 사실 증거를 바라는 마음은 관계에 방해만 됩니다. 사랑하는 이를 멀리 밀어버리죠. 마리는 사랑하는 사람들의 반응을 얻기 위해 애쓰고 있어요. 반응을 얻으면 자신이 사랑받고 있다고 생각하기 때문이죠.

최면요법가는 마리가 자주 아들에게 가서 무엇이 문제인지를 묻고 도와주겠다고 말하는 부분에 주목했다. 그때마다 그녀의 아들은 대체로 아무런 관심도 보이지 않고, 적대적인 태도로 이렇게 말했다.

"혼자 있게 내버려 두세요."

그러면 마리는 아들의 관심을 끌고 싶은 마음에 한바탕 야단법석을 피우거나 울거나 고함을 쳐서, 결국 아들을 짜증 나게 만들었다. 안내자는 이런 일이 벌어지는 이유를 다음과 같이 설명했다.

마리가 이런 행동을 하는 이유는 아들이 아닌 그녀 자신의 욕구 때문이에요. 관계에서 진실해지고 싶다면 마리는 이런 행동을 멈춰야 합니다. 그녀와 아들의 욕구가 모두 중요하다는 것을 알아야 해요. 이것은 다른 모든 관계에도 해당됩니다.

우리에게 가장 필요한 사랑은 우리가 자신에게 주는 사랑이에요. 마리는 이 점을 알아야 합니다. 스스로가 가장 가까운 친구가 되면, 마리는 더 이상 타인에게 의존하지 않을 겁니다. 자신의 욕구를 충족시키기 위해 타인을 조종하려고 애쓰지 않고, 그냥 존재 자체에 초점을 맞추게 될 거예요.

그러면 모든 사람이 완벽하고, 제대로 된 길을 가고 있음을 인정하게 돼요. 인간은 먼저 자기 자신을 인정해야 합니다. 타인에게 사랑과 보살핌을 받고 싶다는 바람에 타인을 의지하는 대신, 스스로를 먼저 사랑하고 보살펴야 한다는 의미죠.

마리가 자신을 인정하고 보살필 줄 알게 되면, 이런 인정과 보살핌을 타인에게까지 확장시킬 수 있어요. 타인이 어떤 상황에 있든, 어떤 선택을 하든 상관없어요. 이런 게 무조건적인 사랑입니다.

발렌티나는 자식이 어머니에게 느끼는 단절감처럼 우리가 사랑하는 사람에게 느끼는 단절감이 얼마나 깊은 고통을 유발하는지 이해하게 도와주었다. 마리의 사례는 우리에게 부모로서 자식과 어떤 식으로 연결되어야 하는지에 대해서 방향을 알려주었다. 두 사례 모두 사랑하는 사람과의 무조건적인 연결이 현생의 동력임을 일깨워 준다.

무조건적인 사랑이라는 선물

이 사례를 소개하기 위해 해야 할 말은 사실 하나도 없다. 이 사례의 교훈은 이야기 자체에 담겨 있기 때문이다.

49세의 켈리는 사생활과 직업, 영적인 삶의 지혜를 얻고 영적 인도를

받기 위해 LBL 세션을 받으러 왔다. 그녀는 고차원적인 자기와 강하게 연결되어 있는 사람이었다. 그녀의 최근 전생에서도 이런 점을 분명하게 확인할 수 있었다. 최근의 전생에서 그녀는 요셉이라는 아홉 살짜리 유대인 소년이었으며 2차 세계대전이 벌어지던 시기에 오스트리아에 살았다. 요셉과 다섯 살짜리 남동생은 나치가 들어오기 전까지 오스트리아에서 가족들과 행복하게 살았다. 그러나 나치의 등장으로 그들은 다정하던 부모님과 떨어져 강제수용소로 끌려갔다. 요셉은 강제수용소에서도 침착함을 잃지 않고 동생을 보살폈으며 다른 아이들을 위로하기도 했다. 반면 경비병들을 보면서는 아이들을 어쩌면 그토록 잔인하고 냉담하게 다룰 수 있는지 의아해했다.

우리는 대부분 두려움을 느끼고 있어요. 부모님을 다시는 못 보게 될까 봐 겁이 나요. 배고픔과 추위도 두렵고요. 담요와 외투 같은 것들도 전혀 없거든요. 거기다 경비병들은 끊임없이 고함을 질러대요. 그들은 우리가 어떤 상태인지 살피지도 않아요. 아니, 우리를 보지 않으려고 하죠. 하지만 저는 어떻게든 그들과 얼굴을 마주하려고 해요. 그들이 저를 봐주기를 바라니까요. 그들에게도 자식이 있을 거예요. 그런데 어떻게 이런 짓을 할 수 있는지 이해를 못 하겠어요. 그들은 가족을 가질 자격도 없어요! 아무도 우리에게 신경 쓰지 않아요. 제게는 엘렌이라는 여자 친구가 있는데, 그 애가 제게 말을 걸어줘요. 하지만 그 애가 언제나 위안이 되는 건 아니에요. 안 좋은 소식들만 전해주기 때문이죠. 엘렌이 그러는데, 우린 여기 오랫동안 머물지 않을 거래요. 곧 끝날 거랍니다.

요셉은 한 경비병을 보고 그가 속으로 불안해하고 있음을 알아차렸다.

경비병이 한 명 있어요. 그의 얼굴을 보니 자신이 맡은 일을 싫어하는 것 같아요. 틀림없어요. 저는 알 수 있어요. 그가 고함을 질러대는 건 이런 감정을 숨기기 위해서죠. 하지만 저는 그가 속으로는 자신의 임무를 좋아하지 않는다는 걸 알아요. 그는 우리에게 연민을 느끼고 있어요. 저는 그 사람 가까이에 서 있으려고 노력해요. 저를 보면서 그 사람은 자신의 아들을 떠올릴 거예요. 제 동생과 저는 늘 함께해요. 안 그래도 되는 때에도 언제나 손을 잡고 있어요. 동생을 따뜻하고 안전하게 지켜주기 위해서죠.

요셉은 그와 동생, 엘렌이 가스실로 끌려갔을 때 어떤 일이 벌어졌는지를 묘사했다.

결국 그들이 우리를 이동시켜요. 우리를 어떤 건물로 끌고 가요. 엘렌은 우리가 그곳에서 죽을 거래요. 그들은 그곳을 샤워실이라고 부르지만 사실은 아니에요. 독가스실이랍니다. 엘렌은 괜히 독가스랑 싸우려고 하지 말래요. 얼른 끝나게 그냥 숨을 들이쉬랍니다. 비명도 지르지 말래요. 우리가 내지르는 비명 소리를 듣고 싶지 않다나요. 저와 동생은 그러겠다고 약속했어요.
가스실 안으로 들어가자 사람들이 꽉 들어차 있어요. 다닥다닥 붙어 있지요. 어른들도 몇 명 함께 있어요. 그들이 어디서 왔는지는 잘 모르겠어요. 우리는 그냥 기다리고 있는데, 그 시간이 마치 영원 같아요. 이게

영혼들의 지혜

마지막이라는 걸 우리는 알고 있어요. 저는 빨리 끝나게 해달라고 하느님에게 기도해요. 그 순간 뿌옇게 가스가 나와요. 쏟아지는 물 같지만 아니에요. 저는 숨을 깊이 들이쉬고 하느님에게 물어요. 제 동생과 동시에 죽어서 하늘로 함께 올라갈 수 있냐고요. 반응이 아주 빠르게 나타났어요! 제 숨이 끊어지기도 전에 저는 몸 밖으로 나왔어요. 죽음으로 인한 고통이나 통증은 전혀 느껴지지 않아요.

최면요법가는 요셉에게 몸을 떠난 후 어떤 일이 벌어지는지 설명해달라고 했다.

저는 바닥에 누워 있어요. 벌거벗은 채로요. 주변 사람들도 모두 쓰러져요. 하지만 저는 다른 사람들에게는 신경 쓰지 않아요. 각자의 길이 있으니까요. 제 동생과 엘렌도 마찬가지고요. 그 순간 빛이 나타나요. 저는 그 빛 속으로 곧장 들어갑니다. 빛이 저를 감싸는 순간 즉시 기분이 좋아져요. 저는 경비병을 원망하지 않아요. 제가 마지막으로 느낀 감정은 두려움이 아니라 연민이었어요. 이제 저는 빛 속에 있어요. 아주 밝은 빛이고, 저는 그 안에서 평화를 느낍니다.

요셉은 삶과 삶 사이의 상태로 들어갔다. 그러자 천사 한 명이 요셉을 환영해 주었다. 요셉은 곧 영혼의 의식을 갖고 이처럼 짧고 힘든 삶을 살게 된 이유들을 통찰하게 되었다.

저의 지난 생은 너무 짧았어요. 오! 저는 오로지 그 경비병에게 연민을

가르쳐주기 위해서 짧은 생을 살았던 거예요. 강압이 있었겠지만 연민을 통해 그것마저 극복하길 바랐죠.

켈리는 요셉이 용감하고 할 일은 하는 사람이었다고 들었다. 최면요법가는 요셉의 삶의 목적에 대해 더 많은 정보를 요구했다.

저는 위안과 연민을 주고 싶었어요. 하지만 너무 무서웠어요. 모두가 공포에 질려 있었죠. 그렇지만 제가 두려워하지 않아야 사람들에게 위안이 될 거 같았어요. 그래서 저는 용기를 보여주었지요. 그들도 그렇게 할 수 있다는 걸 깨닫게요. 받아들이면 훨씬 쉬워지고, 그러면 그렇게 나쁘지만은 않게 되죠. 받아들인다는 것은 무슨 일이 일어나든 괜찮다는 것을 보여주는 거잖아요. 그리고 가스실로 가면서 저는 그 경비병의 얼굴을 살펴보았어요. 제가 죽으리라는 걸 저는 알고 있었고, 그 경비병은 후회하고 있었지요. 그는 우리를 따라서 가스실 안으로 들어가고 싶어 했어요. 그도 죽어버리고 싶어 했죠. 하지만 그는 속으로 이것이 자신이 받아야 할 벌이라고 생각했어요. 그러므로 그는 무슨 일을 하건 끝까지 그 벌을 견뎌낼 겁니다.
이제 보니 그는 현생의 제 아버지예요!

켈리는 이런 발견을 받아들이는 동안 잠시 멈춤의 시간을 가졌다. 요셉은 열심히 그 경비병과 교감했다. 경비병의 감정을 읽어보니 그의 공격성은 그저 힘을 가장한 무력감에 불과했다. 요셉은 또 아이들 개개인과도 연결돼서 엄청난 역경에도 굴하지 않는 평정심으로 그들을 차분

하게 진정시켜 주었다.

켈리는 자신의 아버지와 같은 영혼을 공유하고 있는 그 경비병과 여전히 연결되어 있었다. 켈리의 말에 따르면, 그녀의 아버지는 자식들을 훈육하는 일은 거부하고 그냥 친구처럼 재미있게 놀아주는 아버지가 되고 싶어 했다. 그리고 전쟁 영화는 결단코 어떤 것도 보지 않으려 했다.

켈리는 세션 중에 요셉의 삶 자체가 희생이었음을 발견했다. 그녀는 몇 번의 생애 전에 인간으로 태어나기를 끝낼 수도 있었다. 그런데도 그녀가 자원해서 인간으로 태어난 이유는 그 경비병과 동생, 아이들의 영적인 여행을 도와주기 위해서였다. 인간의 몸을 하고 있는 동안 켈리와 요셉은 자신들의 고차원적인 자기와 연결되어 있었다.

우리는 서로서로 일대일의 관계를 맺고 있는 것처럼, '고차원적인 자기'라고 부르는 '근원 에너지Source Energy'와도 개인적인 관계를 맺고 있다. 요셉은 신과의 이런 개인적인 연결을 느끼고 있었다. 이런 연결이 그에게 주는 평화는 중요한 것이었고, 그 덕분에 그는 타인에게 긍정적인 영향을 끼칠 수 있었다.

우리도 늘 이런 에너지와 연결되어 있다. 하지만 우리는 이런 연결을 부정하기도 한다. 수용소에 있던 아이들이나 경비병처럼 두려움이나 부정적인 마음이 들 때, 우리는 혼자이며 버려졌다고 느낀다. 단절의 상태에 있는 것이다. 그러나 요셉은 여전히 연결되어 있음을 느꼈다. 이로 인해 그는 자애로운 천상의 에너지를 전하는 매개자가 되어 강제수용소의 아이들을 차분하게 다독일 수 있었다.

얼마 후 켈리는 최면요법가에게 편지를 보내서 세션 도중과 이후에 어떤 통찰들을 얻었는지 이야기했다.

저는 우리가 어떻게 하나로 연결되어 있는지를 깨달았어요. 우리는 전체적으로 하나의 연못과 같다는 메시지를 받았어요. 이 연못에 돌멩이 하나를 던지면, 이 돌멩이가 건드리는 건 일부분이지만 돌멩이를 경험하는 건 연못 전체예요. 개개인의 영혼은 연못을 구성하는 물방울들과 같아요. 그리고 우리 모두가 함께 경험하는 것은 그 연못 전체가 경험하는 것과 같죠. 그 사건이 우리에게 직접적으로 영향을 미치지 않을 때도 그래요. 그러니 우리가 서로에게 하는 일은 우리 모두와 자신에게 하는 일과 같다고 할 수 있죠. 자신이 대접받고 싶은 대로 서로를 대하는 것이 아주 중요해요. 우리는 이렇게 모두 신의 사랑과 에너지로 연결되어 있어요. 전생퇴행을 통해 저는 모든 영혼이 개별적으로 존재하는 것처럼 보이지만 동시에 서로 완전히 연결되어 있음을 깨달았어요. 우리가 분리된 혼자라는 생각은 있을 수 없어요! 만약 그렇다면 우리는 존재하지 못할 겁니다.

이 장에서 살펴본 여러 사례들은 우리 영혼의 여정에 마음을 열어두는 것이 얼마나 중요한지를 보여준다. 키스와 채드의 이야기는 힘과 회복력을 키우는 것이 중요하다는 사실을 가르쳐준다. 그래야 머리가 아닌 가슴에서 우러나와 행동하고, 자신과 타인의 욕구 사이에서 균형을 잡을 수 있기 때문이다.

나타샤의 사례는 자신의 영혼 여정을 이해하면 용서에 이를 수 있음을 보여준다. 또 발렌티나의 사례는 타인과 연결감을 느끼는 것이 중요

하다는 사실을 가르쳐준다. 메리의 이야기는 어떤 트라우마든 양면을 모두 이해해야 치유 효과를 거둘 수 있고 연민에 이를 수 있음을 입증해 준다. 켈리는 요셉을 통해서 사랑의 에너지에 일대일로 연결되는 것이 효과적이며, 그래야 곤궁에 처한 타인의 마음도 편안하게 다독일 수 있음을 보여준다.

마음을 열고 타인과 관계를 맺으며 머리가 아닌 가슴으로 살면, 진정한 자기로 존재할 수 있다. 이렇게 진정한 자기로 존재하면 자연스럽게 타인을 돌볼 수도 있다. 어려운 환경에서도 마음의 평정을 유지할 수 있다. 또한 판단하는 대신 받아들이고, 주변 사람들에게 무조건적인 사랑을 표현할 수 있다. 우리의 가슴이 일러주기 때문에 자신이 무엇을 해야 하는지도 분명히 알게 된다. 그리고 자신에게 어떤 일이 벌어지든 궁극적으로는 최고의 선을 위한 것임을 알기 때문에 우주의 계획을 신뢰할 수 있다.

8
일과 경제의 균형

돈과 명예를 얻는 일은 삶의 길을 따라가는 데 장애가 될 수도 있고 도움이 될 수도 있다. 이 일에 시간과 관심을 너무 많이 기울이면 영적인 진보가 늦어질 수 있다. 영계의 고향에 있는 동안 우리가 세웠던 목표들을 저버리고 성공적인 커리어와 사회적 인정, 부를 창조하는 데 너무 많은 시간과 에너지를 쓰면, 이것이 도리어 우리에게 장애가 될 수 있다는 말이다. 또 자신의 일과 가족으로서의 의무 사이에서 올바른 균형을 찾기 어려울 수도 있다.

우리 중에는 무언가를 시작하는 데 어려움을 겪거나 삶에서 무엇을 해야 할지 확신하지 못하는 사람들도 있다. 돈은 필요악이나 우리가 정복할 수 없는 어떤 목표 같기도 하다. 함께 일하는 사람들과의 문제는 골칫거리가 되어 우리를 불행하게 만들 수도 있다. 혹은 돈이 부족하면 어쩌나 하는 두려움은 우리를 견디기 힘든 상황에 몰아넣거나 꿈을 따르지 못하게 만든다. 좋아하지 않는 직업 때문에 고심하거나 수입과 지

출의 균형을 맞추는 데 어려움이 있으면 영적인 성장에도 방해가 될 수 있다.

물론 이런 상황들이 다행히 우리에게 도움이 될 수도 있다. 영혼의 성장을 위한 멋진 환경을 제공해 주기 때문이다. 하지만 이것이 기회임을 알아차리는 것은 쉬운 일이 아니다. 이런 상황은 흔히 좌절이나 난관, 힘겨운 도전처럼 여겨지고 우리의 개인적인 발전과는 상관이 없는 것처럼 보인다. 심지어는 이런 투쟁이 영적인 성장에 방해가 되는 것처럼 보이기도 한다. 그러나 문제처럼 보이는 것도 사실은 삶의 중요한 목표들 가운데 하나를 성취하기에 적합한 환경일 수 있다. 다음의 사례들이 보여주듯, 이런 경험들 속에서 중요한 성장의 기회를 선물처럼 만날 수도 있다.

커리어와 가족

자신의 커리어와 가족으로서의 의무 사이에서 균형을 잡는 것은 누구에게나 쉽지 않은 문제다. 오늘날 같은 현대사회에서 특히 이것은 많은 여성들에게 어려운 문제가 아닐 수 없다. 자녀 양육 기간이 사회 초년의 경력을 쌓는 중요한 시기와 겹칠 수 있기 때문이다. 스테파니도 이런 경우에 속했다.

33세의 스테파니Stephanie는 치유사가 되는 데 필요한 교육을 받고 자격증과 성공적인 현장 경험도 갖고 있었다. 그녀는 경력을 발전시키는 데 관심이 많아서 다시 학교로 돌아가 박사학위를 취득할 생각도 하고 있었다. 그런데 33세에 학교로 돌아가면 아이를 갖는 데 차질이 생길까 봐 걱정이 됐다. 아이를 갖는 것도 그녀가 원하는 중요한 일이었다. 두

가지 일을 모두 해낼 수 있을까? 그녀는 좌절감을 느꼈으며 어떻게 해야 할지 확신이 안 섰다. 그래서 어떻게든 명료한 답을 얻기 위해 LBL 세션 일정을 잡았다.

세션 중에 스테파니는 영혼의 도서관으로 안내되었다. 거기서 그림책을 한 권 보게 되었는데, 그 책에는 아이를 잃거나 출산 중에 위험했던 경험을 한 생애들의 이미지가 담겨 있었다. 그녀는 1200년에 영국의 기사로 살았다. 그런데 이 생애에서 기사의 아내가 셋째 아이를 낳다가 죽고, 아기도 살아남지 못했다. 아내가 죽자 기사는 삶의 의욕을 잃고 남은 두 아이에게 갈수록 혹독하게 분노를 표출하기 시작했다. 아이들을 볼 때마다 그가 사랑했던 아내가 생각났기 때문이다. 그는 이 생에서는 계속 이처럼 괴롭게 살아가기로 마음먹고 행복한 상태로 옮겨가기를 거부했다.

스테파니가 본 것 중에 가장 의미심장한 생은 1800년대 중반에 미국에서 살았던 생이었다. 이 생애에서 그녀는 여성으로 태어났으며, 난산중에 영구적 손상을 입었다. 이로 인해 평생 신체적 고통을 안고 살았으며, 첫째 이후로는 더 이상 아이도 갖지 못했다.

삶에서 싫어하는 부분이 바로 이런 거예요. 저는 아픔이나 죽음, 두려움, 전쟁은 경험하고 싶지 않아요. 그런데 출산의 고통과 어려움에 비하면 이것들은 아무것도 아닙니다. 저는 여자로 존재하는 게 싫어요. 하지만 그래서 더더욱 출산을 해야만 해요. 출산은 제게 성장의 기회를 제공하니까요.

전생들에서 그녀는 출산으로 인한 죽음과 상처를 경험했다. 이로 인해 출산을 무의식적으로 두려워했다. 이런 두려움은 승진이나 가정을 꾸리는 것에 대한 양가적 감정으로 나타났다. 하지만 그녀의 영혼이 정말로 원하는 경험은 아이를 갖는 것이었다.

스테파니의 안내자는 출산을 둘러싼 두려움이 현생에서 그녀 때문에 생긴 것이 아니라 다른 전생에서부터 이어진 것임을 확인시켜 주었다. 그는 임신 가능성에 대해서 걱정할 필요가 없다는 점도 말해주었다. 이번 생에는 순탄할 것이며 그녀의 몸도 준비가 되어 있다고 했다. 당장은 아니지만 나중에 임신을 해서 맨디라는 딸을 출산할 것이라고도 했다. 그들은 전에도 여러 생을 함께했었다. 안내자는 다른 출산 장소를 생각해 보라는 조언도 해주었다. 병원의 에너지는 죽음과 질병, 세균들에 영향을 받고 있기 때문이다.

스테파니는 이제 자신이 올바른 길을 가고 있지만 더욱 많이 연결되고 더욱 많이 느낄 필요가 있음을 확신하게 되었다. 그녀는 걱정하지 말라는 말도 들었다. 결국에는 학교로 돌아가 박사학위를 취득할 것이기 때문이다.

예전에는 학교로 돌아가기 적절한 때가 아니었어요. 상황이 가로막는 건 아직 적절한 때가 아니기 때문이죠. 장애물들이 있는 이유는 멈춰서서 인내심을 배워야 하기 때문이에요.

스테파니는 그녀와 남편 게리가 전에도 생을 함께한 적이 있으며, 현생에서 그녀에게 맞춤한 사람이라는 점을 발견했다. 둘이 함께했던 지

난 생에서 그는 아이가 생기기도 전에 생을 마감했다. 하지만 지금은 아버지 역할을 할 준비가 되어 있었다.

몇 년이 지난 후 최면요법가는 LBL 세션을 경험한 후로 스테파니에게 어떤 일이 생겼는지를 추가로 확인하기 위해서 그녀에게 연락을 했다. 스테파니는 주저하다가 예상과 달리 아직 아이를 갖지 못했다고 보고했다. 그녀는 처음 세션을 받을 즈음 결혼을 했는데, 당시에는 아기를 가질 준비가 안 되어 있었다고 했다. 우선은 신혼을 즐기고 싶어서였다.

세션에서 여러 가지 정보들을 얻은 후에도 스테파니는 계속 학업 때문에 바빴으며, 강아지도 여러 마리 입양했다. 그녀는 솔직히 인정했다. 이것은 어머니가 됐을 때 일어날 것 같은 삶의 변화에 아직 준비가 안 되어서 주의를 다른 곳으로 돌리기 위한 것이었다. 그녀는 또 박사 학위를 취득하기 위해 학교로 돌아가려는 시도도 다시 했다. 그러나 이 시도도 좌절되고 말았다. 강아지 한 마리가 병에 걸려서 수술에 엄청난 비용을 들여야 했기 때문이다.

스테파니가 보고한 바에 따르면, 그녀와 남편은 어느 순간 아이를 입양하려 했다. 그런데 막판에 친모가 마음을 바꾸면서 입양 계획이 무산되고 말았다. 스테파니는 이런 상황을 더욱 잘 이해하기 위해 추가 LBL 세션을 받기로 결심했다.

추가 세션을 통해 스테파니는 선택과 자유의지에 대한 가르침을 위해 자신에게 이런 상황이 주어진 것임을 깨달았다. 안내자들은 우리에게 정보를 제공하고 상담도 해준다. 하지만 우리에게는 그 조언을 따르거나 거부할 자유가 있다.

스테파니는 출산으로 인한 고통을 경험하고 싶지 않다고 고백했다. 그녀 자신이 장애물이었던 것이다. 그녀는 안내자로부터 장애물을 제거하려면 출산을 해야 한다는 말을 들었다. 하지만 그녀는 자신이 아기를 가질 준비가 되어 있는지 여전히 확신이 서지 않았다. 그러면서도 그녀와 남편 모두 아기를 진심으로 원했다. 그녀는 또 현재 자신에게 행복과 관용, 무조건적인 사랑을 제공하는 것이 강아지들의 역할임을 발견했다. 강아지들이 그녀의 가슴에 난 틈을 메워주는 플레이스 홀더 placeholder의 역할을 해준 것이다.

스테파니는 1800년대에 살았던 전생을 보았다. 이 전생에서 그녀는 다시 난산을 겪어서 아이를 한 명밖에 낳을 수 없었다. 하지만 그녀는 이후로 과학과 의술이 엄청나게 발전했으므로 임신을 해도 자신과 아기 모두 무사하리라는 점을 되새겼다. 그녀는 또 출산을 더욱 간절히 소망하지 않으면 너무 늦어버릴지도 모른다는 경고를 들었고 이 모든 조언을 받아들여야 한다는 압박감을 느꼈다. 더불어 삶의 임무를 아직 완수하지 못했다는 패배감도 맛보았다.

스테파니의 안내자는 그녀에게 커다란 스위치를 보여주면서 그것을 끌어당기는 것은 그녀 자신에게 달렸다고 말했다. 그것을 끌어당기면 그녀는 맨디의 어머니가 되려는 계획들을 밀고 나가게 될 것이다. 스테파니는 잠시 멈춰서 이런 상황과 결과들을 모든 각도에서 깊이 생각해 보았다. 순조롭게 아기를 가질 준비가 되어 있는지 여전히 확신이 서지는 않았지만, 스테파니는 드디어 마음을 먹고 스위치를 당겼다. 그러자 맨디가 나타나 박수를 치며 깔깔 웃었다.

안내자들의 설명에 따르면, 배워야 할 가르침이 언제나 있답니다. 모든 가르침이 특별하고요. 또 실수처럼 보이는 일에서도 배움을 얻을 수 있대요. 인간이 머리로 상상하는 것보다 훨씬 많은 가르침들이 있지만, 영혼은 그 모든 것을 이해할 수 있어요. 그저 그 영혼의 이해, 영혼의 인식을 순순히 받아들이기만 하면 되죠.

선택과 자유의지도 그럴 때 작용해요. 자유의지는 까다로운 거예요. 자유의지를 갖는 건 곡예사가 줄을 타는 것과 같아요. 스테파니는 그녀 마음대로 결정하고 임신 대신 다른 관심사를 추구하는 경험을 했어요. 그러나 시기를 선택하다 보면 난관에 봉착할 수 있어요. 일정한 나이가 지나면 그녀는 임신을 할 수가 없으니까요. 그녀는 이미 그런 나이에 근접해 있지요.

스테파니는 세션에서 얻은 통찰 덕분에 이제 임신을 추진할 준비가 됐다. 그녀는 미래에 대한 설렘을 안고 세션장을 떠났다.

꿈 대신에 선택한 돈

마이크Mike는 43세의 이혼남이었다. 전문적인 건축 감독관 일을 하면서 여덟 살짜리 아들과 살고 있었다. 그는 키가 크고 잘생겼으며, 신체적으로도 건강해서 근육도 잘 발달하고 차림새도 말쑥했다. 지금은 일을 위해 한시적으로 집을 떠나 있었다. 돈이 필요하다고 느꼈기 때문이다. 하지만 그는 지금 하고 있는 일을 좋아하지 않았으며, 그냥 경제적으로 불가피한 것으로만 여겼다.

자연히 그는 일로 스트레스를 받았으며, 아들과 멀리 떨어져 지내는

것에 죄책감을 느꼈다. 게다가 보통은 식단과 운동요법을 엄격하게 지키는 편이었는데, 지금은 둘을 지속하기가 힘들었다. 장시간 일하는 데다가 임시적인 상황에서 일하고 있었기 때문이다. 그는 사실 더 창조적인 일을 하고 싶었다. 공사 현장에서 가깝지 않은 곳이라면 더 좋을 것 같았다. 하지만 자녀 양육비를 포함한 여러 경제적 의무를 안고 있는 상황에서는 그렇게 할 방법을 찾을 수 없었다. 어쨌든 그는 지난 몇 년 사이에 영적인 부분에 많은 관심을 갖게 되었으며, 그의 삶의 길과 현재의 상황에 대해 더욱 많이 알고 싶어졌다.

LBL 세션 중에 그는 컴퓨터 앞에 앉아 있는 현재의 그의 모습을 보고 다음과 같이 말했다.

지금보다 더 편안한 분위기에서 일을 하고 싶어요. 저 자신을 위해 일하는 것, 이게 저의 열망입니다.

그러자 그의 안내자가 다음과 같은 정보를 주었다.

그냥 긴장을 푸세요. 일을 일어나는 그대로 맡겨두고 마음에 담아두지 마세요. 그러면 불편한 상황도 더 편안히 받아들이게 됩니다. 다음에 이직을 할 때도 어느 정도 스트레스가 있을 수 있어요. 과일 같은 음식물이 필요해요. 당신이 되고 싶은 사람에게 어울리는 식습관을 따라야 합니다. 생과일과 야채, 생선을 즐기고 더 적게 먹을 필요가 있어요. 생명력을 높이는 음식들을 먹고 집중력을 방해하는 것들을 제거해야 해요. 집중해서 '아이 같은 순수한 에너지'를 되찾아야 해요. 거기에 어른

같은 지혜를 보태서 일을 놀이로 만들어야 합니다.

다음으로 그는 열여섯 살 당시 자신의 모습을 보았다. 보잘것없고 나약하고 수줍음 많으며 온순한 10대 청소년인 그는 왕따를 당하고 있었다. 당시에 비하면 지금의 그는 훨씬 튼튼하고 강한 모습을 하고 있었다. 몸매 때문에 걱정할 필요도 없었다. 지금은 여성들과도 훨씬 잘 지냈으며, 여성에게 이성적으로 다가가는 문제로 고민하지 않아도 되었다. 하지만 그는 너무 진지해서 마음을 약간 가볍게 먹을 필요가 있었다. 그리고 가끔 디저트를 먹어도 좋다는 말을 들었다.

이후 그는 여덟 살 때의 한 장면을 보았다. 현재 그의 아들과 같은 나이였다. 그의 아버지는 그가 현생의 아들에게 관심을 주는 것보다 그에게 훨씬 많은 관심을 주고 있었다. 그 모습을 보니 그 자신도 아버지 노릇을 더 잘할 수 있겠다는 생각이 들었다. 그는 고차원적인 자기를 통해 하나의 영혼으로서 다음과 같이 말했다.

아들과 함께 더 많은 것을 하고, 아들에게 더 온전히 관심을 쏟아야겠어요. 골칫거리들은 놓아버리고, 더 예술적이고 창조적인 일을 할 겁니다. 논리적인 좌뇌와 창조적인 우뇌의 균형을 맞추려고 노력할 거예요.

다시 장면이 바뀌었다. 그는 보랏빛 구름 속에서 황금빛의 아름다운 탑을 올려다보고 있었다.

여기는 정말 따뜻하고 아름다워요. 지금 저는 약간 다른 상태 같아요.

낯설고 푸르스름한 빛을 띠고 있어요. 다른 영혼들의 역동적인 존재감이 느껴져요. 오, 저는 제 영혼 그룹을 만나고 있어요! 그들이 제게 이렇게 말해요.

"넌 안전해. 우리가 널 보살펴주고 있어. 지금 하는 일을 그만둬도 모든 게 괜찮을 거야. 너도 알다시피, 과거에 걱정이 많았을 때도 넌 언제나 잘 이겨냈어. 그건 너의 선택이야. 이번에도 네게 달려 있어. 이번 생에서 너의 목적은 네가 알고 배운 것들을 토대로 사람들을 인도하고 치유해 주는 거야."

제 영혼 그룹의 말에 따르면 저는 이제 행동을 해야 해요. 두려움이나 자부심 결여처럼 제 스스로 만들어낸 방해물들을 밀어내야 하죠. 두려움이 느껴져도 밀어내고 어떻게든 앞으로 나아가야 해요.

마이크는 돌아가신 할아버지도 그의 영혼 그룹의 일원임을 발견했다. 거기에는 그의 할머니도 있었다. 그리고 그의 안내자 이름이 막시무스라는 것도 알게 됐다. 막시무스로부터 들은 바에 따르면, 그는 내면의 확장을 경험하고 있었다. 현재 일하고 있는 곳과 같은 혹독한 환경에서도 빛의 일꾼다운 에너지 공간을 유지하는 법을 배우는 중인 것이다. 이런 배움을 통해 그는 다른 사람들이 무엇을 겪고 있는지 더욱 잘 이해하게 되고, 긍정적이고 힘을 북돋아 주는 존재가 될 것이다. 그는 힘든 환경에서도 빛의 일꾼이 되기를 원했으며, 추가적으로 다음과 같은 지침을 얻었다.

일 때문에 너무 걱정하지 마세요. 사적으로 사람들과 유대 관계를 맺고

현재에 머무세요. 사람들이 있으면 만나고 그들에게 영감을 주는 사람이 되세요. 이것들이 바로 지금 배워야 하는 것입니다. 이런 가르침들도 계획의 일부예요.

마이크는 아들과 떨어져 지내는 게 문제임을 깨달았다. 그는 거기 있는 장벽들을 돌파할 준비가 되었다는 느낌이 들었다.

이 장벽들은 제가 원한 것이 아니에요. 이건 제가 원하는 일을 하라는 모닝콜과 같아요.

그의 안내자가 더 자세히 조언을 해주었다.

에너지를 집중해서 앞으로 나아가되 억지로 밀고 나가지는 말아야 합니다. 혼자 일하는 게 긍정적인 것처럼 느껴지겠지만, 이제는 안전지대에서 나와 사람들을 만나야 해요. 당신의 동료를 찾아야 하니까요. 이건 이미 계획되어 있는 일입니다. 당신은 사람들과 연결될 방법을 찾아야 해요. 더 이상 완벽주의자가 되려고 하지 말고요! 마이크, 당신은 할 수 있어요!

마이크는 현재 자신이 데이트를 하고 있는 여자가 그에게 안전지대에서 나올 방법을 제시해 줄 거라고 생각했다. 그는 밖으로 나가 그녀와 어울리고 새로운 사람들을 만날 수도 있었다.

다음으로 그는 젭이라는 이름의 북유럽 남성으로 살았던 전생으로

이동했다. 젭이 바다를 가리켰다. 젭에게는 두려운 기색이 전혀 없었다. 그저 밖으로 나가 미지의 세계를 탐험하고 싶을 뿐이었다. 젭이 그에게 말했다.

두려울 수도 있어요. 하지만 바다로 나가면 더없는 행복이 느껴질 겁니다. 환상적이죠!

젭은 치유의 방향으로 움직이라고 말했다.

그냥 시작하세요. 어디로 가고 있는지 알아야 할 필요는 없습니다. 그냥 탐험하세요.

젭은 평범한 삶을 사느니 모험을 떠나겠다고 그에게 말했다. 그리고 그런 전생과 연결되어 보라고 했다.

최면요법가는 마이크의 안내자에게 마이크가 모험심을 잃어버린 때가 언제인지 물었다. 그의 안내자는 다음과 같이 대답했다.

이번 생에서는 몇 가지 조심해야 할 것이 있습니다. 그의 할머니는 대단히 검소했어요. 그녀에게는 돈이 전부였어요. 이로 인해 마이크는 돈을 벌어야 한다는 마음을 키우게 됐어요. 돈이 있을 때 드는 든든한 마음이 모험심보다 더 중요해졌죠. 거기다 그는 완벽한 몸매를 얻으려고 노력하기 시작했어요. 바람직한 체격을 유지하기 위해 몸에 좋은 음식을 먹고, 비타민도 섭취하고, 자신이 먹을 음식을 요리하고, 정기적으

로 체육관에도 갔죠. 학창 시절에 뼈만 앙상해서 왕따를 당한 탓에 몸매와 건강을 걱정하게 됐기 때문입니다. 그 당시는 여자아이들도 그에게 별로 관심이 없었어요. 그래서 그는 자신의 몸매와 여성들을 끌어당기는 매력에 대한 걱정을 없애야 했습니다. 이런 의심이 그의 마음을 통제하니까요. 그는 이런 의심을 모두 내려놓아야 하지만 그러지를 못해요. 생각에서 벗어나 마음속으로 들어가야 해요.

마이크는 피라미드를 보고 그 에너지 속으로 발을 들여놓았다. 피라미드는 하늘을 향한 채로 대지로부터 에너지를 끌어들이고 있었다. 마이크에게 하나의 이미지가 보였다.

나의 현실은 내가 어떻게 마음먹느냐에 따라 달라지죠.

마이크는 훨씬 차분해진 상태로 세션장을 떠나면서 자신이 배운 모든 것들을 얼마간 되돌아봐야겠다고 말했다. 몇 주 후 그는 오랜만에 기분이 좋아졌다고 보고했다. 그는 직장을 그만뒀으며, 집으로 돌아가 아들과 시간을 보내고 직업을 바꿔볼 계획이라고 했다.

돈으로 인한 고통

57세의 일리노어 이야기는 6장에서 이미 접했을 것이다. 일리노어는 부동산과 경제적 문제로 인한 과거의 어려움을 포함해서 여러 가지 이유로 LBL 세션을 받으러 왔다. 세션을 받으러 오기 몇 년 전, 일리노어는 건물을 열두 채나 소유하고 있었다. 건물의 대부분은 임대를 하고,

몇 채는 개발이나 개축을 하고 있었다. 그녀는 현금을 100만 달러 가까이 보유하고 있었으며, 적지 않은 가격의 부동산들도 갖고 있었다.

일리노어는 자신감 있는 투자자로서 스스로의 사업 능력과 직관을 신뢰했다. 그런데 어떤 경고도 없이 그녀가 갖고 있던 부동산들의 가치가 크게 하락했다. 그녀의 잘못은 아니었다. 얼마 전 은행이 부동산의 가치를 과대평가했다면서 부동산 감정평가사를 고소한 일이 있었다. 이 소식이 다른 부동산 감정평가사들에게 신속하게 퍼져나가자, 그들은 잽싸게 자신들의 감정평가를 재검토했다. 이로 인해 일리노어의 재산에서 수백만 달러의 부동산 가치가 사라져 버렸다.

별안간 일리노어의 많은 부동산들의 순수가치가 떨어졌다. 설상가상으로 일리노어의 재무 담당자는 그녀의 부동산들이 더 공정하게 평가될 필요가 있다고 보았다. 이로 인해 일리노어의 현금은 곧 바닥이 났다. 결국 그녀는 부동산을 매각할 수밖에 없었다. 매입가보다 더 낮은 가격으로 파는 경우도 많았다. 이렇게 해서 파산은 면했지만 그녀에게는 아무것도 남지 않게 되었다. 힘들게 꾸려나가기는 했지만, 이후로 그녀의 재정 상황은 크게 나아지지 않았다.

LBL 세션 중에 그녀는 자신에게 전생에서부터 이어진 죄가 있음을 발견했다. 하지만 이 죄가 경제적 손실의 주된 원인은 아니었다. 부동산을 잃었을 때 그녀는 루이라는 멋진 남자를 만나고 있었고, 결국 이 남자와 결혼했다. 루이는 남성적 에너지와 여성적 에너지가 훌륭하게 균형을 이루고 있었다. 또한 유머 감각, 섬세하고 낭만적인 성품 등 바람직한 특징들이 많았다. 일리노어는 번쩍이는 갑옷을 입은 기사처럼 루이가 자신을 지지해 준다고 했다.

그러나 루이에게는 한 가지 주요한 결함이 있었다. 경제적 불안정에 대한 두려움을 내면에 간직하고 있었던 것이다. 세션을 받기 전 일리노어는 가난을 두려워하는 그의 잠재의식이 그녀에게 영향을 미치는지 궁금했다. 그와 사귀고 불과 몇 년도 안 되었을 때 자신이 경제적 안정을 거의 상실했기 때문이다.

LBL 세션 중에 그녀의 다정한 안내자가 등장했다. 최면요법가는 안내자에게 그녀의 부동산 손실 문제를 물었다.

당신은 사랑 때문에 당신의 에너지 레벨을 낮추기로 선택했어요. 그건 선택이었어요. 당신은 루이에게서 벗어날 수도 있었지만 그러지 않았어요.

최면요법가는 안내자의 말을 정리하고, 일리노어가 루이와 함께 지내면서 경제적 안정을 지킬 방법은 없었는지 물었다.

없었습니다. 재산을 지키기 위해 그를 변화시키는 건 가능하지 않았어요. 일리노어는 루이와 함께 지내기 위해 그의 진동에 자신을 맞추어야 했습니다. 그녀는 그렇게 하기를 선택했고, 서서히 루이가 진동을 상승시키도록 돕고 있어요. 일리노어가 재산을 잃어버리기 전에도 루이는 자신이 무엇을 할 수 있는지 약간의 경험을 했어요. 그 덕분에 그는 지금 자신의 진동을 높이고 있어요. 일리노어는 루이를 떠날 수도 있었지만 곁에 머물기로 선택했어요. 그를 돕고 싶었기 때문이죠.

최면요법가는 루이를 돕기 위해 일리노어가 할 수 있는 일이 더 있는지 물었다.

신뢰하는 거요. 루이는 잠을 잘 때든 꿈을 꿀 때든 그가 필요로 하는 도움을 받고 있어요. 시간이 지나면 그는 재정을 위한 진동을 높일 수 있을 겁니다. 일리노어가 할 수 있는 것은 신뢰하는 것뿐이에요. 그러면 다시 경제적 안정을 누리게 될 겁니다. 모든 일, 모든 역경에는 목적이 있어요. 자신의 여정이 틀리지 않다는 것을 알고 두려움을 털어버려야 합니다. 그리고 그냥 신뢰하세요.

우리는 일리노어의 사례를 통해 화합할 수 있는 연애 관계를 창조하려면 서로의 진동을 맞추어야 한다는 것을 배웠다. 일리노어의 영혼은 루이의 두려움이 그녀의 경제적 성공에 영향을 미치리라는 것을 알고 있었다. 그럼에도 그녀는 어떻게 해서든 그와 함께하기를 선택했다. 그가 경제적 두려움에서 벗어나도록 돕기로 마음먹은 것이다. 그 덕분에 재정에 관한 그들의 진동은 조정되기 시작했다. 이제 일리노어가 해야 할 일은 신뢰하는 것뿐이다.

자신의 잠재력에 부응하지 못할 때

에린Erin은 33세의 기혼녀이며, 어린 자식이 둘 있었다. 20대에 그녀는 대학원 과정에 등록한 사람들 가운데서 가장 똑똑하고 성실한 학생으로 인정받았다. 그런데 지금은 그녀가 지닌 생태학적 지식과 분석 기술을 활용해서 지구를 살리는 일에 일조해야 한다는 압박감을 자신은

물론이고 주변 사람들로부터도 심하게 느끼고 있었다. 이런 심한 압박감과 학문적 삶의 여러 측면들은 그녀에게 그다지 좋은 영향을 미치지 못했다. 실패했다는 기분과 기술을 충분히 개발하지 못했다는 생각이 집요하게 그녀를 괴롭혔다. 또한 심신을 황폐하게 만드는 상처는 젊은 엄마로서 일상의 기본적인 책무를 해낼 수 있는 능력에도 상당한 영향을 미쳤다. 자연히 그녀는 LBL 세션에 관심을 갖게 되었다. 자신의 삶의 목적을 이해하고, 이런 상처로 인한 고통의 의미가 무엇인지도 알고 싶었기 때문이다.

세션 중에 에린은 어느 전생을 방문했다. 이 전생에서 그녀는 지도자로서 환경을 보호하고 사회의 화합을 유지하는 데 앞장서서 일했다. 나중에 평의회를 방문했을 때 에린은 왜 그녀가 상처를 입고 고통을 경험하게 되었는지 물었다. 에린은 평의회 의원들이 준 정보에 대해 이렇게 이야기했다.

그들은 이 상처와 고통이라는 해결책을 찾아낸 것에 아주 만족해하고 있었어요. 하나의 영혼으로서 저는 이미 지도자가 되어 대대적인 변화를 만들어내는 경험을 했어요. 지구와 인류의 문화를 위해 깊이 공명하는 힘을 키워주었죠. 전생들에서 저는 지도자로서 지구를 보호하고 문화의 연결과 결합을 창조하는 일을 했어요. 하지만 신체 지능과 느린 삶의 속도, 내면의 조율을 탐구하는 일은 아직 해보지 않았어요. 제한적인 이동성은 이런 점들을 배울 기회를 많이 제공해 주고 있어요. 그들은 제가 억지로라도 내면으로 더욱 들어가 보길 바랍니다.

에린은 평의회 의원들에게 물었다.

일을 바로잡는 데 저의 지식을 사용할 수는 없나요? 저는 학교에서 많은 것을 공부했어요. 그것을 어떻게든 활용할 수 있지 않을까요?

그러자 평의회 의원이 대답했다.

당신이 얼마나 혼란스러워하는지 우리도 알아요. 당신의 말이 틀린 것도 아니지만, 당신이 이 지구에서 배워야 할 것은 그게 아닙니다. 전생에서 당신은 책임감이 컸어요. 그래서 현생에서도 그 비슷하게 책임 있는 역할을 해야 하지 않을까 생각할 수 있지요. 하지만 그렇지 않습니다! 당신이 처한 문제들은 당신을 멈추기 위한, 당신으로 하여금 그런 책임 있는 역할을 못하게 하기 위한 일종의 단속책 같은 거예요. 이런 단속은 좋은 겁니다. 당신의 에너지가 아니라 당신의 몸을 단속하는 거죠. 당신의 내적인 자원을 계발하면서 얼마나 많이 진보할 수 있을지 한번 생각해 보세요.

에린이 다시 물었다.

제가 할 수 있는 일이 없다는 것을 제 마음으로는 알고 있는 거 같아요. 하지만 도움을 주고 싶어 하는 것이 잘못된 일은 아니잖아요.

에린은 평의회 의원의 대답을 옮겨주었다.

그들이 말하길, 음, 어느 면에서 그건 틀린 생각이래요! 그러면서 웃으며 말해요. "어떤 구체적인 방식으로 세계를 바로잡는 건 당신의 일이 아닙니다. 당신에게는 여기서 그렇게 할 수 있는 힘이 없어요. 당신은 여기서 결정자가 아닙니다."

에린은 이 말을 깊이 생각해 본 후 이렇게 대답했다.

하지만 과거에 정말로 수용적이던 때가 있었어요. 제가 좋은 것들을 받아들일 때는 그렇게 하기가 쉬웠죠. 그리고 더욱 폭넓은 차원의 선한 것을 받아들인 후에는 실용적으로 적극 실행할 수 있었어요. 하지만 지금은 그 반대로 해야 합니다. 주변의 혼돈을 모두 수용하려는 태도를 갖지 말고, 사실상 아주 일부만 받아들이고 움직여야 해요. 결합과 연결의 기억들을 이용해서 안 좋은 것들은 정말로 걸러내야 해요. 그리고 감사할 것들을 기억해야 해요. 좋은 것들을 찾아낸 후 정말로 감사하는 마음을 갖고 그것들에 초점을 맞춰야 합니다. 좋은 것에만 선별적으로 주의를 기울이고 안 좋은 것들은 무시할 줄 알아야 해요.

최면요법가는 에린이 인간의 몸으로 태어나기 전에 이런 점을 알고 있었는지 평의회 의원에게 물었다. 그러자 평의회 의원이 대답했다.

아닙니다. 우리는 일부러 그녀에게 이 점을 숨겼어요. 그렇게 하는 게 더 나으니까요.

영혼들의 지혜

에린은 평의회 의원의 대답에 이렇게 반응했다.

음, 제가 혼란스러웠던 게 놀랄 일도 아니군요! 이런 기억들도 갖고 있고, 우리가 어디서부터 궤도를 벗어났는지도 알고 있으니까요. 지금은 돌이킬 수도 없어요. 사람들은 그것을 언급하길 그만두고 장막을 세웠어요. 지구가 완전히 사라질지 어떨지는 저도 모르겠어요. 하지만 기차는 선로를 벗어나 굴러떨어지고 있어요. 앞으로 벌어질 일을 멈출 수 있는 사람은 아무도 없고요. 그런데도 저는 이 문제를 더 이상 생각하면 안 되었어요. 그래도 저는 볼 수 있어요. 지구에 대해 잘 알죠. 무슨 일이 벌어지고 있는지 그들이 보여주지 않아도 돼요. 지금 여기 살고 있고, 무슨 일이 벌어지고 있는지 지켜보고 있어요. 저는 제가 무슨 일을 할 수 있을지 생각해 왔어요. 그리고 그들은 지금 제게 많은 연민을 불러일으키고 있어요. 물론 그건 저를 힘들게 하죠. 제가 돕고 싶어 하는 건 아주 자연스러운 일이에요.

제가 지금 하는 일은 순전히 저와 관련된 것이에요. 저의 에너지, 제 주변에 관한 거죠. 지금 다른 것에 대해서는 제게 책임이 거의 없어요. 이런 생각은 아무것도 아닌 것처럼 보이지만, 대단히 강력하기도 해요. 쉬워 보이지만 정말로 실행해야 할 때는 어려워요. 책임을 놓아버려라! 책임이 전혀 없다! 이건 제게 새로운 가르침으로 다가옵니다. 어떤 것도 책임지려 하지 않는 것, 제 마음속에 있는 이 작은 프로젝트를 수행해야 해요.

최면요법가는 젊은 엄마로서의 장애가 에린에게는 '약'이 된다는 말

을 하기가 힘들 거라고 생각했다. 그러다가 에린이 이 정보가 옳다는 것을 담담히 받아들이는 것을 보고 깜짝 놀랐다. 에린은 내면의 여정을 받아들였으며, 무언가를 해야 한다는 과거의 생각에서 자유로워진 느낌이 든다고 보고했다. 그녀의 가족들이 이런 점을 늘 이해하는 건 아니지만, 그녀는 더욱 평화롭고 강해졌다.

이 사례는 좀 특별하다. 우리는 흔히 타인이 인정하는 외적인 성취를 가장 중요하게 여기기 때문이다. 그러나 여기에 나오는 이 영혼에게는 내면의 성장과 정제된 감성이 더 나은 성취로 이어졌다.

타인을 빛내주는 인생

데이비드David는 성인이 된 자식들을 둔 71세의 기혼남이었다. 그런 그가 마이클 뉴턴 박사의 책들을 읽고 LBL 세션을 받으러 왔다. 그는 성공한 음악가로 여러 명의 유명한 록 예술가들과 공연도 했다. 하지만 데이비드가 주요 역할을 하지는 않았다. 대개의 경우 그는 주인공으로 나서기보다 뒷받침해 주는 일을 했다. 물론 그는 타인을 지지하고 돋보이게 해주는 일이 행복하기도 했다. 하지만 보이지 않는 곳에서 뒷받침해 주는 일만 하다 보니 왜 자신은 더 돋보일 수 없는 건지, 왜 자아를 더 만족시키는 위치에 있을 수 없는 건지 의문이 들었다. 그래서 훌륭한 삶을 살고 있었음에도 불구하고, 다른 많은 사람들처럼 삶에 대한 해답을 찾으러 세션에 참석했다.

그의 전생을 살펴보니, 그는 성미가 불같고 독단적인 가톨릭 사제로 살았던 적이 있었다. 이 브루노라는 이름의 사제는 사람들에게 회개하고 신을 숭배하라고 촉구했으며, 그렇게 하지 않으면 화를 입을 것이라

고 가르쳤다. 브루노의 생은 가톨릭 사제로 살았던 다섯 번의 연이은 생에서 마지막의 생이었다. 이 전생들 모두 공격적인 행위들로 점철되어 있었다. 브루노의 생이 끝날 즈음 젊고 아름다운 모습의 고차원적인 영혼이 그와 이야기를 나누었다. 그녀는 불같은 태도가 무의미하다는 점을 지적하고 그에게 할 일이 끝났음을 일깨워 주었다. 이제는 가야 할 시간이었다.

브루노가 죽은 후 그의 영혼은 독일의 늠름한 복엽비행기 조종사로 짧은 삶을 살아보기로 선택했다. 이 생에서 그는 다분히 물질주의적이고 자신의 만족과 즐거움을 좇는 삶을 살았다. 사람들은 그에게 알랑거렸고, 엄청난 포상과 쾌락이 주어졌다.

전쟁이 시작되기 직전, 그는 브루노로 살았을 때 만났던 고차원적인 영혼을 다시 만났다. 하지만 이번에 그 영혼은 영국인 귀족 여성의 모습을 하고 있었다. 그는 그녀의 눈을 들여다보면서 자신을 성찰했으며, 영혼의 소명을 자각했다. 이제는 쾌락주의를 버리고, 시간을 낭비하는 짓도 멈추어야 할 때였다. 그리고 얼마 후 그는 프랑스 상공에서 맹렬한 전투기 공중전을 벌이다가, 빗발치는 총탄에 피격되어 숨을 거두었다.

이후 영계로 돌아간 그는 그의 안내자와 연결되었다. 안내자가 다음과 같이 물었다.

좋아요. 이 삶에서 빠져나왔으니, 이제 작업을 해도 될까요?

데이비드는 안내자와 자신의 관계가 최근의 생애들에서 변화해 오고 있음을 발견했다. 지금 그는 안내자라기보다 멘토에 가까웠다. 안내

자는 데이비드가 결승선에 거의 다 왔으며 윤회의 굴레에서 벗어날 때가 됐다고 말했다. 작은 에고, 작은 '나'를 버리고 우주적인 '나'로 확장돼서 자기 자신을 인도해야 할 때가 되었다는 말이다. 그러면서 안내자는 이를 위해 필요한 것은 '믿음의 도약'뿐이며 데이비드는 이제 준비가 되었다고 했다.

다음으로 그는 언뜻 보기에 원로들의 평의회 같은 곳을 방문했다. 알고 봤더니 그도 이 평의회의 일원이었다. 아홉 명의 평의회 의원 전원이 비슷한 진보랏빛 예복을 입고 있었다. 그들은 모두 진화된 존재들이었으며, 그 역시 데이비드의 삶에서 특별한 진화의 기회를 갖고 있었다.

모든 의원들이 데이비드에게 다정하게 대했다. 하지만 데이비드는 그들이 자신에게 조급한 마음을 갖고 있는 게 느껴졌다. 데이비드가 윤회의 필요성을 뛰어넘어 진화 상태에 아주 가까워졌다는 걸 그들이 알았기 때문이다. 원로들을 만난 후 데이비드는 이제 그에게 방해가 되는 것이 에고와 물질에 대한 집착뿐임을 깨달았다. 또한 지금 정진하지 않으면 데이비드로 사는 생에서 얻은 기회를 다음 생에서는 이용할 수 없으리라는 것도 알았다.

과거에 데이비드는 그의 안내자와 생을 함께 경험한 적이 있었다. 현생보다 여섯 번이나 앞선 전생에서 둘은 모두 예수의 제자였다. 이 전생에서 데이비드는 그의 안내자가 어떻게 자유로움에 이르렀는지를 목도했다. 당시에 그도 자유로움에 이를 수 있었지만, 그와 안내자가 깨달은 것처럼, 어부로 존재하는 상태와 자유로움 사이에는 간극이 있었으며, 데이비드에게는 윤회의 경험들이 더 필요했다. 그리고 이제 그는 이런 경험들을 했다. 이 생에서 그는 자유로움에 이를 수도 있었다.

그의 안내자도 같은 메시지를 되풀이했다.

당신은 이제 안내자가 되기를 선택할 수 있어요! 자신을, 자신의 의식을 확장시켜 보세요.

그러자 데이비드의 영혼이 울부짖었다.

장애물이 있어요. 저의 자아가 이렇게 말해요.
"나를 떠나지 마."
화도 나고, 뒤에 남겨지는 것도 무섭기 때문이에요.

최면요법가는 자아를 놓아주면서도 버려졌다는 느낌이 들지 않게 할 수 있는지 물었다. 안전한 곳으로 가게 만들 수 있는지 물은 것이다. 그러자 데이비드의 영혼은 그렇게 해야 한다고 단언했다.

저는 여자 친구를 데려갈 수 없어요.(자아를 두고 가야 한다는 점을 완곡하게 표현한 것이다.)

최면요법가는 전생들에서 그를 방문했던 고차원적인 영혼에게 도움을 요청해 보라고 조언했다. 그러자 그는 고차원적인 영혼이 숨 막힐 정도로 아름다운 모습으로 곧 나타났다고 보고했다. 그와 그의 안내자보다 키도 두 배는 더 커 보였다. 그녀는 그의 정수리에 입을 맞춰주고 그의 어깨에 손을 얹었다. 그리고 다음과 같은 정보를 전해주었다.

그의 말에 귀를 기울이세요. 당신에게 지금 필요한 것은 자아를 내려놓는 것뿐입니다.

데이비드는 영혼으로서 자아를 내려놓았을 때 어떤 느낌이 드는지를 이렇게 보고했다.

모든 의식이 유동적이고, 그냥 중립적인 느낌이 듭니다. 문제는 그냥 저 자신, 의식이에요. 더없이 행복하지는 않아요. 고유한 성질도 없고요…. 그래도 저예요. 순수한 의식이죠…. 그리고 모든 의원들이 응원을 해주고 있어요!

안내자 말이, 제 믿음의 도약이 이루어졌대요. 그래서 그와 의원들 모두 머무르라고 말합니다! 저는 호흡을 할 때마다 주의를 기울여야 해요. 모든 의원들이 박수를 쳐주고 있어요. 제가 잊어버리고 있던 중요한 것을 다시 얻었기 때문이에요. 사실은 늘 갖고 있었지만 그걸 깨닫지 못하고 있었을 뿐이죠.

데이비드가 이 경험을 흡수하는 동안 긴 침묵이 흘렀다.

안내자 말이, 이런 느낌과 함께 머물러보래요. 새롭고 신선한 경험이에요! 이런 느낌은 시작에 불과하죠. 계속하다 보면 소통의 층들이 드러날 거예요.

모든 의원들이 이렇게 말합니다.

"인내심을 가지세요. 그리고 이 상태에 머무르며 계속 느껴봐요."

데이비드는 세션을 마쳤을 때 훨씬 명료해지고 방향이 잡혀 있었다. 그는 개인적인 자아를 놓아버리고 확장된 의식 속으로 들어가는 듯한 느낌이 든다고 했다.

이후의 후속 조사에서 데이비드는 이 세션의 기록을 다운로드해서 뉴욕에서 열리는 음악 공연에 참석할 때 가져갔다고 한다. 그는 집으로 돌아오는 길에야 이 기록을 다시 들어볼 기회를 가졌다. 듣는 순간 세션 중에 받았던 느낌들과 경험들이 곧바로 되살아났다. 그는 이런 경험을 가진 덕분에 그의 의식이 성장하는 게 느껴진다고 했다. 이제 더 이상 음악 경력에서 뒷받침해 주는 역할만 하는 것에 유감스런 마음을 갖지 않게 된 것이다.

데이비드가 그의 음악 경력에서 했던 들러리 역할은 자기에 집중했던 전생들에서 한 발짝 벗어난 것이었다. 동시에 영계의 고향으로 돌아가 안내자가 되었을 때 그가 맡게 될 역할에 한 발짝 다가가는 것이기도 했다.

전생의 선물

데니스Dennis는 50대의 교회 목사였다. 그가 목사의 길을 선택한 이유는 이 길이 아주 중요하다고 느꼈기 때문이다. 그런데 최근에 그가 몸담고 있는 교회 시스템이 그를 제한하는 듯한 느낌이 들었다. 교회의 기조보다 그의 신앙적 기준이 훨씬 포괄적이었기 때문이다. 이런 상황에서 그는 자신이 이 길을 선택한 진정한 이유가 무엇이며, 잠을 제대로 못 자는 이유는 무엇인지, 정말로 잠이 필요할 때에도 늦게까지 공부하는 버릇이 있는 이유가 무엇인지 알고 싶었다.

LBL 세션 중에 그가 현재의 일을 선택하게 된 이유를 물었다. 그러자 그는 어느 전생으로 인도되었다.

저는 어느 건물 안에 있어요. 바닥에 서서 천장을 올려다봅니다. 천장은 유리로 되어 있어요. 보라색과 파란색, 녹색 등등 다양한 색의 스테인드글라스이지요. 저는 맨발에 갈색 샌들을 신고 있어요. 드레스처럼 긴 갈색 옷을 걸치고 있고요. 저는 남자이고 이름은 루이스예요. 나이는 35세가량 됐고요. 제가 있는 곳은 신성한 신전이에요. 저는 몇 년 동안 여기 있었어요. 지금은 1783년이고요.

햇살이 비추는 밖으로 나가니 가로수가 줄지어 있는 자갈길이 보여요. 많은 사람들이 저를 긍정적인 눈으로 바라봐요. 그렇게 많은 사람들이 저를 좋아한다니 기분이 좋아요. 그들은 제가 신전에서 알게 된 사람들이에요. 신전은 하얀색인데 지붕은 검은색이고 탑들도 있어요. 입구 옆에는 초승달 모양의 달이 있고요. 길을 따라 내려가자 사람들이 제게 인사를 건네요. 저도 그들에게 인사를 하지요. 날씨도 화창해서 미소를 머금고 있어요.

이제 저는 식당에서 긴 테이블에 앉아 형제들과 식사를 해요. 그들과 함께 있으니 안전하다는 느낌이 드네요. 우리는 오트밀 죽을 먹고 커다란 머그잔으로 맥주도 마셔요.

지금은 앉아서 책을 읽고 있어요. 저도 늙어서 은빛 턱수염이 길게 자랐어요. 상태가 나쁘진 않지만, 제 삶이 곧 끝나리란 걸 느낄 수 있어요. 저는 곧 죽을 겁니다. 지금 제 방에 있는데, 방에는 작은 창유리들로 된 창문이 하나 있어요. 방은 작고 가구도 침대와 테이블, 의자 하나가 전

부예요. 저는 아주 오래된 책을 읽고 있어요. 도서관에서 빌려온 책들이 저는 정말로 좋아요. 이곳은 최고의 장소입니다.

최면요법가는 데니스를 전생에 있었던 도서관에서의 중요한 장면으로 인도했다.

저는 형제 한 명과 대화를 나누고 있어요. 우리는 서로에게 책을 추천해줍니다. 깊은 지혜가 담긴 가죽 장정의 책을 읽고 서로가 경험한 일들을 이야기해요. 저는 삶을 살아가는 데 그 지혜를 활용하고 있어요. 그리고 형제들과 함께 살아야 한다는 소명을 갖고 있죠. 다른 삶은 있을 수 없어요. 중요한 건 신성한 지혜입니다. 여기서 그 지혜를 충분히 얻고 있어요. 정말로 멋지고 안전한 삶이죠.

제가 관심 있는 것은 대개 신을 다룬 책과 우주의 창조주예요. 사랑도 더없이 중요하죠. 사랑은 모든 사람, 모든 것, 모든 장소에 있어요. 우리의 삶의 목적은 사랑과 하나가 되는 것이고요. 중요한 점은 사랑을 자신에게만 쏟지 말아야 한다는 것이에요. 세상을 향해, 외부로 사랑을 보내야 합니다. 우리 주변의 사람들과 세상은 모두 기도를 필요로 하고 있어요. 우리가 그들을 위해 기도를 해주어야 합니다.

최면요법가는 루이스에게 그 신성한 신전에 도착했던 때로 돌아가 보라고 했다.

저는 여덟 살이에요. 코가 뾰족하고 은발인 엄격한 여자가 저를 이곳에

내려주었어요. 그녀는 제 외숙모예요. 저는 제가 왜 여기에 있어야 하는지 몰라요. 둥근 머리에 뺨이 붉은 거대한 몸집의 남자가 저를 반겨줘요. 그는 온화하고 친절해요. 그가 제 손을 잡는 게 느껴져요. 그의 손은 보드랍고 따뜻하고 커요. 저는 외숙모와 헤어지게 된 건 좋지만, 외숙모가 왜 여기로 저를 데려왔는지는 이해를 못 해요.

외삼촌과 외숙모는 저를 키우는 데 더 이상 관심이 없었어요. 그들은 저를 원하지 않았죠. 결국 외숙모가 결단을 내렸어요. 사실 제가 그들과 살게 된 건 제가 세 살 때 엄마가 돌아가셨기 때문이에요. 제 엄마와 유대 관계가 있는 쪽은 외삼촌이에요. 엄마의 오빠였죠.

어쨌든 외숙모가 데려다준 크고 아름다운 이 집에는 방도 많고 계단도 많아요. 하지만 여기선 외로워요. 이야기를 나눌 사람이 한 명도 없고, 밖으로 나가는 것도 금지되어 있죠. 외숙모 말로는, 여기 안에 있으면 아무 일도 일어나지 않을 거래요. 하지만 저는 그 말을 믿지 않아요. 외숙모는 사실 밖에 있는 아이들이 저와 함께 놀기에 적절하지 않다고 생각해요. 창가에 앉아 있으면 해진 옷을 입고 있는 아이들이 보여요. 저는 그 아이들과 놀고 싶어요.

이곳에 다른 아이들은 없어요. 사람들은 모두 제게 친절해요. 저는 정원이 좋아요. 정원에서 일을 해야 하는데, 커다란 나무들 사이에서 놀아도 돼요. 이곳에는 사랑이 있어요.

최면요법가는 여기 신전은 어떤 신을 섬기는지, 그 종교에 이름이 있는지 물었다.

영혼들의 지혜

그냥 '지혜'라고만 해요. 여긴 올리브나무들도 있어요. 향내식물들 향기도 나고 매미 소리도 들리고요. 뒤편으로 산도 보입니다. 기후가 정말 좋아요.

이제 데니스는 루이스로 살았던 전생의 마지막 날로 갔다.

지금 저는 여든다섯 살이에요. 침대에 누워 있는데, 제 침대 옆에는 늘 누군가가 있어요. 작은 횃불도 타오르고 있고요. 아주 조용해요. 저는 두 손을 배 위에 포갠 채 누워 있습니다. 삶은 예정대로 흘러가고 있어요. 여덟 살에 신전에 온 것은 잘된 일이었어요. 그렇게 예정되어 있었거든요.

저는 육신을 벗어납니다. 평화로워요. 몸 위에서 잠시 멈춰서 떠 있어요. 죽음은 평화롭고 고통도 없어요. 저는 이제 죽을 준비가 되어 있어요. 여성을 사랑한 경험이 없어서 아이도 갖지 못했다는 생각을 잠시 하긴 했지만요.

저의 목적은 신에게 순종하는 것임을 이번 생에서 배웠어요. 그러면 모든 것이 순리대로 존재하게 될 겁니다. 다음 생에는 더 잘 순응할 거예요. 저는 제 목적을 이루고 신에게 더 가까이 다가가는 일에 초점을 맞춰야 합니다.

최면요법가가 말했다.

"데니스도 그 목적에 따라 살기 위해서 많은 일을 했어요. 그런데 그는 밤에 잠을 제대로 못 자서 고통을 받기도 합니다. 이 문제에 대해 이

야기해줄 수 있나요?"

그러자 루이스의 고차원적 자기인 영혼이 이렇게 대답했다.

저는 밤에 의자에 앉아서 많은 일을 했어요. 누군가에게 의미 있는 존재가 된다는 것은 중요한 일이니까요. 기도를 하고 책을 읽는 것도 중요하고요. 처리할 잡일이 많아서 잠잘 시간이 늘 모자라긴 했어요. 늘 뭔가 해야 할 일이 있었어요. 저한테는 물리적으로나 영적으로나 중요한 일이지요.

이에 데니스의 안내자가 더욱 자세한 정보를 제공해 주었다.

데니스의 목적은 영적 접촉을 유지하고 심화시키는 것입니다. 그는 가슴 가득 사랑을 품고 살기 위해 애쓰고 있어요. 지금 그는 또 다른 시간 속에 살고 있기 때문에 학습을 하면서도 침묵과 기도에 몰입할 수 있어요. 이런 식으로 그는 지금 몸담고 있는 교회의 체제와 그가 습득한 고대의 조화로운 지혜를 탐구하고 앞으로 나아갈 길을 발견할 수 있습니다. 지금 그는 몸으로 하는 일은 할 필요가 없어요. 그런 일은 전생에서 이미 경험했기 때문입니다. 그 덕분에 그에게는 자신이 선택한 대로 쉬거나 잘 수 있는 시간이 있어요.

전생에 대한 이런 정보 덕분에 데니스는 자신이 영적인 길에 올라 있으며, 이 길에서 종교에 대한 공부와 가르침에 헌신하기로 결정했다는 점을 확실히 알게 되었다. 그러므로 그가 현재 교회에서 맡고 있는 역

영혼들의 지혜

할은 놀라운 것이 아니었다. 그는 현재 영적인 접촉을 심화시키고, 지상에서의 삶의 방식을 통해 사랑을 보여주고 퍼뜨리는 법을 배우는 중이었다. 또한 그가 받은 영적 인도 덕분에 고대의 문헌들을 더욱 깊이 공부하고 기도와 침묵, 묵상을 하면 다음 단계의 영적인 성장이 실현될 수 있음을 알게 되었다. 이런 성장이 이루어지면 지금 몸담고 있는 교회의 체제 속에서도 구속감을 덜 느끼게 될 것이다.

데니스는 또 잠을 못 자는 것이 전생의 영향일 가능성이 있다는 점도 알게 됐다. 루이스는 낮 동안에 할 일이 너무 많았다. 그래서 공부할 시간은 늦은 밤뿐이었다. 하지만 이 문제에서 데니스에게는 선택의 여지가 더 많았다. 그는 밤에 잠을 충분히 자면서도 영적인 탐구를 게을리하지 않을 수 있었다.

데니스는 LBL 세션을 받은 후 더욱 평화로워졌으며 그가 방문했던 전생에 대해서 모종의 연구를 하는 중이라고 보고했다. 또 수면 문제도 개선되었다고 했다. 완벽하게 해결되지는 않았지만 잠을 더 잘 자게 된 것이다.

정체성의 상실

완다Wanda는 60세의 치과 의사였다. 그는 주로 아이들을 치료했는데, 아이들과 부모들 모두 그녀를 좋아했다. 어린 환자들도 그녀를 좋아해서 치과에 오는 것을 꺼리지 않았다. 그 보답으로 그녀는 자신의 일을 진심으로 사랑했다. 그리고 어린 환자와 그 가족들을 파악하고 그들을 위해 특별한 일을 해주는 것을 철칙으로 삼았다. 그녀는 자신과 가치를 공유하는 충실한 직원들을 뽑아 아이들과 그 가족들을 따뜻하

게 맞이하고 치료해 주었다.

완다는 훌륭한 예술가이기도 했다. 그녀가 그린 그림 덕분에 그녀의 진료실은 유쾌한 장소로 탈바꿈했다. LBL 세션을 받을 당시에도 그녀는 미혼이었기 때문에 근처에 가까운 가족이나 자식이 없었다. 그래서 그녀에게는 언제나 일이 최우선이었다. 이런 점은 환자들에게 일종의 축복이었다. 하지만 바로 이 때문에 문제가 생겨났다.

완다는 오래전부터 간헐적인 등 통증으로 고통받고 있었다. 통증의 원인은 아주 어렸을 적 보트를 타다 입은 부상에 있었다. 이따금씩 통증이 극심해졌다. 하지만 휴식을 취하고 자가 치료를 하면 보통은 얼마 안 가서 통증이 사라졌다.

그런데 나이가 들면서 등의 통증이 악화되었다. 진료 때문에 서 있는 시간이 길어진 것도 악화의 한 가지 원인이었다. 결국 통증이 너무 심해져서 그녀는 얼마 안 가 치과 진료를 그만둘 수밖에 없었다. 이 일로 완다는 크게 낙심했다. 아직 은퇴에 대해서 깊이 생각해보지 않은 상태였기 때문이다.

마지막으로 치과 진료실을 떠나는 순간, 미래에 대한 두려움과 깊은 우울감이 엄습했다. 그녀는 이런 상황을 조금이라도 통찰하고 미래에 어떤 일이 벌어질지 알고 싶어서 LBL 세션을 받으러 왔다.

영계로 들어가자 완다의 안내자는 더 이상 치과 진료를 할 수 없다는 것에 대한 완다의 두려움을 집중적으로 다루었다. 완다는 그녀가 본 전생의 장면을 다음과 같이 묘사했다.

은발에 누더기 옷을 걸친 늙은 남자가 개울가에 서 있는 게 보여요. 그

는 농부인데 저를 보고 히죽히죽 웃고 있어요. 그가 말하길, 저도 그처럼 인내해야 한대요. 계속 제 일을 해나가야 한답니다. 그는 통증을 느끼는 저를 전혀 불쌍하게 여기지 않아요.

그는 지혜로운 사람이 아니에요. 저는 그와 달라요. 물론 저도 오랫동안 그 사람처럼 살아왔어요. 극기주의적인 교육이 제게 가르쳐준 대로 꾸역꾸역 일을 했죠. 하지만 끊임없이 일을 계속하려고 애쓰는 것이 제 몸에 손상을 입히는 짓이었다는 걸 지금은 알아요. 제 몸이 고통 속에 빠져 있는데도 저는 일을 계속하기 위해서 제 몸을 혹사했어요. 제 환자와 직원들을 위해 꼭 그래야만 할 것 같거든요. 너무 많은 사람들이 제게 의지하고 있었으니까요.

지금의 통증은 그런 생각을 버려야 할 때라는 걸 알려주기 위한 걸까요? 지난 세월 제가 했던 진료들을 돌이켜 보면, 충실한 직원들과 제가 해낸 일들에 자랑스러운 마음이 들어요. 우리의 성공이 자랑스러워요. 더 자랑스러운 것은 우리 모두가 정말로 환자들을 사랑하고 보살폈다는 점이에요. 그래도 이제는 내려놓아야 해요!

지금 저는 해변에 있는데, 여기에 용이 한 마리 있어요. 온몸이 초록빛인데 불을 뿜어내고 있어요! 이 용은 두려움이 전혀 없어요. 어떤 것도 자신에게 해를 가하지 않으리란 걸 알기 때문이죠.

완다는 이 경험을 소화하는 데 얼마간 시간을 필요로 했다. 한참 뒤 그녀는 이렇게 말했다.

오, 이제 알겠어요. 저는 제 두려움과 친해져야 해요!

최면요법가는 완다가 자신의 두려움과 친해지게 도와주었다. 완다에게 우호적인 자세로 용에게 다가가 보라고 용기를 불어넣어 주었다. 완다가 다가가자 용은 갈수록 작아져서 나중에는 개구리만 해졌다. 완다는 그 작은 용을 잡아서 호주머니 안에 집어넣기로 결심했다. 그러는 동안에도 그녀의 안내자는 계속 그녀와 함께 있었다. 이제 그녀는 또 다른 장면 속으로 들어갔다.

형태가 제각각인 갈색 얼룩들이 보여요. 이것들을 보니 만화가 떠오르네요. 이것들이 제 몸 안에 있는 데는 다 이유가 있어요. 저는 30년간이나 환자들을 치료했어요. 그리고 그들을 제 안에 품었습니다. 그들을 제 가까이에 두기 위해서였지요. (완다는 잠시 멈추어서 이 통찰을 숙고했다.) 하지만 이제는 이것들을 보내줘야 합니다! 제가 그들의 아픔과 두려움 같은 부정적인 것들을 계속 붙잡고 있기 때문이에요.

최면요법가는 완다가 오래 붙들고 있었던 부정적인 것들을 놓아버리게 도와주었다. 완다는 물줄기 같은 황금빛 에너지 아래 서 있다고 상상했다. 황금빛 에너지 줄기가 그녀의 안팎을 말끔히 씻어주었다. 그러자 그 갈색의 얼룩들도 완전히 사라져 버렸다. 완다의 몸은 눈에 띄게 이완되었다.

최면요법가는 작업을 멈추지 않고 완다의 안내자에게 물었다.

"완다는 미래에 대한 불안함을 갖고 있어요. 그녀에게 줄 지침 같은 게 있나요?"

그녀는 자신이 아주 잘해냈다는 걸 알아요. 하지만 지금은 계속 나아가야 할 때입니다. 이제 그녀의 다른 부분들을 발달시켜야 해요. 지금이 그럴 수 있는 절호의 기회입니다. 그녀가 선택만 한다면 예술 작업을 할 수 있어요. 지금 결정을 내려야 해요. 통증이 그녀를 계속 장악하게 선택을 포기해 버리거나, 반대로 상황을 최대한 활용해서 스스로를 돌볼 수 있지요. 그녀는 어떻게 해야 하는지 알고 있습니다. 상황을 받아들이기 위해 노력하면 우울증을 완화시키는 데 도움이 될 겁니다. 그러면 아껴둘 에너지도, 계속 봉사할 에너지도 생기죠. 그녀에게는 필요한 자원이 모두 있어요. 지금이 확장의 기회입니다.

완다는 한층 희망찬 마음으로 세션장을 떠났다. 통증은 여전했지만 통증을 다스릴 수 있다는 자신감은 더욱 커졌다. 반면에 자신을 희생자처럼 느끼는 마음은 줄어들었다. 그리고 예술 작업을 할 수 있다는 생각에 약간 흥분이 되기도 했다.

이후의 추적 조사에 따르면, 완다는 통증을 치료하기 위해서 활동 프로그램에 참여하고, 예술 강좌도 듣고, 우울감을 치료하기 위해 상담가도 만나고 있었다. 그녀는 예술가로서의 비전과 오랜 기간 만나던 파트너와 결혼할 계획도 갖고 있었다.

지구상에서 인간의 몸으로 살아가는 동안 자신을 지지할 수 있는 방법이 무엇인지를 알면 훌륭한 성장의 기회를 얻을 수 있다. 현대사회에서 이런 지지 방법은 직업을 갖고 돈을 벌거나 지지자를 찾는 것을 의미한다. 이런 필요는 많은 성장의 기회를 제공할 수도 있지만 영적인

목적을 추구하지 못하게 가로막을 수도 있다. 우리는 가족에 대한 책임도 고려해야 한다. 삶의 이런 경쟁적인 요구들을 적절하게 결합하는 것은 쉬운 일이 아니다.

현생의 삶에서 균형을 찾는 일은 전생의 잔여물로 인해 훨씬 복잡해질 수 있다. 우리가 이 생을 살면서 배워야 할 것들로부터 벗어나 곁길로 새게 되는 것도 놀랄 일이 아니다.

스테파니는 우리에게 적절한 균형을 이루게 해주는 자유의지가 있음을 일깨워 주었다. 하지만 출산과 관련된 전생의 잔여물이 적절한 균형을 더욱 어렵게 만들었다. 데니스의 경우, 수면 문제로 낮 동안 활동에 장애를 겪고 있었는데 이것이 전생과 관련 있음을 발견했다.

마이크의 경우에는 돈을 벌어야 한다는 책임감으로 인해 그의 꿈을 좇아 살지 못하고 있었다. 이뿐만 아니라 아들과도 친밀한 관계를 형성하지 못했다. 한편 돈을 버는 데 어려움이 없던 일리노어는 가난에 두려움을 가진 파트너와 함께 살기를 스스로 선택했다. 이로 인해 돈을 끌어당기는 그녀의 진동이 낮아졌다. 다행히 이들 모두 영혼의 안내를 통해 올바른 균형을 되찾았다.

어느 하나의 영역에만 지나치게 역점을 두다 보면 다른 부분들이 발달을 하지 못한다. 그래서 상황이 달라지면 불행에 빠질 수 있다. 완다는 삶의 중심이었던 일을 더 이상 할 수 없게 되자 우울감에 빠져버렸다. 그러나 이런 변화는 결국 그녀의 삶에서 여러 가지 긍정적인 발달을 불러왔다.

에린과 데이비드는 그들이 선택한 일에서 잠재력을 제대로 보여주지 못하는 점이 걱정됐다. 그러나 둘 모두 다른 사람들은 이해 못 하는

영혼의 성장을 위해 노력하고 있었다.

우리의 길에서 너무 멀리 벗어나서 방황하거나, 전생의 잔여물로 인해 고통받거나, 앞으로 나아갈 방법을 몰라 혼란스러울 때 다행스럽게도 우리는 언제나 영혼의 안내를 받을 수 있다. 생계를 유지하는 것과 경력을 발전시키는 것, 가족 간의 관계를 보살피는 것, 우리만의 자기 충족과 영적인 목적을 추구하는 것 사이에서 적절한 균형을 찾게 되면 만족감을 얻을 뿐만 아니라 영적으로도 성장할 수 있다.

9
낡은 습관으로부터 자유로워지기

흔히들 습관을 분주한 삶에서 비롯된 정상적인 부산물로 여긴다. 많은 사람들이 물밀듯 밀어닥치는 업무와 책임들로 인해 일을 처리하는 일정한 순서를 만들어낸다. 그리고 일상의 이런 순서 덕분에 효율성이 생기고 시간이 절약되며 삶이 한결 수월해진다. 간단히 말하면, 어떤 행위를 자주 반복해서 이 행위가 자동적으로 이루어질 때 습관이 형성된다. 이런 습관은 이득을 가져다주기도 하지만, 우리를 제한하거나 삶의 위기를 촉발할 수도 있다.

습관 버리기

습관적인 행위는 우리의 건강에 중요한 영향을 미칠 수 있다. 흡연이나 식습관도 그중 하나다. 이런 습관의 기원을 이해하고 우리에게 어떤 영향을 미치고 있는지를 알면 보다 쉽게 습관을 고칠 수 있다.

주로 어린 시절의 성적인 학대를 치유하는 데 초점을 맞춘 LBL 세션

에서 아주 통렬한 순간에 이르른 사례가 있다. 낸시Nancy는 LBL 세션을 통해 육신을 벗어나 삶과 삶 사이의 상태로 이동하기 시작했다. 그녀는 자신이 깊게 호흡하고 있음을 알아차렸다. 그 신체적 감각이 너무나 강렬했다. 그녀는 자유로움을 느꼈다! 신선한 공기를 들이마시거나 그녀가 좋아하는 담배 연기를 들이마실 때처럼, 깊은 호흡은 자유를 일깨워 주었다.

그 순간 그녀는 이렇게 깊은 호흡과 자유로운 감각을 연결 지은 탓에 평생의 습관을 갖게 되었다는 점을 이해했다. 그러나 흡연은 경제적으로 부담이 되고 나중에는 건강에도 좋지 않은 영향을 미칠 것이다. 이제 그녀는 자유롭게 또 다른 선택을 할 수도 있었다. 흡연의 습관을 고칠 수도 있었다. 그녀는 행복하게 그 편을 선택했다.

습관은 행위에만 국한되지 않는다. 특정한 상황에 대한 자동적인 반응도 습관이 될 수 있다. 그렇기 때문에 습관은 고착된 사고방식과 느낌을 만들어낼 수도 있다. 습관적인 믿음은 개인의 관점과 견해를 더욱 공고히 해서 행위와 감정에서도 양식화된 반응을 하게 만든다. 사회적 차원에서 굳어진 습관은 관습이나 규범, 전통, 궁극적으로는 법률로 공인받는다.

습관적인 행위와 믿음은 긍정적인 영향과 부정적인 결과를 모두 만들어낸다. 한 예로 어떤 일을 하거나 상황에 맞닥뜨렸을 때 언제나 밝은 면이나 장점만 보는 습관이 있다고 하자. 이런 믿음은 보통 긍정적인 느낌으로 나타날 것이다. 심지어 긍정적인 우리의 태도는 전염성이 있어서 우리와 관계를 맺는 타인에게까지 전파된다. 반대로 사람은 믿을 수 없고 우리를 속일 수도 있는 존재라는 믿음 때문에 타인과의 상

호작용을 기피하는 습관이 생길 수도 있다. 요컨대 습관적인 행위와 믿음은 차별적이지 않다. 긍정적이거나 부정적인 결과를 모두 불러온다.

습관적인 행위와 믿음은 시간이 지날수록 바꾸기가 어렵다. 시간이 지나면 거의 무의식적인 것이 되어 지상에서 살아가는 동안 배움과 치유를 추구하는 영혼들에게 비옥한 토대를 제공해 준다. 마이클 뉴턴 박사의 《영혼들의 여행》과 《영혼들의 운명》에는 독창적인 연구들이 많이 실려 있다. 이 연구들은 우리 자신이 형성한 습관들에 의해 여러 가지 방식으로 도전에 직면한다는 점을 분명하게 밝혀준다.

에밀리Emily는 중년의 여성인데 간호사라는 새로운 직업 때문에 크게 혼란스러운 상태였다. 자신의 능력에 대한 의심으로 무기력한 상태에 빠져 있었기 때문이다. 에밀리는 삶의 목적을 이해하기 위해 LBL 세션을 받다가 연속성을 띤 500년간의 전생들에 대해서 알게 되었다. 이 생애들에서 그녀는 사제와 수녀로 살았다. 은둔처 같은 수도원에서 그녀는 사회와의 번잡한 관계로부터 대체로 단절되어 있었다.

LBL 세션 중 평의회 의원들을 만났을 때 그녀는 판에 박힌 틀을 깨고 나와 드디어 바깥 사회에 참여할 준비가 되어 있는지에 대해 의심을 받았다. 그러나 연속적으로 은둔자적 삶들을 산 덕분에 에밀리는 지나치게 쾌락적으로 살았던 긴 전생의 역사에 균형을 맞출 수 있었다. 하지만 평의회 의원들은 에밀리에게 여러 번의 생애에서 은둔자적 삶을 반복하면 오히려 영혼이 퇴보할 수도 있음을 부드럽고 조심스럽게 상기시켰다.

뉴턴 박사는 영적 안내자들의 인내심을 보여주는 증거로서 두 가지 사례들을 이야기했다. 이 사례들에서 영혼들은 오랫동안 반복되어 오

던 패턴을 좀처럼 깨부수지 못했다. 한 영혼은 850년에 걸친 전생들을 통해 질투와 관련된 작업을 계속해 오고 있었다. 또 다른 영혼은 이따금씩 권위적인 힘으로 타인을 통제하려 했다. 일단 믿음이나 특성으로 굳어지고 나면 습관적인 행위 성향은 버리거나 수정하기가 힘들다. 그러면 우리는 결국 이런 성향들과 균형을 맞춰주는 상황에 직면할 수밖에 없다.

믿음의 패턴

릴리Lily의 사례를 통해 우리는 긍정적인 특성을 만들어내는 습관도 균형을 찾기 위해 노력하는 영혼에게는 제약이 될 수 있음을 알 수 있다. 릴리는 34세의 잘 교육받은 전문직 여성이었으며, 경제적으로도 안정되어 있었다. 양극성 장애가 있던 로버트와 이혼한 그녀는 차분하고 인내심도 많고 이성적이었으며, 공감력도 뛰어났다. 752년이라는 전생들의 대부분을 봉사에 헌신했다는 점을 감안하면 놀랄 일도 아니다.

릴리는 봉사와 자기 만족 사이에서 균형을 찾기 위해 지난 10년간 열심히 노력했다. 그녀는 더 많이 이완하고 삶 속에 기쁨과 재미를 더 많이 끌어들이는 법을 배우고 싶었다. LBL 세션에서는 직업의 방향을 찾는 데 더 역점을 두었지만, 그녀의 안내자는 놀랍게도 다음과 같은 조언을 해주었다.

릴리의 직업은 그녀에게 안정을 주기 위한 겁니다. 목적을 위한 수단 같은 거예요. 그래야 릴리가 다른 일들에 초점을 맞출 수 있으니까요. 그녀에게는 더 많이 봉사하려는 욕망과 성향 같은 게 있어요. 다른 많

은 사람들이 그렇게 하고 있으니까요. 하지만 그녀의 영혼이 구하는 것은 균형입니다. 그녀는 일하기 위해 사는 것이 아니라 살기 위해 일하는 겁니다.

그녀가 삶과 삶 사이로 돌아가는 동안, 그녀의 안내자는 릴리가 습관적으로 봉사하는 삶들을 살았다는 점을 강조했다. 안내자는 타인의 요구를 우선시하는 릴리의 욕망과 성향이 타인을 위해 일하느라고 자신에게 초점을 맞추는 즐거움을 누리지 못했던 많은 전생들에서 비롯된 것임을 지적했다.

그녀의 생애들은 거의 타인을 보살피고 봉사하는 삶이었어요. 이제 새로운 경험들이 그녀를 안전지대에서 꺼내줄 겁니다. 그녀는 이번 생에서 경계선을 정해두어야 해요.

릴리는 양극성 장애와 싸우는 로버트와 결혼한 덕분에 자신을 보살필 수 있는 추동력을 얻게 되었다. 현생을 시작하기 전의 계획 단계에서 로버트는 릴리가 봉사의 삶에서 자신을 돌보는 삶으로 이동하게 도와주는 역할을 떠맡기로 합의했다. 그리고 그는 이 약속을 충실히 지켰다. 안내자는 다음과 같이 자세하게 설명했다.

남편의 행위는 너무 극단적이었어요. 그로 인해 릴리는 자신을 돌보는 것 자체도 너무도 힘들었어요. 그녀에게는 경계선을 정하는 것 말고 달리 선택할 방법이 없었어요. 하지만 그 덕분에 그녀는 적절한 경계를

설정하는 것에 대해서 더욱 많이 배우게 됐죠. 사실 이때까지는 경계에 대해서는 들어본 적도 없었고, 개념을 배우지도 않았어요. 이번 생에서 그녀의 영혼은 경계를 정하는 것을 배우기로 계획했어요. 그리고 로버트와의 결혼은 타인보다 자신을 우선시하는 것을 배우고 실습할 수 있는 완벽한 환경을 제공해 주었죠. 자기를 돌보는 일 말고는 다른 선택의 여지가 없는 상황으로 로버트가 그녀를 몰아넣었으니까요. 그래서 지금 그녀는 자기 돌봄과 타인을 위한 봉사 사이에서 균형을 잡는 법을 배우고 있어요.

릴리의 안내자는 어떤 패턴의 시작과 반복이 그 패턴을 더욱 강화시킨다는 점을 강조했다.

그녀는 모든 생애에서 타인에게 도움이 되기를 원했어요. 타인을 보살피는 일이 그녀에게는 훨씬 쉬웠어요. 그런 일에 익숙했죠. 타인을 돕는 일이 훨씬 자연스러웠어요. 일종의 습관이 된 거죠. 이렇게 그녀는 타인에게 도움이 되고 싶었어요. 하지만 그녀도 변화해야겠다는 마음을 갖게 되었어요. 타인을 돕는 일에 지쳤기 때문이죠. 사실 효과적으로 재충전을 하지 않으면 계속해서 타인을 위해 헌신하기가 힘들어요. 결국 그녀는 기진맥진하고 말았죠. 그녀가 이번 생을 위해 세운 계획은 이런 습관적인 행위를 멈추는 것입니다.

릴리의 안내자는 상세히 설명하고 이렇게 희망을 피력했다.

이번 세션을 통해 릴리는 여러 생애 동안 타인을 위한 봉사에 지나치게 헌신했다는 점을 깨닫고 있어요. 이런 통찰 덕분에 그녀는 이번 생에서 올바른 견해를 갖게 될 거예요. 하지만 변화는 하룻밤 사이에 이루어지지 않아요. 저절로 이뤄지지도 않고요. 릴리는 이 변화를 위해 얼마간 노력을 해야 할 거예요.

안내자의 실제적인 평가는 통찰만으로는 행위를 변화시킬 수 없다는 점을 모두에게 일깨워 주었다. 변화에는 포기하지 않겠다는 단호한 의지와 집중이 필요하다. 차질이 빚어질 때는 특히 더 그렇다. 더불어 강화도 필요하다. 습관적인 믿음을 바꾸려면 새로운 믿음을 형성하고 이에 따라 행동할 수 있어야 한다.

습관적인 패턴을 깨트리는 데는 엄청난 노력이 필요하다. 타인을 위한 릴리의 헌신 같은 긍정적인 습관이든, 물질이나 성, 도박에 중독되는 부정적인 습관이든 모두 마찬가지다. 놀라운 사실은 다음의 사례들에서 볼 수 있듯이 부정적인 행위 패턴도 우리 자신과 우리가 사랑하는 사람들에게 영적인 성장의 기회를 제공해 줄 수 있다는 점이다.

전생에 경험한 중독의 영향

술과 약물의 중독은 그 영향력이 훨씬 멀리까지 미치는 습관이다. 실제로 술과 약물의 이용이 확산되고 젊은이나 노인 할 것 없이 남용하면서 중독은 요즘 사람들이 씨름하는 흔하디흔한 문제가 되었다. 술이나 약물의 남용은 개인의 문제에만 국한되지 않고 우리 사회에도 커다란 영향을 미칠 수 있다. 그 마수에 걸려든 사람들에게 막대한 비용을 부

과하고 사회는 물론이고 가족이나 친구, 직장, 공동체에까지 영향을 미치기 때문이다.

중독으로 인해 개인이 치르는 비용은 어마어마하다. 중독은 건강과 생기를 앗아가고 사고와 병을 불러온다. 제어를 하지 않고 방치할 경우, 중독의 지배를 받는 사람은 죽음에 이를 수도 있다. 또 판단력을 흐리게 하고 기억을 희미하게 만들어서 일상의 활동에까지 영향을 미친다. 이렇듯 중독은 사람들에게서 야망을 앗아가고 명예를 훼손시키며, 직장과 생계, 경력을 잃게 만든다. 경제적으로도 곤궁하게 만들고, 개인과 가족을 모두 파산시키거나 경제적 안정을 앗아간다.

볼드윈Baldwin의 사례에서 우리는 습관적인 믿음과 행위의 혼합을 확인할 수 있다. 볼드윈은 38세의 도안가인데 만성 알코올의존증으로 건강이 악화되고 있었다. 그는 건축학을 공부했지만 그에 상응하는 직업을 구할 만큼 자신감을 가져본 적이 없었다. 이성을 만날 때 느끼는 불안감을 극복할 방법을 아직 터득하지 못했다고 말하는 그는, 결혼도 하지 않은 상태였다. 낮은 자존감과 자기 회의가 아주 오래전부터 그를 쇠약하게 만들어왔다고 한다.

LBL 세션 중에 볼드윈은 여러 생을 다시 경험했다. 이 전생들에서 그의 꿈들은 낮은 자존감과 자기 회의로 인해 매번 좌절되었다. 그는 결혼을 해서 사랑을 나누고, 경제적 안정과 직업적 성공을 누리며 인정받는 삶을 꿈꾸었다.

정서적으로 긴장된 상태에서 어느 '실패한' 전생으로 돌아간 그는 젊은 나이에 홀로 간질환으로 죽어가는 자신을 보았다. 이런 죽음을 맞이한 이유는 그를 무력하게 만드는 불안감을 이겨내기 위해 10대 때부터

술에 파묻혀 살았기 때문이다. 그가 몸을 벗어나 영혼의 상태로 옮겨가자, 그의 안내자는 그가 최선을 다해 노력하기는 했지만 습관적인 믿음과 행위를 변화시키기 위해 여전히 노력할 필요가 있다는 점을 일깨워주었다.

당신은 다시 노력해야 할 겁니다. 삶이든 자신이든 포기하면 안 돼요. 당신이 가는 길이 쉽지 않다는 걸 당신은 이미 알고 있어요. 하지만 당신이 마땅히 누려야 할 성공과 자신감을 계속 구해야 해요.

세션 후반부에 볼드윈이 평의회 의원들을 만날 때도 똑같은 메시지가 주어졌다.

그들의 사랑에 감싸여 있는 느낌이 들어요. 따뜻하고 기운이 납니다. 그들은 제게 확신을 갖고 있대요. 저를 가로막는 것은 '자기애 부족'이랍니다. 그들은 저를 포기하지 않을 거래요. 제가 배워야 할 것은 자신을 포기하지 않고 소중히 여기며, 자신감을 키우고, 나 자신의 가치를 인식하는 겁니다.

LBL 세션 덕분에 볼드윈은 자신의 꿈을 실현하기가 왜 그토록 어려웠는지, 왜 술로 고통스런 생각들을 둔화시키는 쪽을 선택했는지를 이해했다. 그리고 진실을 직시했다. 그가 자신에 대한 생각과 그의 재능, 기술, 매력 등에 대한 습관적인 견해를 바꾸지 않는 한, 그는 계속 자신의 삶을 사로잡고 있는 파괴적인 패턴으로 되돌아갈 것이다.

그러나 볼드윈은 이런 심오한 통찰로 무장하고 고차원적인 존재들의 무조건적인 사랑 덕분에 다른 길을 걸을 준비가 되었다. LBL 세션이 끝날 즈음, 그는 과거의 패턴들을 끊어내어 현생의 결말을 다른 식으로 써 내려가야 한다는 책무와 자신의 욕망을 모두 긍정하게 되었다. 그는 자신에게 할 일이 많다는 것을 분명히 알았다. 그리고 자신에게 도움이 안 되는 패턴들을 버릴 준비가 되어 있었다.

성장을 제한하는 습관들

브릿Bret은 키가 크고 강건한 45세의 치과 의사였다. 그는 10대 초반부터 자신을 제어할 수 없다는 느낌과 깊은 불안에 사로잡혀 있었다. 그러다가 열일곱 살에 마리화나가 그의 불안한 마음을 진정시켜 준다는 것을 발견했다. 그의 말에 따르면, 이 화학 작용이 가져다주는 평온함에 중독됐다고 한다.

이런 중독에도 브릿은 치과 진료를 잘해냈다. 다른 치과 의사 한 명을 포함해서 직원도 여덟 명이나 고용했다. 비록 마리화나가 그를 심각한 중독으로 이끌지는 않았지만, 마리화나를 피우는 습관은 그의 성장을 제한했다. 게다가 그가 사는 지역에서는 마리화나가 불법이었다. 할수 없이 그는 문을 닫고 숨어서 마리화나를 피웠으며, 이것은 정직성에 대한 그의 의식에 영향을 미쳤다. 그에게는 모든 것을 통제하고 있는 것처럼 보이게 만드는 위장 능력이 있었다. 이런 위장 능력은 직장 동료들을 포함해서 그를 아는 사람들을 속이는 데 도움이 됐다.

브릿은 아내에게 뒤통수를 맞은 후 LBL 세션을 예약했다. 그들이 꿈에 그리던 집을 구매하고 1개월밖에 안 지나서 아내가 이혼을 결심한

것이다. 브릿은 아내 지나가 주말마다 왁자지껄 술잔치를 벌이는 술꾼이라고 했다. 물론 그녀가 자신보다는 습관을 훨씬 잘 통제하고 있다고 생각했다. 그럼에도 그녀의 행위가 부부 사이에서 문제를 일으키는 결정적 원인이라고 그녀를 비난했다.

LBL 세션을 시작할 때, 브릿은 그를 떠나기로 결심한 지나를 도저히 용서할 수 없을 것 같다고 털어놓았다. 그러면서 분노와 심각한 무감각 사이를 정신없이 왔다 갔다 했다. 그와 지나는 17년간 결혼 생활을 이어오고 있었다. 그래서인지 그는 자신을 떠나려는 아내의 결정에 분노와 더불어 버려지고 배신당했다는 느낌도 받았다. 그는 자신이 어느 방향으로 가야 할지 몰라 갈팡질팡 몸부림치고 있다고 했다. 충분히 이해가 가는 일이었다.

LBL 세션 초기에 브릿은 자신이 남북전쟁 전과 도중에 군 장교로 활동했음을 알게 되었다. 전생에서 그의 아내였던 사람은 현생에서도 그의 아내 역할을 맡고 있었다. 전생에서 브릿은 군인으로서의 책무로 인해 오랜 기간 아내와 아이들로부터 멀리 떨어져 지내야 했다. 그래도 아내는 그에게 충실했다. 하지만 그는 숱하게 아내를 배신했다. 휴가 중에 매춘부들과 어울린 것이다. 한번은 집에 와서 아내에게 임질을 옮기기도 했다. 당시 이것은 치명적인 병이었다. 이로 인해 아내는 너무 쇠약해져서 결국 마흔 살에 세상을 떠나고 말았다. 그는 아내가 죽었을 때도 아내 곁을 지키지 못했다. 전쟁 중에 그의 부대를 이끌고 아주 중요한 작전을 수행하고 있었기 때문이다.

결국 아내가 죽은 후에야 브릿은 집에 올 수 있었다. 그리고 열세 살짜리 아들이 고아원에 보내졌다는 사실도 뒤늦게 알았다. 그는 미친 듯

아들을 찾아 다녔다. 하지만 아들이 있는 곳을 아는 사람은 아무도 없었다. 그는 아내와 아들을 동시에 잃고 망연자실했다. 하지만 그가 얼마나 슬픈지를 누구에게도 알릴 수 없었다. 그의 권위를 강화시키기 위해 스스로 창조해 낸 페르소나에 금이 가기 때문이었다. 나약한 모습을 조금이라도 내비치면 그의 이미지가 손상되리라 여겼다. 부하들에게는 특히 더 그러리라 생각했다.

이렇게 과거를 되짚어 보자 정직성 문제와 버려졌다는 느낌, 배신감이 브릿의 현재 상황을 특징짓고 있다는 점이 분명해졌다. 브릿은 최면으로 트랜스 상태에 들었을 때도 오랜 패턴이 아내와의 관계에서 그대로 재현되고 있음을 분명하게 보았다. 단지 지금은 그가 관계의 역학에서 반대쪽에 있을 뿐이었다. 하지만 현생의 확장된 시각에서 보면, 그는 이제 더 나은 위치에서 그의 영혼이 원하는 배움을 얻을 수 있었다.

삶과 삶 사이의 영역으로 발을 들여놓았을 때 그는 다양한 영적 존재들로부터 똑같은 메시지를 되풀이해서 들었다.

당신은 지금 무조건적인 사랑과 인정의 영역에 있습니다. 그 힘든 감정들을 홀가분하게 털어버리세요. 그 감정들을 놓아버리고 스스로 자유로워지세요. 자신에게 연민의 마음을 가지세요. 판단하지 말고 자신을 받아들이는 법을 배워야 합니다. 우리가 그런 것처럼 당신을 깊이 사랑할 줄 알아야 해요.

브릿은 LBL 세션 덕분에 마리화나를 피우는 습관이 여러 면에서 그를 보호해 주었지만, 한편으로는 그를 제한하기도 한다는 점을 이해했

다. 불법적인 물질을 사용한 탓에 환자들을 위해 온전히 존재할 수 없었으며 진실하게 행동하지도 못했다. 그는 시간이 흐르면 치과 진료도 힘들어질 것이라며 걱정했다.

하지만 더욱 중요한 점은 마리화나를 피우는 습관이 그의 감정을 마비시킨다는 것이었다. 그는 군 장교로 살던 전생에서 아내와 아들을 잃고 느낀 감정들을 묻어버렸다. 그뿐만 아니라 현생에서도 그의 감정들을 묻어두고 있었다.

그는 열일곱 살에 마리화나를 피우기로 결정하고부터 자신을 더욱 잘 통제하는 듯한 느낌을 받았다. 하지만 결과적으로 마리화나는 정반대로 작용했다. 다행히 그는 더욱 고차원적인 시각에서 정직성과 버림받음, 배신의 문제가 그에게 어떻게 영향을 미쳤는지 이해할 수 있었다. 그리고 세션을 통해 이 무의식의 기억들을 털어버림으로써 내면의 힘을 인식하고, 자신을 무감각하게 만들고 타인을 조종하려는 욕구를 녹여버릴 수 있었다. 또 자신과 아내가 둘의 관계 패턴에 어떤 책임이 있는지도 알게 되었다. 자신과 지나가 제한적인 습관들을 형성하는 데 어떤 영향을 끼쳤는지, 어떻게 둘 모두가 정서적으로 계속 고착 상태에 머물게 되었는지, 둘의 파경에 서로가 어떻게 기여하고 있는지를 깨달은 것이다. 그리고 마리화나를 피우는 습관이 어떻게 그의 불안한 심리 상태를 이겨내게 도왔는지도 통찰했다. 그뿐만 아니라 영적인 차원에서 지나가 그의 영적 성장을 돕고 있다는 점도 이해했다.

브릿은 이제 지나를 용서할 뿐만 아니라, 그녀가 준 선물에 감사하는 마음도 갖게 됐다. 지나가 둘의 영혼 협약에서 맡은 역할을 잘해냈기 때문이다. 파경과 이혼으로 인해 그는 자신의 내면을 깊이 들여다보았

으며, 과거의 아픔을 놓아버리고 마음을 치유할 수 있었다. 파경과 이혼의 경험 속에 자기 용서의 기회가 있었던 것이다. 이 자기 용서는 이번 생은 물론이고 이후의 많은 생에서도 그에게 도움이 될 것이다.

우리를 제한하는 습관과 중독은 삶을 장악하고 행복을 파괴하며 꿈을 산산조각 내버린다. 그 피해는 광범위하게 영향을 미칠 뿐만 아니라 오래도록 지속된다. 그렇지만 중독의 지배력에서 벗어나려 씨름하는 사람에게는 궁극적으로 놀라운 통찰과 개인적인 성장으로 인도하는 길이 될 수도 있다.

개인적 차원은 물론이고 관계에서도 엄청난 비용을 거둬가는 다른 많은 문제들처럼, 우리가 깊이 걱정하는 누군가의 중독과 맞서 싸우다 보면 엄청난 영적 진보의 기회를 얻게 된다. 영혼은 정반대의 것들과 격변을 통해서 배우기 때문에 결국은 사고와 행위의 새로운 패턴을 확립하게 될 것이다.

가족 중에 중독자가 있을 때

전생과 정반대되는 환경 속에 자신을 두는 것도 영혼이 성장을 위해 선택하는 방법 중 하나다. 이런 선택을 통해서 영혼은 똑같은 환경을 정반대의 시각에서 보고 경험하고 배울 수 있는 기회를 얻는다. 또한 전생에 했던 결정과 행동들의 영향에 균형을 맞출 기회도 갖게 된다. 사랑하는 사람의 중독과 맞섰던 사만타Samantha의 경험은 이런 점들이 어떻게 드러나는지를 잘 보여준다.

사만타는 60세의 기혼녀로서 성인이 다 된 자식이 셋이나 있었다. 그녀가 LBL 세션을 받으러 온 이유는 막내딸과의 문제에 통찰력을 얻고

싶었기 때문이다.

사만타의 막내딸 카렌Karen은 아름답고 재능 있으며 지적인 20대 중반의 여성이었다. 그런데 약물에 심하게 중독되어 있었다. 어린 시절에 이미 우수한 발레리나가 되었는데, 열여섯 살 즈음부터 길거리에서 구한 알약을 복용하기 시작한 것이다. 이렇게 약물을 적극적으로 복용하면서도 그녀는 다행히 가족들의 지지 덕분에 고등학교와 대학교를 무사히 졸업했다.

그 당시 사만타는 간호사였는데, 카렌에게 도움이 될 것 같은 일이면 무엇이든 다 지원해 주었다. 이로 인해 은퇴 후를 위해 저축해 두었던 돈을 다 써버리고, 상담 비용과 회복 프로그램 수강료, 보석금, 변호사 비 등으로 거액의 카드 빚까지 지게 됐다. 그러나 그 어떤 것도 효과가 없었다. 이런 모든 일들로 인해 그녀의 결혼 생활도 엄청난 시련을 겪었다. 그런데도 카렌은 코카인과 헤로인까지 복용하면서 아주 무질서한 삶을 살아갔다.

사만타는 일련의 일들을 겪으면서 자신이 카렌을 끊임없이 구해주는 바람에 카렌이 더 쉽게 약물을 복용하게 되었음을 깨달았다. 이제는 놓아버리고 '엄격한 태도'를 취해야 할 때였다. 하지만 그녀는 그렇게 하기가 너무 힘들었다. 거기다 이 모든 일들이 딸에게 일어나게 된 과정을 생각하면 죄책감이 들고, 미래에 딸에게 닥칠 일을 생각하면 두렵고 괴로워졌다.

세션 중에 사만타는 일본의 봉건 시대에 사무라이로 살아가는 자신을 보았다. 카렌의 중독 상황에 관해 묻자, 사만타는 전생의 경험을 이야기했다.

저는 위대한 전사입니다. 이름은 미야모토예요. 사무라이의 무사도 정신을 따르며, 무척 용맹해서 사람들로부터 크나큰 존경을 받고 있습니다. 지금은 충분한 보상을 받고 은퇴했어요. 제게는 멋진 집에 하인도 있습니다.

미야모토는 계속 설명을 이어갔다. 하인의 딸이 죽는 바람에 하인이 손자를 미야모토의 집으로 데려와 보살펴야만 했다고 한다. 하인에게는 그것 말고 다른 방법이 없었다.

아기가 울어요. 그 바람에 하인은 일을 제대로 못 합니다. 저는 너무 화가 나서 더 이상 참지를 못해요. "아기를 보내버려!" 결국 아기를 우리 집에서 키울 수 없다고 하인에게 말합니다. 아기를 치워버리라고 소리치죠.

미야모토의 결정으로 인해 하인은 어쩔 수 없이 아기를 팔 수밖에 없었다. 대개 이런 거래는 비밀리에 이루어졌다. 그래서 아기의 행방이나 운명에 대해서는 더 이상 어떤 것도 알 수 없었다. 이로 인해 하인은 망연자실했다. 명예를 존중하는 삶을 산다고 하면서 무신경하고 자기중심적인 미야모토의 행동으로 인해 그의 하인이 정신적으로 엄청난 고통을 받게 된 것이다. 그처럼 매정하게 버림받은 아기도 더욱 큰 고통을 겪게 되리라는 건 불 보듯 뻔했다.

사만타는 미야모토로 살던 생에서 자신이 했던 행동을 돌아보다가 그 하인의 손자가 현생에서 자신의 딸 카렌으로 태어났음을 깨달았다.

사만타는 다음으로 영국에서 여성 통치자로 살던 전생으로 가보았다. 그녀의 남편은 죽고, 자식도 아들은 없고 딸 한 명뿐이었기 때문에 나라와 국민들에 대한 책임을 그녀가 떠맡을 수밖에 없었다.

지금 저는 여왕입니다. 나라와 국민에 대한 책임도 제게 있어요. 우리에게는 비옥한 땅과 많은 일꾼, 멋진 마을이 있습니다. 경비병들은 성을 굳건히 지키면서 국경을 순찰하고 있지요. 할 수만 있다면 이 땅을 집어삼키고 싶어 하는 사람들이 많으니까요. 그들은 여성이라는 이유로 저를 나약한 통치자라고 생각합니다. 하지만 국민들은 제게 충성을 다 바치고 있어요.

몇 년 동안 태평성대가 이어졌다. 그런데 이웃 왕국의 통치자가 그녀가 다스리는 땅을 집어삼키겠다고 위협하면서 공격적으로 나오기 시작했다.

상황이 갈수록 위태로워지고 있어요. 신하들도 공격이 임박했음을 말해 주었습니다. 그래서 저는 동맹을 맺기 위해 이웃 왕국을 방문했어요. 그리고 제 딸을 그 나라의 왕자와 결혼시키고 동맹을 맺기로 협약했죠. 그러면 평화가 찾아들 테니까요. 그런데 고국으로 돌아와 딸에게 이야기했더니, 딸이 화를 내면서 조금도 협조를 하지 않으려고 했어요.

이 시점에서 사만타는 이 전생의 딸도 현생의 딸 카렌과 같다는 것을 깨달았다.

영혼들의 지혜

이로 인해 상황은 갈수록 악화되고 압박도 커져갔어요. 결국 딸은 결혼에 동의했어요. 결혼하는 게 전혀 기쁘지도 않고 결혼을 시키려는 제게 여전히 분노하고 있었지만요. 딸은 결혼식을 치른 후 이웃 나라로 갔습니다. 그 후 몇 년 동안은 평화로웠어요. 그렇지만 제 딸은 보기가 힘들었어요. 제가 소식을 전해도 답장을 하지 않았죠.

그러다 문제가 다시 불거지기 시작했어요. 저는 딸과 연락을 취해보려고 했어요. 그런데 딸이 새 가족과 한 편이 되어서 제게 등을 돌렸어요. 그들은 곧 우리나라를 공격했지요. 우린 그들을 저지할 수 없었어요. 그들은 제 성을 습격했고 저는 전투를 벌이다 죽었습니다.

사만타가 눈물을 흘렸다. 전생들에서 자신이 딸을 대했던 방식들에 죄책감이 들었기 때문이다. 또 딸이 그녀를 배신하게 된 과정에 슬픔도 일었다. 사만타는 현생에서도 다시 딸을 잃어버릴까 봐 겁이 났다.

이제 전생에서 제가 카렌을 대했던 방식을 알고 나니, 제가 왜 미래에 대해 그토록 많은 두려움을 느끼고 죄책감을 가졌는지 이해가 돼요. 몸과 마음의 힘이 다 빠지고 돈까지 모조리 써버리면서도 내려놓을 수 없었던 건 당연해요. 저의 죄의식을 달래기 위해서 필사적으로 카렌을 도우려 했던 겁니다.

사만타가 영계로 들어가자, 카렌과의 상황을 어떻게 다루어야 하는지에 대해서 그녀의 안내자가 이야기해 주었다.

그녀에게는 그녀만의 길이 있고 이 생에서 배워야 할 가르침도 따로 있다는 걸 기억해야 합니다. 당신은 반복적으로 딸을 구해주어서 결과적으로 딸이 자신의 길을 발견할 길을 빼앗고 있어요. 그녀를 그냥 사랑해 주세요. 답은 늘 사랑에 있죠. 그리고 당신 자신의 길을 잊지 말고 스스로를 돌보도록 하세요. 자신을 사랑해야 합니다.

사만타는 의외의 새로운 사실들과 안내자의 따스한 인정에 힘을 얻었다. 그 덕분에 그녀는 세션을 마치고 집으로 돌아간 후 모종의 강력한 경험을 했다고 보고했다.

사만타는 카렌을 구조하는 일을 멈춘 것이 최고로 잘한 일이라고 결론지었다. 비록 그런 행동이 카렌을 내버려 두는 것과 같았지만 말이다. 나중에 그녀는 다음과 같이 보고했다.

그 결정을 실행으로 옮기는 것은 정말로 쉽지 않았어요. 하지만 그것이 올바른 결정이었다는 점은 분명히 알고 있었죠. 그것이야말로 카렌을 위해 해줄 수 있는 가장 깊은 사랑의 행위였으니까요.

카렌이 다시 약에 취해서 사만타의 집에 나타나 얼마간 머무르고 싶다고 했을 때, 사만타는 온 힘과 용기를 끌어모아 안 된다고 거절했다. 자연히 그 후 몇 주간은 불안과 회의가 가득했다. 전적이 있었지만 카렌에게 어떤 일이 벌어지고 있는지 사만타는 알 수 없었다. 하지만 사만타는 최악의 경우를 상상하면서도 카렌이 어떤 결정을 하고 어떤 위험에 처하든 그에 대한 책임을 받아들이지 않으려고 몸부림쳤다.

그러다 드디어 카렌에게서 소식을 듣게 되었다. 카렌은 새로운 남자 친구와 살고 있다고 했다. 사만타의 결정이 사만타와 카렌 모두에게 전환점이 되었다. 카렌의 새 남자 친구는 약물을 끊으려 노력하는 카렌을 지지하고 있었다. 그 덕분에 카렌은 훨씬 잘 지내고 있는 것처럼 보였다. 이후 두 사람은 마침내 결혼을 했다.

사만타의 결정과 실행은 딸의 삶에 긍정적인 영향을 미쳤다. 그뿐만 아니라 사만타 자신에게도 중요한 영향을 미쳤다. 더 이상 걱정으로 점철된 나날들을 살지 않게 된 것이다. 사만타의 삶은 훨씬 평화롭고 즐겁고 자유로워졌다. 그녀는 의식적으로 자신을 사랑하고 돌보려 노력했다.

몇 년 후 추적 조사를 해본 결과, 카렌은 결혼을 하고 약물을 끊었으며 출산을 앞두고 있었다. 사만타도 손자를 가족으로 맞이할 준비를 하면서 새로운 흥분으로 가득 찬 나날들을 보내고 있었다. 슬픔과 불안이 기쁨과 기대감으로 교체된 것이다.

일생을 위한 영혼의 목적에 다가갈 수 있는 실마리는 우리의 사고와 행위, 관계 패턴 속에 있다. 삶의 문제들을 해결하고 내면의 평화를 이루기 위해 애쓰다 보면, 우리의 습관이 미래를 위한 로드맵을 제공한다는 점을 깨달을 것이다. 우리의 과제는 이 실마리들을 해석한 후, 이런 이해를 활용해서 필요한 변화들을 일궈내는 것, 즉 자유로워지는 것이다.

우리는 낸시와 에밀리, 릴리, 볼드윈, 브릿, 사만타가 LBL 세션에서 얻은 지혜를 활용해서 필요한 변화를 어떻게 일궈냈는지 살펴보았다. 그들은 과거의 패턴을 깨고 거기에서 자유로워졌다. 오랜 세월 그들을

가두고 있던 패턴들에서 자유롭게 벗어난 덕분에 그들의 영혼이 갈망하던 치유와 균형, 배움을 얻었다. 그리고 평생의 고통을 극복하기 위한 영적인 작업을 통해 내적인 기쁨과 평화로움에 이르렀다. 이로써 그들은 자신들의 영혼의 속삭임에 응답했으며 영적인 성장을 통해 문제를 해결하려 했다. 이렇게 그들의 영혼이 진화하는 동안 그들의 삶 또한 향상되었다.

　　　　　　영혼들의 지혜

10
죽음과의 짧은 만남이 가져다준 변화

거의 죽을 뻔한 상황에 처하거나 죽음의 문턱까지 다녀온 경험은 우리의 삶에 깊은 영향을 미친다. 어떤 이들은 그런 일을 무사히 겪어냈다는 데에 큰 안도감을 느끼고, 나중에는 기쁨에 들떠 더 이상 죽음을 두려워하지 않게 된다. 그런가 하면 그다지 긍정적이지 않은 느낌을 받는 이들도 있다. 이런 사건에서 살아남은 뒤 화와 분노, 죄의식, 두려움 등의 감정도 가질 수 있다. 이런 사람들은 죽음과의 만남 후에 남아 있는 부정적인 감정들을 털어버리게 지원해 주어야 한다.

'임사 체험'이라는 것도 죽음과의 대면 경험이다. 이 말은 일반적으로 개인이 임상학적으로 짧은 시간 동안 죽어 있다가 다시 살아나거나 의식을 회복한 상황을 가리킨다. 임사 체험자들의 보고에 따르면, 몸의 기능이 멈춰 있는 동안에도 그들은 유체이탈을 경험하거나, 죽은 친지나 지혜로운 존재들을 만나거나, 중요한 메시지를 받는 등의 경험을 했다고 한다.

이런 경험들은 사람들에게 엄청난 관심을 불러일으킨다. 최근에는 의료인과 연구자들도 많은 관심을 보이고 있다. 당사자들도 자신이 겪은 이런 경험들을 진짜로 받아들인다. 의심하는 이들은 거의 없다. 하지만 임사 체험들을 불러일으키는 것이 무엇인지에 대해서는 여전히 논쟁 중이다.

어떤 연구자들은 몸이 죽은 후에도 의식이 살아 있을 경우에 임사 체험을 한다고 믿는다. 한편 죽어가는 뇌의 신경 반응이나 화학물질이 임사 체험을 불러일으킨다고 믿는 이들도 있다. 추가 연구가 있어야만 이 의문의 해답을 얻을 수 있을 것이다. 하지만 이런 사후 세계와의 만남이 심리적·영적 치유를 선사할 수 있다는 점은 분명하다.

대부분의 임사 체험은 긍정적인 것으로 보고되고 있다. 하지만 임사 체험을 한 사람들 모두가 건설적인 경험을 하는 것은 아니다. 심장 수술 중에 심박이 정지된 환자들을 연구한 결과, 어떤 환자들은 임사 체험 후에 혼란이나 불안을 느낀 것으로 나타났다. 요컨대 전문적 도움을 받아야만 임사 체험을 그들의 삶에 긍정적으로 통합시킬 수 있는 사람들도 있었다. 한편 임사 체험이 그들의 미래에 어떤 의미를 지닐지 두려워하며 치유를 바라는 사람들도 있었다.

긍정적인 임사 체험을 한 사람들은 임사 체험 중에 느낀 무조건적인 사랑과 일치성을 다시 경험하고 싶어 한다. 혹은 그들이 만났던 지혜의 근원에 다시 다가가고 싶어 하기도 한다. 하지만 혼자의 힘으로는 그렇게 하기가 힘들다.

이전에 출간된《삶과 삶 사이에 대한 안내서Llewellyn's Little Book of Life Between Lives》(2018)에서 보고한 것처럼, 긍정적인 임사 체험 중에 하는

경험들은 LBL 세션 중에 드러나는 경험들과 놀랄 정도로 비슷하다. 대부분의 사람들이 그 경험으로 삶의 변화를 겪는 것도 같다. 그렇지만 LBL 세션 중의 경험이 더 오래 이어지고 더 심오하다. 나아가 우리가 가진 문제들에 대한 해답도 제공한다. 요컨대 LBL 세션은 긍정적인 임사 체험을 경험한 사람들에게 다시 영계와 연결돼서 삶의 목적과 치유, 추가적인 지혜를 얻을 방법을 제공한다. 또 임사 체험의 기억이 단편적이어서 그에 대해 불확실함이나 불신을 갖고 있던 사람들에게는 위안과 명쾌한 이해를 선사한다.

우리는 영계에 있는 동안 지상에서의 생을 계획한다. 그리고 지상에서 죽음을 맞이한 후에는 다시 이 영계로 돌아간다. 짐작컨대 임사 체험을 하는 사람들은 짧게나마 이 영계를 방문하는 것 같다. 마이클 뉴턴 연구소는 영계에 대한 이 지식을 확장시키기 위해 연구를 계속하고 있으며, 다른 연구자들과도 유연하게 협력하고 있다.

이 장에서는 생명을 위협하는 상황에서 살아남은 사람들이나 임사 체험을 경험한 사람들이 LBL 세션을 통해 치유된 사례들을 소개하겠다. 먼저 폭력적인 사건을 겪고도 살아남은 사람의 이야기부터 살펴보겠다.

성폭행의 경험에서 벗어난 데브라

데브라Debra는 48세의 최면요법가였다. 그녀는 LBL 세션에서 다음과 같은 과거를 들려주었다.

제가 열한 살 때 어머니가 찰스라는 남자와 결혼을 했어요. 그는 나이

가 어머니의 반밖에 안 돼서 저와는 고작 열네 살밖에 차이가 나지 않았지요. 제 생각에는 어머니가 젊은 남자의 알랑거림에 넘어간 거 같았어요. 그는 어머니와 함께 있을 때마다 긍정적이고 다정한 겉모습을 연출하는 데 뛰어났어요. 하지만 결혼을 한 뒤에는 이런 가식이 무너졌지요. 찰스는 편협한 남자였어요. 여자를 무시했고 자신을 가족 중에서 가장 중요한 인물이라고 여겼어요. 게다가 총을 소중히 여겼으며, 총이면 모든 문제를 해결할 수 있다고 생각했어요.

그는 폭력적인 사람이기도 했어요. 어머니와 저를 구타하고, 제 강아지도 때렸어요. 제 언니를 때린 적도 있어요. 언니의 안경까지 망가뜨렸지요. 그는 우리 집에 계엄 상황 같은 분위기를 조성했어요. 결국 어머니와 찰스의 결혼 생활은 2년 만에 끝났어요. 당시에 대한 저의 기억은 모두 흑백으로 이루어져 있어요. 어떤 색깔도, 어떤 기쁨도, 진정으로 살아 있다는 느낌도 없었어요.

제가 열두 살이 되자, 찰스는 저를 쫓아다니며 추근대기 시작했어요. 처음에는 티가 나지 않게 교묘히 행동했는데, 원하는 결과를 얻지 못하자 대놓고 추근댔어요. 저는 그를 피하려고 애를 썼어요. 가끔은 예기치 못한 행운의 덕을 보기도 하고, 가끔은 순수한 힘을 쓰기도 했죠. 하지만 그는 멈추지 않았어요. 그러다 결국엔 총구를 겨누고 강간을 하려고 했어요. 저는 그가 저를 죽일까 봐 두려웠어요. 가까스로 도망쳤지만, 그는 어머니에게 말하면 어머니를 죽이겠다고 협박하기도 했어요. 저는 너무 어려서 더 지혜로운 대처법을 몰랐어요. 그래서 그냥 그의 말을 믿고 침묵을 지켰지요. 그 시점부터 그는 저를 혼자 내버려 뒀어요. 하지만 어떤 알 수 없는 이유로 그가 어머니에게 실토를 했어요.

그 후로 어머니는 저의 안전을 위해 저를 집에서 먼 곳으로 보냈어요. 그러고는 이혼 신청을 하고 얼마 지나지 않아 그 집을 나왔지요. 우리는 모두 다른 지역으로 이사를 갔어요. 이렇게 해서 완전히 새롭고 놀랍도록 열린 삶이 시작됐지요. 그 흑백의 시간은 누군가 다른 사람이 살았던 시간처럼 여겨질 정도였어요. 슬프게도 어머니와 제가 떠난 후 찰스는 저의 개와 어머니의 고양이를 총으로 쏴 죽였어요.

제가 스물아홉이었을 때 어느 믿을 만한 영매가 이런 말을 했어요. 저세상에 있는 누군가가 제게 그를 용서해주라고 한다고요. 그래야 제가 계속 전진할 수 있기 때문이래요. 저는 제 남편 말고는 누구에게도 제게 일어났던 일을 이야기한 적이 없었어요. 제 남편은 제가 처음으로 치유를 경험하는 데 중요한 역할을 했던 사람이에요. 그런데 그 영매는 아주 오래전 저를 폭행했던 그 남자의 이름과 폭행이 일어났던 당시의 상황까지 이야기했어요. 저는 제가 여전히 분노를 붙들고 있으며 이것이 제게 상처를 입히고 있다는 걸 깨달았어요. 그래서 어떤 치유 작업을, 분노를 풀어버리는 작업을 했어요. 그 덕분에 더 나은 자리로 나올 수 있었죠. 하지만 분노는 여전히 거기 제 안 깊은 곳에 자리 잡고 있어요.

데브라는 40대 초에 최면요법가 겸 치유사가 되는 훈련을 받았다. 남녀 가리지 않고 그녀를 만나러 오는 대부분의 사람들이 그녀가 견뎌낸 것과 같은 학대를 경험한 이들이었다. 비슷한 일을 겪었던 그녀는 영적인 관점에서 보면 이 어린 시절의 학대 경험이 치유사로서 그녀가 걸어가야 할 길의 일부임을 이해했다. 하지만 그녀가 겪어내야만 했던 그 일들로 인해 여전히 분노를 느끼기도 했다.

LBL 세션에서 그녀는 영계로 들어가자마자 자신의 영혼 그룹을 만났다. 그들은 음악이 흐르는 가운데 모두가 함께 움직였다. 마치 그들의 에너지가 섞여서 넘칠 듯한 사랑의 원을 이루는 것 같았다. 이후 마스터가 그 원에 합류하자, 그들은 모두 하나의 존재처럼 어우러져서 춤을 췄다.

그녀는 이제 그 공간을 벗어나 커다란 나무와 정자들이 있는 아름다운 공원으로 갔다. 정자에는 서로 다른 그룹들이 있었는데, 마치 가족들마다 따로 모여 소풍을 즐기는 듯했다. 그녀가 그들 옆을 지나쳐 가자, 그녀가 아는 사람들이 다가와 인사를 했다. 화창하고 멋진 날이었고 믿기지 않을 만큼 아름다운 공원에 사람들이 한가득 모여서 즐거운 시간을 보내고 있었다.

누군가가 일어서서 그녀 앞으로 다가와 섰다. 처음에 그녀는 그 사람을 알아보지 못했다. 그러나 곧 누구인지를 알아보았다. 바로 찰스였다. 그녀의 어머니와 결혼을 하고 그녀를 학대했던 사람. 그녀는 본능적으로 공포를 느꼈다. 그런데 그의 이미지가 희미해지면서 그가 진정으로 어떤 사람인지 보이기 시작했다.

이 영적인 차원에서 찰스는 그녀가 잘 알고 사랑하는 소울 메이트였다. 인간으로서 판단하기에 그처럼 부정적이고 사악하며 끔찍한 일을 해달라고 그에게 부탁할 수 있었던 이유는 그만큼 그가 신뢰할 만한 존재였기 때문이다. 그녀의 부탁에 그는 그녀를 학대하는 사람이 되어주겠다고 약속했다. 이처럼 그녀가 그에게 학대자의 역할을 해달라고 부탁했기 때문에 그에게는 어떤 부정적인 카르마도 쌓이지 않았다. 그녀가 학대당하는 경험을 필요로 한 이유는 더 나은 치유사가 되기 위해서

였다. 그녀는 이 문제를 더 자세히 설명해 주었다.

저는 학대와 괴롭힘을 당하는 경험이 어떤 것인지 배우려 했어요. 치유
사가 되는 것이 제 영혼이 계획한 길이고, 이런 학대 경험도 치유사가
되는 과정의 한 부분이니까요. 그래서 비슷한 상황에 직면한 사람들을
제대로 도울 수 있게, 학대와 괴롭힘의 경험을 모든 각도에서 충분히
이해하려 했어요. 그것이 이 생에서 제가 해야 할 일의 하나였기 때문
에 그는 저를 위해서 그 신성한 계약에 합의했지요. 그는 찰스로서 행
복한 삶을 살지 못했어요. 그 자신도 어린 시절에 구타와 학대를 당했
어요. 그리고 마흔도 되기 전에 생을 마감했죠.

세션이 끝난 후 데브라는 이번이 '죽음과 충돌한' 경험에서 벗어나기
위한 최종적 치유 작업인 것 같다고 말했다. 그녀의 설명은 다음과 같
았다.

세션을 받기 전에는 이 이야기를 누구에게도 말할 수 없었어요. 그의
이름조차도 입에 올리지 못했죠. 정상적이고 균형 잡힌 상태에 도달하
기까지 정말로 오랜 세월이 걸렸어요. 하지만 최종적인 치유 작업, 진
정한 해방과 용서와 치유는 LBL 세션을 통해 이루어졌어요. 이 작업은
많은 차원에서 치유를 가져다줘요. 정말이에요. 오로지 이 세션을 통해
서만 제게 일어난 일의 완전한 진실을 깨닫고, 치유사로 성장하기 위해
제가 영혼 상태에 있을 때 이런 경험을 요청했다는 사실도 기억하게 됐
어요.

LBL 세션을 통해 데브라는 학대의 경험에서 진정으로 해방되고 학대자 찰스도 용서하게 되었다. 그녀는 언젠가 영계의 고향으로 돌아가 그에게 감사의 마음을 전하게 되기를 고대하고 있다. 그녀가 이번 생에서 치유사가 될 수 있도록 사랑과 신성한 계약에 따라 행동해 준 찰스에게 '얼굴을 맞대고' 직접 인사를 하고 싶은 것이다.

전 지구적 비극과 개인들의 각성

지구 학교는 여러 가지 부정적인 감정을 유발시키는 경험들을 무수히 제공한다. 한 예로, 개인이나 지구 차원의 비극을 경험하면 엄청난 불안이 싹튼다. 이런 경험들이 만들어낸 스트레스에서 벗어날 방법이 없다면 몸은 물론이고 마음의 건강까지 위태로워질 것이다. 그렇지만 비극의 한가운데에도 성장과 새로운 관점을 얻을 기회는 늘 존재한다.

로라Laura는 40세였으며 그녀가 소울 메이트라고 생각하는 연인 파비앙과 함께 살고 있었다. 그녀는 칠레에서 태어났지만 아주 어렸을 적에 가족들과 다른 나라로 이민을 갔다. 어른이 된 후에는 우울증으로 고통받았으며, 이로 인해 정서적으로도 고갈되었다. 그 결과 영화 제작자라는 그녀의 직업에 결정적 역할을 하는 창조력도 막히고 말았다.

로라는 2017년 테러리스트들의 공격 현장에 있었다. 그녀는 이 일을 계기로 LBL 세션을 예약했다. 당시 트럭 한 대가 사람들로 붐비는 거리를 미친 듯 내달리다가 백화점 건물에 부딪힌 후 폭발해 버렸다. 이로 인해 다섯 명이 사망했으며 열네 명이 중상을 입었다. 로라는 다행히 부상은 입지 않았지만 엄청난 충격을 받았다.

그녀는 자신의 영혼의 목적과 우울증에 대해서 알고 싶었다. 또 이런

비극의 현장에 있었다는 사실 이면에 어떤 의미가 있는지도 궁금했다. 더불어 그녀의 창조력을 가로막는 장애들도 제거하고 싶었다.

세션에서 로라는 브리라는 여성으로 살았던 전생을 경험했다. 브리는 유복한 가정에서 태어났지만 자신이 이 생에서 침체되어 있다고 느꼈다. 그녀의 설명은 다음과 같았다.

저는 남편도 자식도 없이 독립적으로 살고 있어요. 제 스스로 이런 삶의 방식을 선택했죠. 저는 다른 여자들과는 달라요. 남편과 자식에 대한 환상이 전혀 없어요. 그저 세계를 구경하며 여행하고 싶을 뿐이에요. 저는 지금도 어린 시절 우리 집에서 뛰놀던 때와 똑같은 성격을 갖고 있어요. 소셜 게임을 하는 법도 배웠고, 어떤 갈등도 원하지 않아요. 지금도 여성들은 싸워야 독립을 얻을 수 있어요. 저는 좋은 가정에서 태어났고 지지도 받고 있어요. 그래서 가족들은 저를 혼자 있게 놔두죠. 하지만 사회 안에서 무언가 중요한 존재가 되기는 어려워요. 어느 면에서 저는 벽 안에 갇혀 살고 있죠.

브리는 죽음의 순간에 자신이 생을 허비했다고 말했다.

저는 아무것도 하지 않았어요. 돈과 지위 등 원하는 모든 게 있었으니까요. 저와 비슷한 사람, 저를 돕고 지지해 줄 사람과 결혼을 할 수도 있었고, 세계를 가능한 한 많이 탐험할 수도 있었는데 그렇게 하지 않았어요. 비록 평화롭게 죽음을 맞이하고는 있지만, 저의 영혼은 좌절감과 짜증을 느끼고 있어요. 더 많이 행동하지 않았기 때문이죠.

삶과 삶 사이로 들어간 뒤 로라는 자신의 불멸의 영혼인 아리엘에게서 소식을 들었다. 최면요법가가 로라와 브리의 유사성을 설명해 달라고 하자 아리엘은 다음과 같이 대답했다.

둘 다 함정에 빠졌다고 느끼고 있어요. 자신의 잠재력을 충분히 활용하지 않고 있고요. 제 생각에는 로라가 브리보다는 약간 더 진보한 것 같아요. 브리와 달리 로라에게는 파트너도 있어요. 그뿐이 아니에요. 그녀는 자신과 자신의 삶을 더욱 잘 통찰하고 있어요. 그 덕분에 삶을 더욱 완전하게 살고 있지요.

로라가 글쓰기와 영화 제작에 이끌리는 것과 더불어, 그녀를 억제하는 우울증의 이면에 있는 문제에 대해서 최면요법가가 묻자, 아리엘은 이렇게 대답했다.

그녀에게는 많은 영혼을 건드릴 수 있는 이야기가 있어요. 지금은 그녀의 창조성을 완전하게 꽃피울 수 있는 지혜도 갖고 있고요. 그녀의 내면으로 들어가는 일은 깊은 우물 속으로 뛰어드는 것과 같아요. 그 우물은 보물 상자와 같지요. 그 안으로 제대로 들어가면 보석 같은 세부사항들을 건져 올릴 수 있답니다. 보석들은 사람들의 심금을 울릴 그녀의 이야기를 말해요.
로라가 무언가를 하고자 한다면 그냥 그 일을 하면 돼요. 그녀를 멈출 수 있는 건 아무것도 없어요. 인내심과 평화를 키워야 해요. 그녀의 꿈에 되풀이해서 나타나는 독수리처럼 날아오를 수 있어요. 지구상에서

원하는 것이면 무엇이든 창조할 수 있어요. 그녀는 자유로우니까요! 그녀는 능력 있고 엄청난 내적 힘도 지니고 있어요. 그녀의 고차원적인 시각을 활용해야 해요. 지금이 그래야 할 때예요!

최면요법가는 로라가 2017년에 왜 테러리스트들의 공격 현장에 있었던 것인지 물었다. 그러자 아리엘이 설명했다.

크게 좌절한 상태였어요. 지구를 떠날 때가 된 것은 아닐까 하는 생각까지 했죠. 되는 일이 하나도 없었으니까요. 그런데 막판에 이 생에서 더 탐구해야 할 것이 있다는 걸 깨달았어요.

아리엘은 계속해서 그 사건이 일어나게 된 폭넓은 맥락을 설명해 주었다. 그리고 직간접적으로 영향을 받은 다른 사람들의 경험과 그 사건이 어떤 관련이 있는지도 말해주었다.

그건 로라뿐만 아니라 그 자리에 있던 다른 사람들과도 관련이 있어요. 그들은 똑같은 걸 경험할 필요가 있었어요. 그리고 그 현장에 있는 것이 그럴 수 있는 가장 쉬운 방법이었죠. 그 사건에는 당신이 생각하는 것보다 훨씬 큰 그림이 있어요. 많은 사람들이 그 일을 슬프게 바라보고 있지만 그 자리에 있던 사람들 전부 거기에 있을 필요가 있었어요. 죽은 사람들도 마찬가지예요. 그들 모두 지금은 괜찮아요!

고차원적인 시각에서 테러리스트들의 공격 같은 집단적 경험이 어떻

게 조직되는지를 자세히 설명하고, 아리엘은 더 깊은 설명을 덧붙였다.

그 경험에 참여한 사람들은 전부 거기에 있기로 되어 있었어요. 그들이 어떻게 같은 시간에 전부 그 자리에 있게 되었는지는 저도 확실히 몰라요. 하지만 로라가 그 자리에 있을 필요가 있었다는 건 압니다. 그녀는 고착 상태에 빠져 있었어요. 저는 크게 좌절했어요. 로라가 삶에서 전진할 수 없었거든요. 날아오르는 독수리가 나오는 그 반복적인 꿈도 소용이 없었어요. 저는 다른 기술들로 그녀를 자극하려고 했죠. 우울증도 그녀를 전진하게 만들기 위한 것이었어요. 그러다 결국 저는 생각했죠. 이젠 포기! 더 이상은 아무것도 할 수가 없어! 효과도 없는걸, 뭐. 그럼에도 저는 그녀에게 충격을 줘서 깨어나게 하고 싶었어요.

저는 방법을 찾아야 했어요. 로라는 고착 상태에 빠져 있었으니까요. 하지만 그녀의 마음을 움직이기가 힘들었어요. 그녀를 장악하고 있던 우울증에서 그녀가 자유로워지지 못했으니까요. 그래서 그녀를 테러 사건 같은 집단적인 각성 속으로 몰아넣을 수밖에 없었어요. 그런데 효과가 있었어요. 그 사건이 그녀를 흔들어 깨운 겁니다. 정말이에요!

이처럼 로라를 포함해서 테러 공격의 현장에 있던 사람들은 그 경험으로 이득을 볼 가능성이 있었다. 그렇다고 해서 파괴적인 행위에 참여한 테러리스트들이 그 책임에서 자유로워질 수 있는 것은 아니다. 이 집단적인 각성 덕분에 좋은 일이 발생할 수 있는 건 사실이지만, 그렇다고 해서 나쁜 일이 허용되는 것은 아니다.

로라는 테러 현장에서 짧게 죽음과 대면한 덕분에 앞으로 나아갈 길

　　　　　영혼들의 지혜

을 만들 수 있었다. 이 경험이 오래전부터 그녀를 장악하고 있던 의기소침함에서 벗어날 기회를 가져다주었기 때문이다. 다른 사람들이 죽어 나가는 모습을 보면서 그녀는 자신이 아직 살아 있으며 전진할 기회도 남아 있다는 사실을 다시 떠올렸다. 삶이 언제든 끝날 수 있음을 깨닫는 순간 퍼뜩 정신을 차리고, 시간은 흐르는데 자신은 여전히 꼼짝도 않고 서 있다는 사실을 인식했다. 이 경험에서 얻은 깨우침은 미래의 꿈은 물론이고 다음 발걸음에도 동력을 제공해 주었다.

로라의 사례는 지상에서의 시간이 소중하다는 점을 다시 일깨워 준다. 지상에 있는 동안 우리는 탐험하고 경험하고 성장해야 한다. 하지만 부정적인 감정들로 인해 고착되어 앞으로 나아가지 못하고 삶도 즐기지 못하게 될 수 있다. 이럴 때 우리의 영혼과 안내자들은 되풀이되는 꿈과 우울감, 병, 부상, 죽음을 가까이서 짧게 직면하는 경험 등을 통해 우리를 본래의 길로 돌아가게 도와준다.

생명을 위협하는 사건

티파니Tiffany는 33세의 미용사이며, 혼자서 일곱 살짜리 아이를 키우고 있다. 그녀가 LBL 세션을 받으러 온 이유는, 왜 생명을 위협하는 사건들을 되풀이해서 경험하는지 이해하고 싶어서였다. 또한 분명한 이유도 없이 지난 몇 달간 더욱 심해진 우울감에 대해서도 통찰하고 싶었다. 티파니는 미용실을 소유하고 있었으며 최신의 스타일링 기술도 계속 배우고 있었다. 또 전 세계를 여행하며 대단히 활동적인 삶을 살아가고 있었다. 티파니에게는 형제자매가 넷 있었고, 부모님도 부지런히 일을 했다. 아버지는 예술가였으며, 어머니는 그에게 완전히 순종했다.

아버지는 어머니를 진심으로 사랑하지는 않았어요. 집은 가난했고, 폭력이 많이 일어났어요. 부모님이 싸움을 하면 저는 형제들과 종종 외할머니 댁으로 도망을 치곤 했어요.

그래도 티파니가 살던 지역의 관례에 따라 그녀와 형제들은 지금 부모님을 경제적으로 지원하고 있었다. 티파니의 아이 생부는 외국인이었다. 그녀의 말에 따르면, 그는 내면에 어두운 에너지를 품고 있는 데다 공격적이기도 했다. 그래서 그녀가 임신 중일 때도 둘은 자주 싸웠고, 결국 그녀는 그와 헤어지는 것을 선택했다.

티파니는 생명을 위협하는 사건을 경험할 때마다 마지막 순간에 목숨을 건지게 됐다고 했다. 첫 번째 사고는 분만 중에 일어났다. 탯줄이 끊어진 직후 산후 패혈증에 걸린 것이다. 그녀에게는 이 사고에 대한 기억이 없었지만 나중에 사실을 전해 들었다. 두 번째 사고는 10대 청소년 시절에 일어났다. 자동차에 치여서 임사 체험을 한 것이다. 몇 년 후에는 급성맹장 수술을 받으러 아슬아슬하게 병원으로 실려갔다. 임사 체험은 그녀에게 막대한 영향을 미쳤다. 지금도 그 경험으로 약간의 고통을 겪고 있었다.

티파니는 열다섯 살에 부모님으로 인해 사고를 당하면서 처음으로 임사 체험을 경험했다. 당시 티파니는 부모님과 말다툼을 벌이고 있었다. 부모님이 그녀의 외출을 금지했기 때문이다. 티파니는 부모님의 명령에 따르기를 거부하고, 달리는 차 앞으로 뛰어들고 말겠다는 자신의 협박을 실행에 옮겼다. 목격자들의 증언에 따르면, 그녀의 몸은 차에 치인 후 거의 3미터나 공중으로 튀어 올랐다. 그녀가 살 거라고는 누구

도 믿지 않았다고 한다.

이후 그녀는 병원으로 후송되어 응급 수술 중일 때 위에서 자신의 모습을 내려다보았다. 그녀가 자신의 몸 위에 떠 있는 동안 사랑하는 할머니가 그녀 앞에 나타났다. 할머니는 일찍 돌아가셨는데, 그녀에게 아직 할 일이 남았으니 얼른 돌아가라고 했다. 하지만 그 할 일이 무엇인지는 말해주지 않았다. 그때 구급차 안에 있는 그녀의 모습이 보였다. 또 교회의 성체현시대처럼 빛을 발하는 십자가도 보였다. 그 순간 그녀의 생명 징후들이 좋아지면서 상태가 호전되기 시작했다. 그녀는 이때부터 신의 보호를 믿기 시작했다. 그리고 이런 경험을 하던 중에 그녀의 할머니가 이야기했던 그 할 일이 무엇인지 정말로 알고 싶었다.

LBL 세션 중에 티파니는 차에 치였던 순간으로 돌아가 보았다.

부모님이 저의 외출을 허락하지 않아서 저는 차 앞으로 뛰어들겠다고 해요. 그렇게 밖으로 달려 나갔다가 차에 치였죠. 제 부모님한테 말했던 그대로요. (그녀가 흐느낀다.) 부모님에게 용서를 빌고 싶어요. 말은 그렇게 했지만 정말로 그런 일을 벌일 생각은 아니었어요. 그런데 정말로 그런 일이 벌어지고 말았어요. (큰 소리로 운다.) 부모님은 제가 하고 싶은 일을 하게 내버려 두고 싶어 하지 않았어요! (계속 흐느낀다.)

다음으로 그녀는 자궁으로 돌아갔다. 이후 그녀의 어머니가 갓 태어난 그녀를 다정히 품에 안고 있는 상황을 경험했다.

거기에는 많은 빛이 있어요. 어머니와 함께 있는 게 너무 행복해요. 아주 따뜻해요. 우리는 집으로 돌아가고 싶지만 그럴 수가 없어요. 곤란한 사정이 있었어요. 그들이 저를 데려가요. 어머니는 저를 보내고 싶어 하지 않지만요. 어두워요. 잠시 후 (흐느낀다.) 여기 어머니가 있어요. 그녀가 저를 잡아요. 어머니는 저를 사랑해요. 어머니가 다시는 저를 떠나지 않았으면 좋겠어요.

티파니는 전생의 죽음을 경험했다. 그녀는 영혼이 되어 영계의 고향으로 돌아가 방금 살고 온 생을 돌아보았다.

걷는 중이에요. 저는 빛과 행복으로 빛나고 있어요. 여긴 건물도 많아요. 저는 이 모든 것을 보면서 찬탄을 해요. 여기 누군가 있는데 저는 그를 보지 않아요. 빛이 저를 관통해 흐르고 있어요. 마치 빛으로 샤워를 하는 것 같아요. 제가 정화되고 있어요. 저는 여기에 와본 적이 있어요. 이곳을 찬미함과 동시에, 저는 무언가 달라진 점이 있는지 살펴봐요. 누군가 제 가까이 있는 게 느껴져요. 자주색 망토를 걸친 지혜로운 원로가 긴 지팡이를 짚고 있어요. 그는 반짝이는 눈과 긴 머리카락, 수염이 있고, 교황의 모자인 주케토 같은 것을 쓰고 있어요. 저는 그와 함께 이동해요.

아, 여기 제 할머니가 있어요. 위엄 있는 모습으로 많은 빛을 발산하고 있어요. 정말 아름다워요! 할머니가 저의 가족에게 집중하라고 말해요. 저 때문에 걱정이라고도 하시네요.

저는 저를 자동차로 친 그 남자가 제게 다가오기를 기다리고 있어요.

그가 여기 있거든요. 연민의 마음으로 그를 바라봐요. 그는 아직 배울 것이 너무 많아요. 슬프네요. 그가 자신을 위해 기도해 달래요. 저도 가르침을 주어서 고맙다고 인사를 했어요. (크게 외친다.) 저는 겸손을 배웠어요! 저를 강화시키기 위해 저를 죽이지 않은 거예요. 저는 더 단호하고 용감해졌어요. 그가 저기 서 있어요. 우리는 서로를 껴안아요. 제 영혼의 안내자와 할머니가 대견해하고 있어요. 저도 그래요. 저는 부모님에게 사과를 하고 싶어요. 어머니가 저를 안고 있어요. 다시는 저를 떠나지 않겠다고 약속도 해요. 깊은 감사의 마음이 느껴져요. 정말 고마워요 (큰 소리로 운다.) 제 부모님도 할머니와 함께 여기 있어요. 그 덕분에 사랑을 느낄 수 있어요.

티파니는 LBL 세션을 통해 엄청난 치유를 경험했다고 보고했다. 그녀는 세션 중에 자신의 어머니에게서 느낀 사랑에 특히 감동받았다. 그 덕분에 다른 사람들의 조언에도 아랑곳하지 않고 그녀의 어머니가 왜 아버지를 떠나지 않았는지도 이제는 더욱 잘 이해하게 되었다.

"저는 어머니가 떠나지 않기를 바랐고, 어머니는 저와의 약속을 지켰어요. 아버지를 떠나지 않고 저와도 계속 함께 산 거죠. 저의 임사 체험에 대한 괴로운 느낌들도 이제는 없어졌어요. 사랑과 용서에는 치유의 힘이 있어요."

빛의 터널을 통과하다

졸라Zola는 67세의 여성이었으며, 작가와 편집자로 일하다가 은퇴를 했다. 그녀는 젊은 시절에 연극에도 대단히 열정적으로 참여했다. 그런

데 몇 년 전 자동차에 정면충돌해 전형적인 임사 체험에 등장하는 그 유명한 빛의 터널을 통과했다. 거기서 그녀는 지혜롭고 익살스러운 빛의 존재들로 이루어진 원로들도 만났다. 그 빛의 존재들은 인류와 고대 지혜의 수호자였으며, 그녀에게 삶의 의미와 오랜 비밀들을 알려주었다. 그녀는 자신의 내적 경험에 근거해 그들을 '사자 인간Lion People'이라고 불렀다. 그녀의 말에 따르면 그들은 오랜 세월 그녀의 친구였다.

임사 체험 중에 졸라에게는 머물거나 돌아갈 수 있는 선택권이 주어졌다. 그녀는 돌아가기로 결정했는데, 현재 그 이유를 생각하거나 기억해 낼 수는 없었다. 그녀는 임사 체험 중에 큰 사랑과 가쁨을 느꼈다. 그래서 임사 체험 중에 만났던 지혜로운 존재들과 다시 연결되기 위해 LBL 세션을 받으러 왔다. 또 그녀가 이들을 만난 이유와 현생으로 다시 돌아오기로 결정한 이유도 알고 싶었다.

졸라는 전생퇴행을 통해 엘사로 살았던 생으로 돌아갔다. 엘사는 2차 세계대전이 발발할 때 독일 어딘가에 살고 있었다. 그녀는 나치에 대항하는 지하운동가들과 연루되어 있었는데, 1936년에 마을로 들어오려는 독일 군대에 맞서 도로를 차단하려다가 체포되고 말았다. 이후 그녀는 어느 수용소에 끌려가 있다가 추운 겨울에 영양실조로 생을 마감했다. 마지막 숨을 쉬고 나서 그녀는 더 이상 춥지 않음을 느꼈다고 한다. 이제 자유였다. 하지만 그녀의 영혼이 들어가 있던 그 여자가 불쌍하다는 생각이 들었다. 그녀는 자신이 더 이상 살아 있지 않다는 것을 깨달았다. 엘사는 용감한 가슴을 지닌 여성이었다.

저는 사랑과 빛에 잠겨 있어요. 1만 년은 이 상태로 있고 싶네요! 주변

에 다른 존재들도 있어요. 빛을 발산하면서 사랑으로 저를 에워싸고 있어요. 마치 파티가 계속되고 있는 것 같아요. 하지만 저는 감정이 뒤죽박죽 뒤섞여 있어요. 엘사가 불쌍하다는 마음이 여전히 있고, 다른 한편으로는 그녀가 도움을 주기 위해서 했던 일들에 자랑스러운 감정도 들어요. 나치는 정말 무시무시한 피해를 입혔어요! 영계로 다시 돌아온 지금은, 아주 오랜 시간 떠나 있었던 것 같은 느낌이 들어요. 그들 모두 제게 잘 살아냈다고 말해요. 그 덕분에 기분이 빠르게 전환되고 있어요. 저는 먼저 죽음을 맞이해서 그곳에 있는 다른 사람들과 이야기를 나누면서 돌아다녀요. 우리는 전쟁 이야기도 하면서 서로의 등을 토닥여 줘요. 끝나서 정말 기뻐요! 하지만 재미있지 않았나요? 우리는 정말 살아냈어요! 우리에게 주어지는 모든 것과 이 삶에 온전히 참여했어요. 그냥 그 속으로 뛰어들었죠! 모든 게 그냥 연극이었던 것 같은 느낌이 들기 시작해요. 진정한 우리는 사실 아니었던 거죠.

이제 우리는 전부 무대 뒤에서 스태프처럼 파티를 즐기고 있어요. 지금은 그 삶보다 여기에 더 중요한 것들이 있으니까요. 그들 중 많은 수가 그냥 저를 만나기 위해 온 존재들이에요. 관객석에 있던 친구들인 거죠.

졸라는 또 다른 영혼이 앞으로 나오는 것을 보았다. 졸라는 그를 연출자라고 불렀다.

그는 키가 아주 커요. 여기 내 옆에 내내 서 있었어요. "잘했어." 그가 이렇게 말해줘요. 그 순간 대본이, 그러니까 계획이 기억났어요. (잠시 멈추었다가 놀라움에 숨을 헐떡이며) 우리는 배신당했어요! 우리가 믿던 그룹원

중 한 명이 우리를 밀고한 거예요. 우리에게 상처를 주기 위해서 그런 건 아니에요. 그저 자신을 구하기 위해서였지요. 절망적인 상황에서 자기 목숨을 구하기 위해 그런 거죠.

이 생의 목적은 무엇이었을까요? 자신에게 해가 될 일이라도 옳은 일을 위해서 하는 것이었어요. 이것은 제게 정말로 중요하고 심오한 진실이었어요. 그림책의 페이지가 빠르게 넘어가면서 다른 시간, 다른 옷, 다른 얼굴의 사람들이 보여요. 그들은 옳은 일을 옹호하다가 죽거나 해를 입어요. 이런 생들은 이제 다 마쳤어요.

엘사의 영혼이 다시 나타나서 졸라에게 이야기했다.

엘사가 졸라에게 말해요. 그 생에서는 모든 것이 복잡했다고요. 하지만 괜찮았어요. 그냥 삶 속으로 뛰어드세요! 염려할 것 없어요!

그러자 졸라는 엘사에게 아주 잘 살아냈으며 많은 것을 보여주었다고 대답했다. 또한 엘사가 망설이는 법이 없었다는 점을 말해주었다.

지금 엘사는 춤을 추고 있어요. 젊은 시절에 댄스파티에서 입었던 것과 똑같은 드레스를 입고요. 그녀는 빙빙 돌면서 빛 속으로 들어가고 있어요.

졸라는 이제 막 영계로 들어가려 했고, 영혼 상태에서 그녀가 경험하는 것을 이렇게 보고했다.

아주 넓디넓어요. 움직임과 활동도 많고요. 하지만 제게는 아직 아무것도 보이지 않아요. 주변에 다른 사람들이 있는 게 느껴지고요. 저는 혼자가 아니에요. 접견실이 줄지어 있는 게 보여요. 저도 누군가를 만날 거예요. 갈수록 멋진 방들이 나타나더니 이제 고위급 접견실이 보여요. 저는 이제 임사 체험 중에 있던 정자로 돌아와 있어요. 저는 여기 머물지, 아니면 돌아갈지를 선택할 거예요. 다음으로 다시 그 고위급 접견실로 돌아와 있어요. 저는 마호가니로 만든 직사각형의 커다란 테이블에 앉아서 거기 있는 사람들과 대화를 나누어요. 방 끝쪽 벽에는 창문들이 있어서 방이 아주 밝고 햇살도 잘 들어요. 화분에 흰 백합들이 심겨 있고, 좀 큰 화분에는 종려나무가 심겨 있어요. 이제 모두들 자리에 앉아요. 저는 꿈에서 이 장소를 본 적이 있어요. 그들이 다시 토론을 위해 제 생의 계획이 담긴 청사진 같은 걸 펼쳐 보여요. 제가 건축가이고, 이 청사진은 저의 계획이에요. 전반적으로 축하해 주는 분위기예요. 정당성을 인정해 주고 저를 사랑해 주는 느낌도 들어요.

제 삶의 토대는 아주 튼튼해요. 이 토대를 세우기가 무척 어려웠지만요. 이 토대 위에 집을 세우는 걸 제 삶이라고 본다면, 이제 저는 이 집을 완성하고 마무리 손질만 하면 돼요. 놀라워요!

임사 체험을 하고도 왜 다시 이 생으로 돌아왔냐고요? 제 집이 완성된 모습을 보고 싶었기 때문이에요. 그때는 토대도 아직 완성되지 않았었거든요. 임사 체험을 경험한 이유는 다시 연결되는 데 도움이 되기 때문이었어요. 당시 저는 다 포기하려던 참이었어요. 생의 반을 그 토대를 만드는 데 바쳤는데도 일이 계속 잘 안 돼서 토대를 제대로 세우지 못하고 있었거든요. 그런데 그들이 토대를 제대로 만드는 법을 알려주

었어요.

저는 지금 새로운 단계에 있어요. 저의 집이 완성됐어요. 아주 완벽해
요! 이제 장식을 하면 돼요. 꽃처럼 집에 둘 아름다운 것들을 발견하고,
아름다운 사람들을 집에 들여야 해요. 저는 제 집을 사랑해요. 집에는
넓은 현관이 있어요. 저는 사방에서 가져온 등잔과 화병, 테이블을 집
안에 배치해요. 여행을 하며 수집한 거예요. 가볍고 밝게 꾸미라는 것
이 제게 주어진 메시지예요. 드디어 그 일을 마쳤어요!

최면요법가가 졸라에게 사자 인간이 누군지 물었다.

사자 인간은 저예요. 제가 사자 인간이에요. 사자 인간들은 같은 씨족
이고 저의 부족이지요. 우리는 여러 세계에서 살아왔어요. 조력자이자
수호자들이지요. 우리는 진리와 인류를 지키는 존재예요. 우리 중 약
30명은 여기 지구 차원에 있어요. 하지만 진동수가 너무 낮아서 여기
있는 게 많이 힘들어요.

저는 정확히 제가 있어야 하는 곳에서 정확히 제가 하기로 되어 있는
일을 해요. 그들은 제게 등대의 이미지를 보여줘요. 등대는 환하게 빛
을 비추어서 사람들이 암초를 피하게 도와주죠. 비록 저는 그 과정에서
파도에 부딪히기도 하지만요.

6개월 후 졸라를 조사해 보니 잘 지내고 있었다. 새 집을 사서 집을
꾸미느라 여념이 없었다. 그녀는 원하던 답을 세션에서 얻었으며, 임사
체험 중에 왜 돌아오기를 선택했는지도 이제는 이해를 했다. 그녀에게

는 여전히 지상에서 마무리하고 싶은 일이 있었던 것이다. 그녀는 자신이 있어야 할 바로 그 자리에 있으며, 이 지상에서 하기로 한 그 일을 하고 있다는 확신을 얻었다.

유체이탈의 경험

다나Dana는 자신이 임사 체험을 했다는 것을 기억조차 못했다. 몇 년 후까지도 그녀는 그것을 유체이탈이라고 불렀다. 그녀는 그 이야기를 자신의 언어로 이렇게 들려주었다.

심각한 사고를 당했어요. 자전거를 타다가 자동차에 치였어요. 이 충돌에 대해서는 하나도 기억나는 게 없어요. 하지만 자동차가 내 머리를 치면 죽겠구나 하는 생각은 퍼뜩 들었어요. 그 순간 저는 운전자에게 저와 충돌할 수 있다는 걸 알려주기 위해서 비명을 질러댔죠. 그 후 제가 죽지 않겠다는 생각이 들었어요. 그 운전자가 경로를 변경했거든요. 이게 제가 기억할 수 있는 전부예요.

다나의 몸은 시간이 지나면서 치유되었다. 하지만 그 사고로 트라우마가 생겼다. 그래서 사고 이후의 삶에 적응하도록 도와주는 상담을 받았다. 그녀가 이야기를 계속했다.

시간이 지나자 제 상담가는 결국 저를 자동차에 치인 순간으로 데려갔어요. 그런데 놀랍게도 제가 유체이탈을 했었다는 사실이 기억났어요. 저는 아름답고 평화롭고 캄캄한 공간의 일부였어요. 이 풍요롭고 광대

하며 사랑으로 가득 찬 어둠 속에 나란 존재는 없었어요. 이 공간에는 다른 존재들도 있었기 때문에 저는 떠나고 싶은 마음이 없었어요. 밖에는 엄청난 혼돈이 있고, 누군가 도움을 필요로 한다는 것이 느껴졌어요. 하지만 저는 아주 만족스럽고 평화롭게 어둠 속에서 계속 쉬었어요. 이곳에는 시간도 존재하지 않았어요.

아래에서 더 많은 소동이 일어났어요. 누군가 정말로 곤경에 처해 있다는 게 느껴졌어요. 그런데 은빛이 감도는 흰색의 밧줄 같은 것이 주의를 끌어당겼어요. 그것이 무엇인지 확인하고 싶은 호기심에 그 흔들리는 줄을 천천히 따라갔지요. 나중에 상담가와 대화를 나누던 중에, 제가 속아서 그 평화로운 공간을 떠나게 되었다는 느낌이 들었어요. 아름다운 은빛 줄이 제 의식 속에 들어오게 된 이유는 그 줄을 따라 제 몸속으로 들어가게 하기 위해서였어요. 몸 가까이 가자 빠르게 아래로 떨어져서 몸속으로 쿵 팽개쳐지는 것 같은 느낌이 들었어요. '이런! 곤경에 처한 그 사람이 바로 나였어!' 하는 생각이 가장 먼저 들었고요. 그러고 나서 회복이 시작되었어요.

회복 과정을 통해 저는 유체이탈 경험을 저의 삶과 화합하려 했어요. 저는 살아 있었으니까요! 그러기 위해서는 커다란 장애물을 극복해야 한다는 걸 깨달았어요. 제가 다른 사람들의 유체이탈 경험은 문제없이 받아들이는 반면에 저의 경험에는 그렇지 못하다는 점이 바로 장애물이었지요! 이 경험을 인정하고 처리하는 데 시간이 필요했어요. 특히 저라는 존재가 없던 그 공간의 느낌을 처리하는 데 시간이 필요했죠. 불교철학과 명상이 그 처리 과정에 도움이 됐어요.

몇 년 후 저는 LBL 세션을 알게 됐어요. 처음에는 이 세션을 받는 게 불

안했어요. 괴짜들이 방황을 하다가 멍청한 짓을 하는 것 같았으니까요. 하지만 이 과정에 대해 더 알고 나자, 제 삶에서 그 사건이 차지하는 맥락을 더욱 잘 이해할 뿐 아니라 그 검은 공간과 다시 연결되고, 유체이탈 경험을 더욱 잘 파악할 기회라는 느낌이 들었어요.

최면요법가는 퇴행을 통해 다나를 그 사건이 일어났던 시간으로 인도했다. 다나의 안내자도 그곳에 있었으며, 그 사건 중에 그녀에게 어떤 일이 있었는지를 알려주었다. 자신의 경험을 그녀는 이렇게 묘사했다.

안내자가 제게 에너지를 뿜어내고 있어요. 그는 거대한 날개를 달고 있어요. 제가 자전거에서 튀어 오를 때 그가 저를 잡아줬다는 사실을 알려주었어요. 그가 저를 잡기 위해서 날아오른 것 같아요. 다른 존재들도 저를 잡게 도와주었고요.
제 안내자가 저를 보살피고 있어요. 그는 아주 강할 뿐 아니라 저를 좋아해요. 저는 걱정할 게 하나도 없어요. 그는 정말 대단한 남자거든요. 그는 강력하고 강한 빛을 품고 있어요. 그 빛을 제 몸속에서 고스란히 느낄 수 있어요.

최면요법가는 그 빛과 에너지가 필요한 일을 하도록 다나를 인도했다. 다나는 그녀의 느낌을 이렇게 설명했다.

색다른 느낌이 들어요. 어떤 묵직한 에너지가 몸 곳곳을 치유하고 있어요. 그것은 액체 상태의 금 같기도 하고, 흰빛과 황금빛이 도는 빛 같기

도 해요. 아주 단단한 에너지예요. 제 안내자는 아주 열심히 일해요. 저는 그저 가만히 있을 뿐이에요. 그가 저의 골절 부위를 치유한 뒤에 제 머리를 치유하고 에너지를 점검해요. 제 머리의 에너지가 팽창해서 저의 몸 위를 전부 휘덮어요. 황금색과 흰색의 빛에 붉은색과 금색의 두터운 구름, 은빛의 불꽃들이 보여요.

제 안내자는 아주 엄격하고 진지한 존재이지만 저를 위해 일할 수 있는 기회를 감사히 여기고 있어요. 저의 안내자가 말이 그다지 많지 않다는 걸 저는 잘 알아요. 전에도 본 적이 있으니까요. 저는 그와 연결되어 있어요. 제 머릿속에는 치유를 돕는 크리스털의 이미지가 있어요. 그것이 제 온몸을 가볍게 만들어줘요. 저는 그 에너지를 느낄 수 있어요. 안내자의 말에 따르면, 그 크리스털에서 반사되는 빛이 원치 않는 에너지를 피하고 내면의 에너지를 살펴보게 도와준다고 해요. 이 빛은 작업이 더 필요한 곳을 알려준다는 점에서 지도와 같아요.

크리스털의 빛은 제게 무척 중요해요. 내적으로나 외적으로 연결되게 도와주기 때문이죠. 그 빛은 저의 고차원적인 자기로 인도하는 줄과 같아요. 크리스털로 인해 저는 저의 어두운 부분들을 확인하고 치유할 수 있어요. 실제로 그 사건을 겪은 후로 저는 스스로를 치유할 수 있게 됐어요. 제 몸이 스스로를 치유하는 거죠. 하지만 감정이 치유되는 게 더 중요해요. 그래서 제 상담가와 함께 그 작업을 해오고 있어요. 감정들을 해방시키자 탁했던 것들이 투명해지고 있어요. 제 안내자는 이제 할 일을 다 했어요. 지금 저는 완전함을 느낍니다.

최면요법가는 그녀가 받은 치유를 통합시킬 수 있도록 그녀를 고요

한 장소로 인도했다. 그리고 평화와 빛을 흡수한 뒤 그녀의 몸으로 돌아가게 했다. 다나는 세션 후의 추적 조사에서 다음과 같은 논평을 남겼다.

돌아보면 LBL 세션은 정말 믿기지 않을 만큼 강력한 경험이었어요. 지금도 여전히 제게 새로운 통찰을 제공하고 있고요. 이 경험은 결코 고정된 것이 아니에요. 저는 더욱 심층적인 차원에서 다시 제 몸으로 돌아가 더욱 단단히 이 지구에 토대를 두게 된 것 같아요. 인간으로서요. 저는 결코 혼자가 아니고 깊이 사랑받고 있다는 걸 알아요. 하지만 종종 이 사실을 잊었다가 다시 기억해요. 지금은 타인에게 존중감을 더욱 많이 느끼고 공감도 더 잘하죠. 인간으로서 우리 각자가 가는 길들이 유일하고 개인적이라는 것도 인식하고 있고요. 하지만 결국은 사랑이 우리 모두를 하나로 이어줘요.

비극적 사건에서 벗어나다

주디Judy는 35세의 기혼녀인데 휴가를 맞아서 남편과 다섯 살짜리 아들을 데리고 다른 나라로 여행을 갔다가 비극적인 사고를 당했다. 그들은 어느 따스하고 화창한 오후에 다른 마을로 가기 위해서 차량 왕래가 거의 없는 길을 따라 차를 몰고 있었다. 그런데 그만 그 길에서 커다란 트럭과 정면으로 부딪히고 말았다.

주디가 마지막으로 기억하는 것은 엄청난 소음이었다. 그녀의 남편은 즉사했고 그녀는 심하게 부상을 입었다. 하지만 기적적으로 아들은 경미한 부상만 입었다. 남편의 죽음에 적응하고 그녀 자신의 부상에서

회복되는 것은 쉬운 일이 아니었다. 그녀는 여전히 그 사건과 후유증으로 괴로워하고 있었다. LBL 세션에서 최면요법가는 주디를 사고 당시로 데려갔다. 그녀는 자신의 경험을 이렇게 묘사했다.

남편이 제 앞에 있는 게 보여요. 그가 미안하다고 말해요. 저는 부자연스러운 자세로 바닥에 누워 있어요. 손이 구부러져서 아무것도 느낄 수가 없어요. 이제 밝은 빛이 보여요. 마음을 달래주는 빛이에요. 제 아버지예요. 돌아가신 아버지가 미소를 짓고 제게 말해요.
"용기를 내라."
저는 여전히 아무것도 느낄 수가 없어요. 남편이 죽었다는 걸 알지만 저는 돌아가고 싶어요. 제 아들과 무용가로서의 제 인생을 위해서요.

주디는 통증을 느끼기 시작하면서도 아들을 찾아 주변을 살펴보았다. 그러나 그녀는 움직일 수 없었고, 아들도 보이지 않았다. 아들의 이름을 불러보려 했지만 소리도 나오지 않는 것 같았다. 그런데 그 순간 아들이 주변을 걸어 다니는 게 보였다. 아들은 마치 무슨 일이 일어났는지 이해하기 위해 애쓰고 있는 것처럼 보였다. 그녀는 다시 큰 소리로 아들을 불러보았지만, 아들은 그녀의 소리를 듣지 못하는 듯했다. 아들은 이마에 작게 상처가 난 것 말고는 멀쩡해 보였다. 날이 어두워지자 그녀는 무력감이 심하게 들었다. 주변에 사람도, 차도, 빛도 하나 없었기 때문이다. 절망적인 마음이 들면서 아들이 걱정됐다.
다음으로 기억하는 건 사람들이 그녀를 들어서 들것에 눕히는 장면이었다. 그녀는 자신이 구급차 안에 있음을 인식했다. 사람들이 그녀를

병원으로 데려가는 동안 아들은 바로 옆에 앉아 있었다. 구급차를 타고 가면서 그녀는 의식이 들락날락했다. 하지만 사고의 충격에서는 충분히 회복되었다.

주디가 영계로 들어가자, 그녀의 안내자가 부가적인 정보들을 알려 주었다.

제 남편이 자동차를 제어하지 못했어요. 안내자 말이, 이 사고의 목적은 저의 힘을 되찾도록 돕는 데 있었다고 해요. 호랑이 사진이 보여서 호랑이의 두 눈을 똑바로 들여다봤어요. 그러자 힘이 느껴졌어요. 아버지가 제게 강해져야 한다고 말하는 소리도 들렸어요.

다음으로 그녀는 1857년 인도에서 살았던 전생으로 돌아갔다.

저는 서른 살가량의 남자예요. 드레스 스카프를 두르고 높은 연단 위에 있는 크고 화려한 의자에 앉아 있어요. 연단 아래에서는 많은 사람들이 모여서 저를 올려다보고 있어요. 저의 말을 기다리는 거죠. 저는 왕이고, 그들은 저의 의견을 듣기 위해 왔어요. 그들에게는 자식이 있지만 하나같이 서로 싸우기만 하고 자식들은 돌보지 않고 있어요.

왕은 태만한 부모들에게서 아이 일곱 명을 데려와 그의 궁에서 키우고 있었다. 그의 말에 따르면 부모들은 왕의 이런 처사에 화를 내기보다 안도했다고 한다. 아이들 중 한 명은 현생에서 주디의 아들로 태어났다. 하인들이 매일 아이들을 보살펴 주었지만 왕은 아이들을 사랑해

서 자주 시간을 함께 보냈다.

몇 년 후 왕이 결혼을 했다. 왕비는 현생에서 주디의 남편으로 태어났다. 그들에게는 친자식이 없었기 때문에 궁전에서 키우던 아이들에게 변함없이 시간과 에너지를 쏟아부었다. 여러 해 동안 많은 전쟁이 있었지만, 용맹한 왕 덕분에 왕국은 살아남아 번영을 누렸다.

전투를 벌이는 중에도 왕은 아이들과 시간을 보내려고 노력했다. 왕비는 갈수록 불행하다고 느껴서 결국 그를 떠나버렸지만 그는 아이들과 시간을 보내는 것에 만족했다. 그는 장수를 누렸으며, 왕국의 모든 아이들의 안녕을 위해 헌신했다. 주디의 안내자는 그들이 왕의 생을 방문한 이유를 설명해 주었다.

그의 말이, 저는 이미 강해지는 법을 알고 있답니다. 그냥 그 방법을 기억해 내기만 하면 된대요. 왕은 왕비를 떠나보낸 후에도 아이들과 시간을 보내면서 다시 만족감을 되찾았어요. 이 방법이 제게도 도움이 될 거라고 해요.

주디는 세션 덕분에 정말로 평화를 얻었다고 보고했다. 사고 당시로 되돌아가 도움의 손길이 도착하기를 기다리던 시간을 다시 경험해 본 덕분에 부족한 부분을 채운 것이다. 특히 임사 체험 중에 아버지를 만난 것은 그녀에게 아주 특별한 일이었다. 남편이 없는 삶에 적응하면서 자신의 힘을 기억하기 위해 그녀는 호랑이의 눈과 아버지의 격려를 떠올렸다.

티파니와 졸라, 다나, 주디는 임사 체험 당시를 다시 방문해서 정서

적인 치유를 경험하고 평화를 얻었다. 또한 불안을 덜고 이런 경험을 그들의 삶에 더욱 완전하게 통합시켰다. 이제 그들은 이런 일들의 이면에 있는 목적을 제대로 이해하고 있다.

우주적 치유

카이Kai는 60대의 은퇴한 전문직 여성이었다. 그녀는 어린 시절부터 심신을 쇠약하게 만드는 만성 질환으로 고통받아 왔다. 이따금씩 너무 아파서 응급실에 실려가기도 했고, 임사 체험도 여러 번 했다. 그래도 어쨌든 카이는 내면의 힘과 단호함으로 난관을 헤쳐 나갔다. 신체적인 한계에도 불구하고 삶에서 많은 것을 성취한 것이다. 그녀는 완성하고 싶은 일이 더 있었으며 또 다른 열망도 품고 있었다. 그래서 근원적인 건강 문제들을 이해하고 조정하는 방법을 알고 싶어 했다.

LBL 세션 중에 카이는 고귀한 영혼의 상태로 쉽게 흘러 들어갔다. 그리고 놀랄 만큼 멋지고 강력한 영적 존재들과 소통했다. 카이가 처음에 창조되었을 때 그녀를 양육해 준 위대하고 다정한 영혼, 즉 영혼의 어머니도 이 중에 포함되어 있었다. 또한 카이는 세션 중에 진보된 존재들도 여럿 만났는데, 이들은 그녀를 효과적으로 개조하고 치유해 주었다.

지구가 보여요. 지구는 보석처럼 빛나고 있어요. 온갖 빛과 경험들이 풍부한 곳이죠. 멋져요! 정말 아름다워요! 오, 이럴 수가! 얼굴들도 아주 많이 보이는데, 마치 거인 같아요. 이 빛의 존재들은 지구상에 있는 사람들보다 훨씬 커요. 그들이 다정한 눈으로 이 행성을 바라보고 있어

요. 이제 그들이 저의 생각과 장애들을 관통해요. 마치 속속들이 정화
시키는 것 같아요.

카이는 기쁨에 웃음을 터트렸다.

저는 거대한 원 위에서 돌고 있어요. 천천히요. 덕분에 위쪽의 모든 별
과 아래쪽의 모든 별을 볼 수 있어요. 새로운 비전에 반갑게 인사를 하
는 것 같기도 하고요. 제가 위쪽으로 올라가는 게 느껴져요. 그러자 지
구상의 사람들과 거대한 존재들이 제가 받아들일 새로운 몸의 투명한
패턴을 창조하도록 도와줘요. 단단해지면 이것은 이 생 내내 저를 실어
나를 거예요. 제게 이것이 필요한 이유는 이 생이 제가 생각했던 것보
다 훨씬 오래 지속되기 때문이에요.

이 모든 빛, 이것이 제 주변에서 다른 배열을 취하면서 다른 패턴을 형
성하고 있어요. 저는 이것이 무엇인지는 몰라요. 하지만 이게 좋아요!
치유와 관련 있어요. 빛과 색, 형태, 이 모든 걸 느낄 수 있어요. 서로 다
른 존재들이 각자 다른 전문적 치유 기술을 발휘하고 있는 거죠. 마치
작은 빛줄기들이 서로 다른 진동수와 색상, 빈도로 제 몸 곳곳을 돌아
다니는 것 같아요. 매순간 바뀌면서요. 저는 이렇게 주입되는 것들을
받아들여요. 정말 기막히게 멋져요. 이건 축복이에요. 저는 결코 예전
과 같지 않을 거예요.

저는 온기와 생기를 지닌 이 멋진 파스텔 색상들을 느끼고 있어요. 몸
의 내부가 더 응집력 있고 통합된 무언가로 변화하고 있어요. 위에서부
터 시작되어 모든 부위까지 내려가는 이 개조를 분명하게 느낄 수 있어

요. 이건 마치 갑자기 폭발적으로 찬양을 하는 것 같아요. 내면의 느낌도 달라요. 이걸 뭐라고 불러야 할지는 모르겠어요. 무릎 아래로는 뼈와 근육이 붙으면서 당기는 느낌이 들어요.

상자처럼 생긴 구조물의 이미지가 보여요. 마치 팬케이크처럼 쌓여 있고 별들로 만들어진 것처럼 반짝여요. 이건 치유 장치예요.

최면요법가가 실제로 지상에서 쓰는 물질적 장치인지 물었다.

아마 그럴 거예요. 지금도 작동되고 있어요. 알게 될 겁니다. 상상 못 하겠지만, 이 장치는 우리의 에너지와 세포들의 균형을 잡아줘요. 몸 안에서 조화로운 상호작용을 위한 배열을 창조하죠. 우리는 이것을 잘 이해하지 못하고 있어요. 하지만 우리가 생각하는 것보다 더 빨리 퍼지고 있어요. 이 장치는 차크라를 입구처럼 사용하죠. 이 빛 에너지가 제 몸을 돌아다니는 게 느껴져요. 제가 마치 산이자, 나무들 옆을 흐르는 시냇물이자, 하늘인 것 같은 느낌이 들어요. 저는 해체되고 쪼개졌다가 머리부터 발끝까지 모든 곳이 개조되고 있어요. 에너지 차원의 체계들이 통합되면서 조화를 찾고 있어요.

저는 혼자의 힘으로는 너무 불안정하게 균형을 잡고 있어요. 다행히 늘 도움을 받고 있지만요. 하지만 제가 방금 받아들인 그런 도움은 아니에요. 물어볼 것이 너무도 많았는데, 이걸 이제야 알았어요! 이건 첫 걸음마에 불과해요.

세션이 끝나고 몇 주 후 카이가 다음과 같은 편지를 보내왔다.

처음에 LBL 세션을 받으러 간 목적은 활기를 얻고 건강한 상태를 되찾고 싶어서였어요. 세션에서 저는 내면이 통합되는 것을 감각기관으로 분명하고 생생하게 지각할 수 있었어요. 안정감과 깊은 평화, 기쁨도 느끼고, 저의 신체적 존재 안에서 치유의 증거도 얻었지요.

제가 참여하는 명상 그룹의 한 사람이 이런 말을 하더군요. 치유 과정에서 제가 파스텔 색조의 다채로운 빛들이 제 몸의 내부를 채우는 모습을 봤을 때가 바로 세션에서 영적인 치유가 일어난 때라고요. 그 덕분에 생명을 위협하는 상태를 나타내던 혼돈이 사라지고, 제 원래의 근본 에너지가 다시 자리 잡히는 걸 경험하게 된 거라고 말입니다.

이후에도 이렇게 확장되고 연결되는 느낌은 그대로 남아 있어요. 건강도 계속 호전되고, 신나고 새로운 기회들도 제안받았어요. 마치 진정한 치유가 시작되는 근원과 사랑에 이르는 또 다른 문을 연 것 같아요.

카이의 경험은 중병에 걸린 사람도 자기 치유가 가능하다는 점을 보여주었다. LBL 세션에서 경험하는 영계와의 연결은 이런 자기 치유를 촉진시키는 방법의 하나다.

혼수상태에서 경험한 신비체험 현장을 다시 찾아가다

노라Nora는 63세의 생물학자인데 그만 전염병에 걸리고 말았다. 이로 인해 두뇌의 기능이 정지되고 혼수상태에 빠져 임사 체험을 했다. 이때 그녀는 몸에서 벗어나 극도로 확장된 의식 상태를 경험했다가 다시 의식을 되찾고 병에서도 완전히 회복되었다.

노라가 LBL 세션을 받으러 온 이유는 혼수상태 당시 몸에서 벗어났

던 때로 되돌아가, 확장된 의식 상태를 다시 경험하고 싶었기 때문이다. 그녀는 임사 체험을 통해 얻은 통찰과 가르침, 선물들을 더욱 많이 되찾고 싶었다. 몇 년 동안 혼자 힘으로 해보려고 노력했지만 잘 되지 않았기 때문이다.

세션 중에 최면요법가는 노라를 몸에서 벗어났지만 여전히 몸과 연결되어 있던 때로 부드럽게 인도했다.

제 몸과 의식이 배꼽을 통해 연결되어 있어요. 밝은 실 가닥 같은 것이 배꼽으로 들어와 영원히 이어주고 있습니다. 모든 단계, 모든 시기의 물리적 몸이 이 의식과 연결되어 있어요. 물리적 몸도 하나의 빛이자 이상이고, 의식과 연결되어 있지요.

그런데 빛과 빛의 형태, 몸 사이의 최종적 연결은 투사의 하나입니다. 물리적 몸의 실제 존재 같은 건 결코 없어요. 물리적 몸은 언제나 투사된 것일 뿐이죠. 하지만 빛의 몸은 아주 실제적이고 영원한 동시에 덧없기도 해요. 하나의 근본 의식으로부터 영원히 변형되니까요. 빛 형태의 관점에서 투사된 것이기 때문에 이 이상은 언제나 완벽하고 하나입니다. 모든 것이 한 과정의 일부이죠.

최면요법가가 노라에게 몸이 완벽한 빛 형태의 투사라면 어째서 때때로 아픈 건지 이해하게 도와줄 수 있는지 물었다.

그것은 가르침을 위한 조율과 같아요. 불완전함도 계획의 일부예요. 고차원적인 관점에서 더욱 포괄적으로 보면 언제나 완벽하죠. 병은 해결

할 수 있어요. 사랑과 일체성을 회복하고 나면, 모든 불완전함은 사라져요. 완벽한 일체 속에 모든 것이 존재하니까요.

그러자 최면요법가가 노라에게 물었다.
"그렇다면 당신의 몸이 아플 때 이 일체 속으로 여행을 떠난다는 말인가요? 신체의 치유는 어떻게 해서 일어나는 건가요?"

일단 돌아가기로 결정하고 나면 치유가 일어나요. 돌아가겠다는 자발적인 의지가 생기면 다른 선택은 없어요. 선택을 해야 가능하죠. 선택은 중요한 연결을 만들어내고, 그러고 나면 나머지는 전부 물 흐르듯 일어나요.
그렇게 해서 저는 이제 대안적 미래들을 보고 있어요. 과거와 미래가 유사하기 때문이죠. 그것들 모두가 존재하지만, 잠재적인 형태로만 존재해요. 점들을 이어야만, 최적의 미래와 치유로 가는 길이 열립니다. 자유의지에 의한 선택은 무한하게 많은 가능성 중 하나와만 관련이 있어요. 고차원적인 영혼과의 연결, 이것은 영원과 무한한 차원들, 그 길을 시각화하고 있는 모든 존재들을 둘러싼 일체성입니다.

최면요법가는 노라에게 이 선택을 어떻게 하는지 물었다.

자신의 길을 결정하겠다는 완전한 자유의지와 함께 언제나 정확히 이렇게 되어왔다는 것을 단순하게 인식하는 거죠. 선택을 통해 모든 것이 가능해요.

고차원적인 관점은 일체의 방향으로부터 와요. 일체에서 비롯되어야만 실제가 어떻게 기능하는지를 인식하죠. 다른 편, 그러니까 베일의 이 편에서는 그것을 알 수 없어요. 그것은 반투명한 거울과 같아요. 하지만 올바른 관점, 즉 일체의 근원에서 보면 명백하게 분리된 것처럼 보였던 영혼과 영혼도 연결되어 있어요. 이런 올바른 관점은 한 사람의 자유의지가 무한한 잠재태로부터 현실태의 방향을 잡아준다는 것을 알아요. 이것은 전부 순수하고 무조건적이며 모든 것에 무한히 힘을 불어넣어 주는 사랑과 연결에서 이루어져요. 창조자의 사랑과 창조는 모두 감사와 사랑, 행복, 기쁨, 본래의 실제로 이루어져 있어요.

최면요법가는 인간의 몸에 병이 있을 때 이 영역과 연결되어서 치유를 일으킬 수 있는 길이 있는지 물었다.

물론이죠. 하지만 신뢰가 있어야 해요. 두려움이 없어야 하죠. 완전한 풍요에 대한 신뢰가 필요해요. 우주는 언제나 우리에게 필요한 모든 것을 주니까 신뢰하고 감사하며 받아들여야 해요. 우리에게 두려워할 것이 아무것도 없음을 알아야 해요. 우리는 한계가 있다는 거짓된 느낌을 극복해야 해요. 완전하고 절대적인 확신을 갖고, 아무런 의심도 없이 이것을 인식해야 하죠. 무한한 힘과 지혜를 믿으면 완전해져요. 그러니 인식하고 신뢰하세요. 감사하고 또 감사하면서요.

최면요법가는 유체이탈 중에 어떤 다른 정보들이 주어졌는지 물었다. 망각하거나 놓치거나 명확하게 이해를 못 할 만한 정보들이 있었는

지 물은 것이다.

생과 생 사이에는 테마가 있어요. 이 테마는 같은 가르침들을 얻는 데 초점을 맞추는 것이죠. 영혼 그룹이 진보하면서 이 가르침들은 되풀이되고 더욱 복잡해져요. 이런 과정을 통해 패턴이 구축되고 확장되면 드디어 성장이 이루어지죠. 시간이 지나면서 엄청난 진화가 이루어지고 의식이 가장 고차원적인 수준으로 깨어나요. 잃어버리는 것은 아무것도 없어요. 우리는 뿌린 대로 거두어요. 성장의 반복적인 패턴, 즉 앎과 연결도 그렇죠. 모든 것에 동력을 공급하는 것은 우주 전체에 스며 있는 사랑의 힘이에요. 이것은 더욱 커다란 계획, 성장을 위한 계획의 한 부분이에요. 신성한 유대와 일체, 그리고 완벽함을 위한 계획이죠.

노라는 몸과 마음을 벗어났을 때 경험한 확장된 의식 상태에 이르기 위해서 거의 10년 동안이나 다양한 방식으로 노력해 왔다. 그러다 드디어 그 의식 상태에 다시 연결되어 한껏 고무되었다. 그녀는 이제 혼자 힘으로도 쉽게 확장된 의식 상태에 들 수 있었다. 또 자신이 '죽어 있던' 순간에 받은 심오한 통찰과 놀라운 선물들도 더욱 잘 이해하게 되었다. 현재 그녀는 다른 사람들에게 도움을 주기 위해서 그녀의 경험을 글로 정리하고 있다.

죽음에 가까이 가는 것은 삶을 변화시키는 경험이다. 물론 그런 사건이 정신적 외상을 남길 수도 있다. 그러나 이런 사건들 속에는 영적 성장과 치유를 위한 엄청난 잠재력이 들어 있으며, 그 이면에는 분명한 이유가 있다. 데브라는 죽음과의 짧은 만남을 통해 더욱 훌륭한 치유사

가 되었다. 그리고 로라는 이 경험 덕분에 불현듯 정신을 차리고 고착된 삶에서 벗어났다.

———————

임사 체험은 삶을 변화시키고 평화를 가져다줄 수 있다. 그렇지만 이런 경험이 전부 마음을 편안하게 해주는 것은 아니다. 이 장에서 소개한 사례들은 LBL 세션이 임사 체험을 한 사람들의 치유를 촉진시키는 힘이 있음을 보여주었다. 세션에 참가한 사람은 영계를 방문하여 명확한 이해와 평화를 얻고 자신의 임사 체험을 삶에 통합시키는 데 도움을 받을 수 있다.

카이와 다나, 노라는 지혜를 얻었을 뿐만 아니라 신체의 치유도 경험했다. 결국 모든 치유는 스스로에게 달린 것이지만, LBL 세션은 개인이 자신의 건강을 촉진시키는 능력을 갖추도록 인도와 통찰을 제공해준다.

11
늙음과 죽음

우리는 각각의 생을 통해 다양한 가르침을 얻기 위해서 이 세상에 태어난다. 삶의 유한한 여정에서 우리가 초점을 맞추고 있는 것이 무엇이든 한 가지 경험은 피할 수 없다. 바로 죽음이다. 사람들 중에는 한창때에 갑자기 요절하는 이들도 있다. 하지만 많은 이들이 노년의 문제들에 직면한다. 지상에서의 시간이 끝나감에 따라 몸이 쇠약해지고 정신도 흐릿해지는 걸 알아차린다.

노화를 있는 그대로 받아들이며 살다 보면, 임박한 죽음을 맑은 정신으로 맞이할 기회를 갖는다. 죽음을 마음 편히 품위 있게 받아들이지 못하는 시대에 이것은 아주 중요하다. 과거 시대에는 때 이른 죽음도 흔한 일이었다. 유아 사망률도 높았으며, 성인들도 장수를 누리기가 쉽지 않았다. 그러다 위생 시설이 개선되고 영양 상태가 좋아지고 현대 의학이 발전하면서 지금은 대부분의 사람들이 중년이나 노년이 될 때까지 죽음을 피할 수 있게 됐다.

영혼들의 지혜

우리의 영혼은 성장을 위해 이 지구상에 왔다. 그런데 이 세상을 떠나는 것도 영혼이 성장할 수 있는 또 다른 기회라면? 신체의 쇠약은 이 물질계가 영원하지 않음을 일깨워 준다. 또한 몸의 덧없는 본성을 직시하고, 우리에게 불멸의 영혼이 존재한다는 것을 받아들이게 한다. 이때 우리의 생들을 되살펴 보면, 우리가 했던 선택이나 살아온 방식들과 타협하는 데 도움이 된다. 다가오는 죽음을 두려워하거나 거부하는 대신 평화롭게 인정하고, 편안하고 품위 있게 죽음을 맞이하는 것이다.

사람들이 노화를 직시하고 죽음에 접근하는 태도는 각양각색이다. 앞 장의 몇몇 사례들에서 세션 참가자들은 전생의 마지막에서 죽음을 경험했는데, 그들이 몸을 떠나는 방식은 서로 달랐다. 천천히 통과하는 이들이 있는가 하면 빠르게 건너가는 이들도 있고, 편안하게 받아들이는 이들이 있는가 하면 저항을 하는 이들도 있었다. 따라서 죽었을 때 무엇이 우리를 기다리고 있는지를 알고 자신이 죽음을 어떻게 맞이하고 싶은지를 미리 결정해 두면 위안이 될 것이다.

이 장에서는 게일과 재클린, 프라우케, 스탄의 사례를 살펴볼 것이다. 이들이 삶과 삶 사이와 전생을 경험하는 이야기를 통해, 인간이 겪는 노화와 죽음의 과정에 대한 지혜를 얻게 될 것이다.

독립성을 잃다

몸과 정신이 우리의 기대를 저버리고 일할 수 있는 시간이 끝났음을 느끼면, 짜증이 나거나 화가 치밀어 오른다. 현대사회에서는 성공이 힘과 미모, 지성, 그리고 독립성과 연관되어 있다고 생각되기 때문에 나이 드는 것이 더 힘들게 다가온다. 나이가 최악의 배신자처럼 여겨질

것이다. 이런 생각에 얽매이면 얽매일수록 마지막을 향한 항해는 더욱 고달파진다.

게일Gayle은 91세의 아주 긍정적이고 지혜로운 여성이었다. 그녀는 이 세상을 떠나기 전에 영혼의 진보 정도를 점검해 보고, 뉴턴 박사가 말한 삶과 삶 사이에 대한 호기심도 충족시키고 싶었다. 그런데 일찍이 두 번이나 죽음을 가까이서 마주한 적이 있던 터라 자신의 유한성을 받아들이는 것은 어렵지 않았지만, 독립성을 잃는다는 점은 받아들이기가 쉽지 않았다.

그녀는 연하의 남편 벤의 도움을 받으며 질문 목록까지 준비해서 세션장에 나타났다. 질문 목록에는 '발에 심한 통증이 있는데 이유가 뭘까요? 균형을 잡는 게 힘든데 왜 그런 걸까요?'라는 내용이 기입되어 있었다. 그녀는 벤의 도움에 고마운 마음을 갖고 있었다. 그러면서도 자신이 독립성을 잃어가고 있다는 점에 화도 나고 짜증도 났다.

퇴행 작업 중에 그녀는 어린 시절에 부모에게서 사랑과 관심을 받지 못했다는 점을 기억해 냈다. 다른 한편으로는 아주 어렸을 적에 유모 알마나 요리사 후티와 함께했던 다정하고 따스한 순간들도 기억했다. 이 후 그녀는 영국의 귀족 가정에서 엘리자베스라는 여성으로 살았던 전생을 방문했다. 21세의 엘리자베스는 멋진 저택 안, 벽이 나무판으로 장식된 아버지의 서재에서 잔뜩 화가 난 채로 서 있었다. 그녀의 부모가 가문 간 동맹 관계를 구축해 줄 남자를 그녀의 남편감으로 선택했기 때문이다. 아버지는 그녀에게 이 결정에 순종하기를 바란다고 말했다. 그녀는 승마용 장갑을 쥔 채 집에서 뛰쳐나왔고, 말을 타고 시골길을 맹렬하게 달렸다.

나는 그 남자랑 결혼 안 해! 나보다 나이가 거의 두 배나 많잖아. 그 남자랑 결혼할 수 없어. 어떤 남자도 날 소유하지 못해. 난 결혼 안 할 거야. 가문 간의 동맹 따위 난 신경 안 써. 아버지도 나를 강제로 결혼시킬 수는 없을 거야. 내게도 재산이 있어. 할아버지가 물려준 재산이 있잖아. 귀족이라서 좋은 점이 있긴 하네.

그녀는 눈물을 머금은 채 어린 시절에 살던 집에서 어머니와 함께 나왔다. 아버지는 차갑게 노려보기만 할 뿐 그녀에게 아무것도 해주지 않았다. 하지만 그녀는 결코 돌아갈 생각이 없었다.

엘리자베스는 계속해서 아주 독립적이고 자기 충족적인 삶을 창조해 냈다. 그녀는 결혼도 하지 않았으며 자식도 낳지 않았다. 또한 지역 고아원을 후원하는 데에 그녀의 재산을 썼지만, 고아원에서 시간을 보내지는 않았다. 그보다는 말을 타거나 지적인 친구들과 어울리는 데 시간을 썼다. 우리는 예순 살이 된 엘리자베스가 죽음을 맞이하던 날에 그녀를 만났다.

기운이 너무 없어요. 제가 병이 들었는지는 확실히 모르겠지만, 기운이 없고 피곤한 느낌은 분명해요. 저는 침실 의자에 앉아 있어요. 침대에 눕고 싶지는 않아요. 침대 옆에 의자와 작은 책상이 있는데, 거기 앉아서 펜을 갖고 놀아요. 침대 건너편 창문을 바라보기도 하고요. 그냥 햇살이 내리쬐는 창밖을 바라보는 거예요.

최면요법가는 엘리자베스에게 어떤 생각과 느낌이 드는지 물었다.

그리고 그녀가 죽어가는 이유를 이해하고 있는지도 물었다.

제 생각에는 그냥 피곤한 거 같아요. 너무 피곤해서 잠이 들면 깨어나지 않을 것 같아요. 때가 온 거죠. 저는 멋진 삶을 살았어요. 제 삶을 즐겼어요. 하지만 이제 때가 됐어요. 무엇이 제 에너지를 앗아가고 있는지는 정말 모르겠어요. 제 몸이 아주 야위었다는 것 말고는 명확한 것이 하나도 없지만, 그건 신체적인 문제 같아요.

최면요법가는 엘리자베스로 산 삶을 어떻게 느끼는지 물었다.

멋진 삶이었어요. 저는 제 삶을 즐겼어요. 하지만 너무 피곤하기 때문에 제가 죽어가고 있다는 것도 그다지 신경이 안 쓰여요. 저는 고아원을 위해서 신탁 자금을 남겨두었어요. 고아들을 위해 할 수 있는 일은 한 셈이죠. 그들은 계속 보살핌을 받게 될 거예요. 정말 이상하게도 아이들과는 정서적으로 얽혀 있는 게 전혀 없어요.
이제 침대에 누워서 그냥 몸을 맡기는 게 좋겠다는 생각이 드네요. 저는 신발을 벗고 침대에 편안히 누워요. (무겁게 한숨을 쉰다.) 편안하네요. 정말이지 너무 피곤해요.

게일이 조용해지자 최면요법가는 그녀가 지금 경험하고 있는 것에 대해 물었다.

저는… 음, 더 이상 몸 안에 있는 것 같지 않아요. 제 몸을 내려다보고

있어요. 아주 고요하고요. 저는 혼자 있어요. 저는 아주 초연하게 제 몸에게 작별 인사를 해요. 곧 누군가 저를 살펴보거나 무언가를 가져다주기 위해서 방으로 들어올 거예요. 그러고 나면 저의 상태를 깨닫고 상황을 처리하겠죠.

이제 게일의 유모와 요리사가 찾아와 인사를 하며 사후 세계에서의 아름다운 재회를 반겨줄 것이다. 그들은 게일의 유년 시절에 몇 년간 함께했다. 하지만 게일은 그들이 자신의 영혼 그룹의 일원이며, 어린 자신을 외롭게 두지 않기 위해 함께 있었다는 점을 알고 있었다.

엘리자베스는 죽음의 순간을 평온하게 맞이했다. 그녀의 독립적이고 강인하며 무덤덤한 성격을 감안하면 이것은 놀랄 일이 아니었다. 재회가 끝나자 최면요법가는 게일에게 엘리자베스로 산 삶에 대해서 무슨 생각이 드는지를 물었다. 게일은 이렇게 대답했다.

저의 질문들은 그보다는 현재와 더 관련된 것들인데 왜 그 문제를 이야기해야 하죠?

게일은 엘리자베스에 대한 것이면 어떤 이야기든 피하고 싶은 것 같았다. 하지만 최면요법가는 세션의 뒷부분에서 게일이 평의회 의원들을 만났을 때, 엘리자베스로 산 삶에서 그녀의 영혼이 어떻게 진보했는지 의원들에게 물어보라고 했다.

오, 그 질문을 하다니 놀랍네요. 그들은 의견을 잘 밝히지 않아요. 그냥

충분히 잘 살아냈다고만 해요. 그러면서 제 안에 여전히 강인하고 독립적인 기질이 있다는 점을 지적해요. 이번 생에서는 약간 엘리자베스처럼 살고 싶어 한다는군요. 강하고 독립적으로 제 자신의 배를 저어가고 싶어 한대요. 제 안에는 그런 구석이 여전히 많이 있어요.

최면요법가는 그녀가 발전시키고 있는 기질이 바로 이것인지, 아니면 그녀가 이런 성격에서 배우는 무언가가 있는지를 이해하도록 안내자들이 도움을 주는지 물었다.

배움과 많은 연관이 있어요. 음, 그들이 말하길, 저는 다른 누군가가 저를 위해서 무언가를 하도록 내버려 두고 내려놓을 때가 언제인지를 배워야 한대요. 그렇게 독립적이지 않아도 된답니다. 독립성에는 문제될 점이 하나도 없어요. 하지만 그것을 제 삶의 '요체'로 삼지는 말아야 한대요. 제가 배워야 할 점은 바로 이것이에요.

저는 이 생의 막바지에 있으며 의존을 받아들이는 법을 배우는 중이에요. 이 생에서는 철저하게 독립적이었거든요. 하지만 지난해에는 다른 사람을 의존할 수밖에 없어서 정말 짜증이 났어요. 간호를 받고 의지한 사람이 벤이라 다행이었지만요. 제 차를 없애버려서 독립성을 가질 수도 없었어요. 게다가 가족이 다 함께 쓰는 차도 저는 운전을 할 수가 없었어요! 신체적으로 그 차를 운전할 만큼 튼튼하지도 않았고 체격이 크지도 않았기 때문이죠. 그들은 아주 분명하게 제게 말해요. 균형의 상실도 배움의 일부라고요.

게일은 이제 최면요법가가 그녀에게 엘리자베스로 살았던 삶을 보여준 이유를 이해했다. 그렇지만 게일은 독립적이고 싶은 욕망을 내려놓아야 한다는 점을 머리로는 받아들일 수 있지만 가슴으로는 인정하기가 힘들다고 했다.

제 생각에 이 생에서 가슴으로 그 점을 받아들이는 일은 일어나지 않을 것 같아요. 하지만 적어도 이 시점에서 의존성을 내재화하고 경험할 기회가 제게 있다는 것은 인정할 수 있어요. 가슴으로 받아들이기 힘든 이유는 어떤 일이 있어도, 어떤 방법으로도 독립성을 놓지 않으려 하기 때문이죠. 전에도 남에게 의존한 적은 그다지 없었어요. 그렇지만 의존성을 배워야 한다면, 음, 좋아요! 저는 그것을 배울 겁니다.

저는 남을 의존해야 할 때가 있다는 것을 알아야 해요. 살다 보면 의존해야 할 때가 분명히 있어요. 그리고 고맙게도 그 대상은 벤이죠.

저는 한 생에서 거의 두 개의 삶을 산 거 같아요. 전반기에는 독립적으로 사는 경험이 필요했어요. 이런 경험도 완전한 삶을 가져다줄 수 있었지만 그렇지 못했어요. 지금은 의존하는 것에 대해 배워야 해요. 벤이 이 생의 후기에 나타난 이유는 분명히 의존하는 것을 배우게 하기 위해서예요.

제가 앞으로 살 수 있는 시간은 살아온 시간보다 훨씬 짧아요. 그래도 저는 의존성을 받아들일 필요가 있고, 아직 배워야 할 것이 있어요. 그 배움이 정확히 어떤 것인지는 듣지 못했어요. 그것은 제가 발견해야 해요. 평의회 의원 중 한 명이 재미있어하며 이렇게 말하네요.

"이제 그걸 깨달아야 할 때가 아닌가요?"

게일은 평의회 의원에게 고마움을 표하고, 모든 도전이 배움의 기회라는 걸 깨닫는 데 현생에서 참으로 긴 시간이 걸렸다는 점을 인정했다. 그녀는 또 벤이 그녀의 인생 후반기에 나타나도록 한 것은 정말로 훌륭한 선택이었다고 말했다. 또한 첫 번째 남편에게 의존하는 건 스스로 절대 허용할 수 없었으리라는 것도 알고 있었다. LBL 세션을 받고 4년 후 게일은 그녀의 인생에 나타나 준 벤에게 깊은 사랑과 감사의 마음을 전했다.

알츠하이머 환자가 불러일으킨 치유

인지 능력의 상실로 정서적으로나 신체적으로 퇴행하는 것, 가족 중 누군가가 이런 식으로 시들어 가는 모습을 지켜보는 것은 아주 힘든 경험이다. 그런 가족을 보살피는 일이나 직접 병을 앓는 상황도 우리는 이해 못 할 수 있다.

프라우케Frauke는 40대 중반의 기혼녀이며, 성인이 된 자식이 둘 있었다. 그녀는 아버지가 알츠하이머에 걸려서 갈수록 쇠약해지는 모습을 곁에서 지켜보면서 많은 고통을 받았다. 거기다 오래된 가족 간 갈등으로 상황이 더욱 복잡해졌다. 이 갈등은 그녀의 어린 시절 형제들과 어머니 사이의 긴장 관계에서 비롯된 것이었다. 프라우케는 LBL 세션을 통해 가족 간의 갈등을 제대로 이해해서 치유하고, 그녀의 아버지와도 연결되고 싶었다.

프라우케의 어머니는 맏아들을 편애했으며 그를 완벽한 롤 모델처럼 떠받들었다. 그래선지 프라우케의 오빠는 형제들에게도 오만하게 굴었고 곁을 내주지 않았다. 이로 인해 프라우케와 남동생들은 불안정

했으며 제대로 성장하지 못했고 내면의 힘도 부족했다. 그녀의 아버지는 속수무책이라 느끼고 이 갈등에 개입하지 않았다. 게다가 그는 일 때문에 종종 집을 비웠다. 이로 인해 모두 성인이 된 후에는 프라우케와 남동생들, 어머니와 오빠 사이에 냉담함과 소외감이 더욱 깊어졌다. 그리고 아버지가 알츠하이머에 걸리면서 이 해결되지 않은 긴장이 표면화됐다.

영계에 도착한 프라우케는 모든 존재가 사랑으로 연결되어 있음을 깨달았다. 또한 그녀의 안내자도 만났다. 안내자는 그녀의 영혼의 본체를 경험하게 도와주었다. 영혼의 본체는 다채로운 색상의 아주 밝은 에너지로 힘차게 진동하고 있었다. 그녀는 더욱 확장되어 다른 모든 영혼들과 존재하는 모든 것을 포용하고 깊이 존중하는 상태에 들어섰다.

프라우케의 안내자는 그녀를 영혼 그룹을 만날 수 있는 곳으로 인도했다. 그곳에서 그녀는 오빠도 만났다.

오빠가 약간 건방지지만 다정하게 미소를 지으며 말해요.
"안녕, 고집쟁이 작은 동생!"
아버지도 사랑과 연민이 가득한 표정으로 여기 있어요. 그는 아직 죽어서 영혼 상태에 이르지는 않았지만 제 말을 들을 수는 있어요. 그는 이 사실을 내가 알고 있는지 궁금해해요.

최면요법가는 프라우케에게 아버지가 알츠하이머에 걸린 이유를 물어보라고 했다.

그가 말하길 누구나 언젠가는 이 행성을 떠나야 한답니다. 신체적인 몸이 해체되면 영혼의 빛이 자유로워져요. 그렇지만 사랑은 계속 남아서 가족들과 함께하죠. 빛의 공처럼요. 우리 모두가 재결합해서 새롭고 완전하게 화합할 수 있는 것은 아버지의 사랑 덕분이에요.

아버지가 이렇게 말해요.

"너희들 모두 잘 하고 있단다. 최근에 내 침대 옆에서 목 놓아 울었던 어린 남동생을 생각해 보려무나. 걔가 자신의 감정을 표현하는 것은 아주 특이한 일이지. 그런 모습은 처음이었어. 이런 게 바로 내 병이 너희에게 주려는 메시지란다."

그러면서 설명을 하기가 약간 어렵다고 하네요. 아버지가 말하길, 병 속에는 환자와 가까운 사람들을 변화시킬 수 있는 에너지가 언제나 존재한답니다. 저는 남동생이 아버지의 침대 옆에서 울었을 때 남동생의 영혼에서 그런 변화를 느꼈어요.

죽어가는 동안 우리의 신체는 모두 해체되지만, 자유로워진 영혼의 에너지가 뒤에 남은 사람들을 위해서 특별한 기능을 해요. 아버지는 우리가 이런 점을 이해해야 한대요.

최면요법가는 프라우케에게 아버지의 에너지가 이미 영계에 있는지 물어보라고 했다.

아버지 말이 그는 때때로 빛 속에 있답니다. 그렇지만 아직은 떠날 수 없대요. 이곳에서 마무리 지어야 할 일이 있기 때문이죠. 오빠와 저의 갈등이 그를 여기에 붙잡아 두고 있어요.

최면요법가는 그녀와 오빠 사이의 치유에 아버지가 어떤 식으로든 도움을 줄 수 있는지 물었다.

아버지는 제게 오빠의 정서적 상처와 외상을 이해해야 한다고 말해주고 있어요. 지금 우리는 치유의 에너지 원을 만들고 있어요. 아직 완전하지는 않아요. 저는 한 팔로 아버지를 감싸고 있고, 동시에 어머니도 안고 있어요. 우리가 오빠를 원 안으로 불러오자 아버지가 그의 머리를 쓰다듬어 주어요. 제가 오빠를 용서해야 한다는 점을 이 몸짓이 말해주죠. 저는 밖으로 보이는 것만 갖고 오빠를 인식하는 대신에 안에서부터 그를 이해하고 그와 연결되어야 해요. 그러면 이 원이 완전해져요.

프라우케가 깨달았듯 불멸의 영혼의 시각에서 보면 용서가 곧 치유다. 우리도 알게 되겠지만, 영혼 대 영혼으로 만나면 인간의 모든 화와 분노, 상처는 그 즉시 사라지고 오직 순수한 사랑만 남는다. 물론 물질계에서는 누군가 누군가에게 어떤 짓을 했기 때문이라는 오래된 이야기들이 되살아날 수도 있다. 그러면 지상에서 용서를 실행하기가 어려워진다. 최면요법가는 프라우케가 아버지의 영혼이 준 가르침을 수용했는지를 점검하고, 오빠의 상처와 정신적 외상을 무시하지 않고 그를 용서할 수 있는지를 물어보았다.

네, 그럴 수 있어요. 오빠를 새로운 시각으로 보게 됐어요. 아버지는 지상에 머물 수 있는 시간이 많지 않대요. 하지만 제가 오빠를 용서하기 전에는 떠나고 싶지 않답니다. 그는 가족 간의 평화에 기여하고 싶어

해요. 아버지는 내면이 편안하지만 고향으로 가서 다시 '빛'이 되고 싶다고 해요.

최면요법가는 알츠하이머가 그녀의 아버지에게 미치는 영향으로 화제를 돌려서, 아버지가 이 병의 증상과 악화로 어떤 식으로든 고통을 받고 있는지 물었다.

아버지는 몸의 증상들이 불쾌하기는 하지만, 영혼은 아주 맑대요. 아버지는 괜찮은데 우리가 그 증상들을 안 좋게 받아들이고 있답니다. 통증이 있으면 물론 불편하죠. 하지만 통증은 진정한 고통이 될 수 없어요. 아버지의 내면은 여전히 환하게 빛나고 있으니까요. 아버지는 자신의 눈을 통해 아주 선명하게 볼 수 있어요. 아버지 말이, 알츠하이머에 걸리면 정신이 더 이상 제대로 기능하지 못한다는 우리의 믿음은 틀렸답니다. 내면의 빛이 모든 것을 밝게 비추고 있대요. 아버지도 지금 아주 명석한 표정을 짓고 계세요. 이 병에 걸린 다른 사람들이나 아버지의 눈에서 혼란이나 비정상적인 것을 읽을 때가 종종 있는데, 이것만 갖고 전체를 판단할 수는 없어요. 아버지는 자기의 내면이 빛으로 가득 차 있다고 합니다. 진리의 빛으로요.

1년 후 아버지가 돌아가시고 나자 프라우케는 최면요법가에게 다음과 같은 글을 보내왔다.

저는 아버지에게 약속을 했어요. 아버지는 자신이 이 세상을 떠나기 전

에 약속이 지켜지기를 바랐고, 저는 이 약속을 지켰어요. 물론 저 혼자서는 지키기 어려운 약속이었죠. 제 남자 형제들의 영혼도 관련되어 있었으니까요.

그 일이 일어난 과정을 생각하면 지금도 눈물이 나요. 가족들이 다시 결합했으면 좋겠다는 유언을 남기고 일주일 후 아버지는 집의 침대에 누워 어머니의 손을 쥔 채 평화롭게 잠드셨어요. 영혼은 인간의 정신보다 더욱 잘 알고 있어요. 무엇을 해야 하고 무엇이 근본적인 것인지를요. 그의 간절한 소망은 우리 가족에게 엄청나게 중요한 것이었어요. 저는 남자 형제들과 함께 아버지의 관 앞에 섰을 때 세션 때와 똑같은 느낌을 가졌어요. 이것이 의미하는 것은 아버지의 소망이 실현되었다는 것입니다. 그것은 아버지가 우리 가족에게 준 진정한 유산이죠. 그 유산이 우리 가족에게 어떤 의미일지를 아버지는 분명히 알고 계셨어요. 아버지가 이 생은 물론이고 영혼의 차원에서도 제게 선물해준 모든 것들에 정말 깊이 감사하고 있어요. LBL 여행 덕분에 저는 무엇보다도 아버지가 오랜 세월 겪었던 고통과 아픔의 의미를 이해하게 됐어요.

2년 후 프라우케를 점검한 결과, 삶과 삶 사이의 경험은 그녀에게 여전히 가치를 발하고 있었다.

요즘 가족들 사이의 관계가 아주 좋아요. 애정이 넘치고 친밀해졌죠. 오빠는 여전히 마음을 잘 표현하지 못하지만요. 우리는 서로 정기적으로 연락도 해요. 한편 저는 어머니와도 화해했어요. 깊고도 다정한 유대 관계를 맺고 있어요. 이런 변화에 결정적인 역할을 한 것은 바로

LBL 경험이에요. 그 경험이 없었으면 저는 아마 문제를 해결할 방법을 찾아내지 못했을 거예요. 하지만 이런 연민과 사랑의 분위기는 매일 새롭게 경험해야 하죠. 저는 이 점도 배워야 해요. 저는 알츠하이머를 '빛의 문'이라고 부르곤 해요. 아버지의 알츠하이머 덕분에 이 세계를 영혼의 차원에서 깊이 이해하게 됐으니까요.

몸에든 마음에든 정신에든 부모나 형제자매, 사랑하는 사람이 병에 걸리면 종종 가족 간의 갈등이나 분노, 고통, 정신적 외상 문제가 표면화된다. 데면데면하던 형제자매들이 죽어가는 가족의 머리맡에서 티격태격 싸울 수도 있고, 가족 간의 오랜 갈등에 불이 붙을 수도 있다. 그렇지만 이런 상황에도 치유의 기회는 숨어 있다. 죽어가는 가족이 가족 간의 불화로 눈을 감지 않으려 할 수도 있고, 고통 자체가 치유를 불러오는 것을 선택할 수도 있다. 프라우케가 영혼의 차원에서 아버지를 만난 경험에는 깊은 목적이 있었으며, 우리가 이 유한한 차원을 떠나는 방식과 때를 선택하는 방식을 더욱 희망적으로 이해하게 해주었다. 우리의 죽음을 통해서 사랑하는 사람들에게 치유의 기회를 주는 것도 우리의 마지막 보살핌의 행위일지 모른다.

편안하고 품위 있는 죽음

재클린Jacquelyn은 지적이고 건강하며 적극적인 60대 초반의 여성이었다. 그녀는 삶의 다음 단계를 준비하기 위해 삶과 삶 사이의 경험들을 탐구해 보기로 했다. 그녀는 상담심리학자라는 직업에서 은퇴할 예정이었으므로, 그녀의 생명 에너지와 시간에 맞는 새로운 목적이 있는

지 궁금해했다.

첫 전생퇴행에서 재클린은 테레사라는 어린 고아 소녀로 살던 삶을 탐험했다. 테레사는 런던의 빈민가에서 오로지 내적인 투지와 다른 사람들의 친절에 의지해서 살아남기 위해 분투했다. 그러다 10대에 사랑하는 남자를 만나 결혼해서 작은 마을에 정착했고, 소박한 삶을 영위해 나갔다. 그녀는 마을에서 지혜로운 여성으로 존경받았으며, 사람들에게 자유롭고 다정하게 조언을 해주었다.

최면요법가는 그녀를 이 생의 마지막 날로 인도했다. 그녀는 침실에서 쉬고 있었다. 무엇을 경험하고 있는지 설명해 달라고 하자 그녀는 이렇게 말했다.

가슴에 통증이 느껴져요. 얼마간 같은 상태이다가 점점 심해졌어요. 오늘은 정말 아프네요. 그래서 침대에 누웠어요. 집에 다른 사람들도 있지만 저는 지금 혼자 있어요. 목소리들이 주변에서 들려와서 편안해요.

최면요법가는 재클린에게 테레사로 산 삶에서 몇 가지 핵심적인 측면들을 살펴보라고 했다.

제 생의 첫 부분, 그러니까 고아로 거리에서 살아갈 때는 좀 지쳤어요. 하지만 그것도 괜찮은 삶이었어요. 물론 피곤하기는 했어요. 살아가는 게 피곤했죠. 어렸을 적 부모님이 돌아가시기 전에는 저도 사랑을 느꼈어요. 이런 사랑을 남편과의 사랑의 관계 속으로 가져올 수 있었고요. 하지만 전반적으로 뭔가 우울한 느낌이 들어요. '비애가 저와 함께

하는' 것 같아요. 그건 일찍 부모님을 여읜 것과 관련이 있어요. 제가 어떻게 살아남았는지 저도 모르겠어요. 고작 다섯 살밖에 안 됐었거든요. 누군가 얼마 동안 저를 보살펴 줬어요. 제게 오빠가 있었고요. 하지만 우리는 얼마 후 헤어졌지요. 큰 슬픔이 저를 떠나지 않으려는 것 같아요.

테레사는 부모의 사랑을 일찍 잃어버린 경험을 했지만 어떻게든 계속 나아갈 수 있는 능력을 지닌 덕분에 아름답고 지혜로운 어른이 되었다는 점을 인정했다. 이로 인해 사람들도 그녀에게 상담을 청했다. 그녀는 또한 남편을 사랑했고, 내적인 힘과 옳고 그름을 판단할 훌륭한 도덕적 나침반도 갖고 있었다. 그녀가 베푼 연민과 상담에 대한 답례로 사람들이 선물을 가져다주던 좋은 기억들도 있었다. 남편에게 점심을 싸주면 남편이 그녀의 친절에 고마움을 표하던 다정한 기억도 떠올랐다. 그녀는 잘 살아온 자신에게 자긍심이 들었으며, 다른 사람들도 역시 그렇게 생각한다고 했다. 가슴 통증이 점점 격화되는 것을 느끼며 테레사는 자신이 곧 숨을 거두리라는 것을 깨달았다.

다른 사람들을 부를까 말까 생각하면서 누워 있어요. 주로 떠올리는 사람은 제 조카예요. 제가 죽을 때 조카가 여기에 올지 궁금해요. 하지만 제가 정말로 원하는 것도 생각하고 있어요. 평화로움도 약간 즐기고요. 저는 부르기로 마음먹어요. 그를 사랑하고 저를 간호해 줘서 고맙다는 말을 한 번 더 하고 싶기 때문이죠. 그에게는 제 삶에 대해서 어느 정도 이야기했지만 조금 더 해주고 싶어요. 지금 가게 돼서 기쁘다는 말도 하고 싶고요.

제가 분리되고 있는 게 느껴져요. 그런데 지금은 좀 이상해요. 저의 본질 안에서는 아무것도 변하지 않은 것 같은데, 이 삶 속에 존재한다는 인식은 더 이상 안 들거든요. 지금은 그냥 흐릿해요. 제 몸에 대한 의식이 없어요. 그냥 위로 올라가요. 운동을 한 후에 편안하게 이완하는 것처럼 제 자신이 위로 붕 이동하는 게 느껴져요.

재클린은 테레사로 산 삶과 평화롭고 차분한 죽음의 순간을 돌아볼 기회를 얻었다. 하지만 평의회 의원들이 이후에 보여줄 것에 대해서는 준비가 안 되어 있었다. 재클린은 나이의 문제로 현기증과 어지럼증이 재발해서 어려움을 겪어왔다. 이 문제는 나이가 들수록 악화되어 적극적인 그녀의 생활방식을 제한했다. 재클린은 평의회 의원들에게 다가올 은퇴와 관련해서 가장 시급한 질문들을 던진 후, 이 현기증을 치유하게 도와줄 수 있는지도 물었다. 그러자 의원들은 그녀를 또 다른 전생으로 인도했다.

배를 타고 있는데 곤경에 처한 것 같아요. 파도가 거칠고 폭풍우가 몰아쳐 배가 가라앉아요. 음, 바다를 제 친구처럼 여겼는데, 이렇게 큰 힘을 지니고 있다니! 저는 너무 불안하고 두려워요. 저는 죽고 말 거예요. 구역질이 나고 어지러워요.
우리는 작은 배를 타고 있어요. 고깃배 같아요. 다른 사람들도 몇 사람 있는데, 우리는 전부 이 배 안에서 함께해요. 이 고난을 잘 극복하기 위해서 함께 일하고 있죠. 하지만 배가 부서지고 있어요. 사방에서 충돌이 일어나고 있어요. 오, 저는 이제 공포에 질린 채 물속에 있어요.

재클린은 파도 밑으로 빠져들면서 몸을 벗어났다. 두렵고 불안하고 말할 수 없이 슬펐다. 정말로 강렬한 죽음의 기억이었다. 테레사가 경험한 것 같은 편안함은 전혀 없었다. 마지막으로 든 생각은 가족과 그들이 받을 고통에 관한 것이었다. 이 치명적인 고기잡이 항해를 떠난 후 그녀에게 무슨 일이 벌어졌는지 그들은 결코 모를 것이다.

이때 최면요법가가 개입해서 재클린에게 가라앉는 배 위에 서 있던 바로 그 순간으로 돌아가 보라고 했다. 그리고 거기 서 있는 동안 그녀가 다른 전생들에서 죽음을 통해 깨달은 진리들을 기억해 보라고 했다. 그녀는 자신이 불멸의 존재이며, 죽음은 불멸의 자기를 깨닫는 과정이고, 귀향은 자신이 사랑하는 모든 존재들에게로 돌아가는 것임을 기억해 냈다.

이제 차분해졌어요. 하지만 메스꺼움은 조금 남아 있어요. 사방이 혼돈 그 자체예요. 배도 흔들리고 파도도 세게 일어요. 바다에서는 위험에 처할 수 있다는 걸 우리 모두 알아요. 우리는 할 수 있는 일을 다 했고, 지금은 그저 우리가 생존할 수 있을지 어떨지를 지켜보고 있어요.
저는 지금 물속으로 돌아와 있어요. 죽음으로 인한 상실감과 슬픔이 느껴져요. 일단 돌아가기만 하면 가족들에게 연락을 취할 수 있을 거예요. 물 밑으로 미끄러져 내려가니 아주 고요하네요. 메스꺼움은 느껴지지 않지만, 머리는 어지러워요. 머리가 내가 겪은 트라우마의 잔존 에너지를 방출하는 것 같아요.

세션이 있고 몇 달 후 재클린은 그녀가 겪은 죽음의 경험에 대해서

영혼들의 지혜

이렇게 적었다.

테레사로 살았던 전생으로 처음 퇴행했을 때 가장 놀라웠던 것은 죽음의 경험이었어요. 기대와는 완전히 달랐어요! 제 몸과 분리될 때도 저의 의식은 변하지 않았어요. 이런 평화로운 죽음에 이르기까지 저는 알 수 없는 두려움을 실제로 경험했어요. 하지만 가슴에 통증을 안고 침대에 누워 있는 동안 저는 죽는 것도 괜찮았어요. 제가 선택하면 그대로 잠들 수 있다는 것도 알게 됐어요.

제 가족들에게 작별 인사를 해야 한다는 것은 슬펐지만, 그들이 저와 상호작용을 할 수 있는 것보다 제가 더 열정적으로 변함없이 그들을 사랑하고 접촉할 수 있다는 것을 알았어요.

이제는 아버지를 포함한 다른 사람들이 그들이 사는 영계에서 저를 정말로 사랑하고 지지해 주고 있으며, 제가 생각하는 것보다 더욱 쉽게 그들과 연결될 수 있다는 것을 알아요. 그래서 기운이 납니다.

재클린은 이 생에서 편안하고 품위 있게 자연스러운 죽음에 이를 수 있다는 자신감을 얻었다. 그뿐만 아니라 두려움이 일어날 때 생기는 순간적인 망설임이 어디에 새겨지는지도 이해했다. 바다에서 익사하던 상황에서 죽음의 과정을 차분하게 다시 경험해 보았기 때문이다. 또한 두려움의 흔적을 지우고 뱃멀미에 시달리는 성향도 치유할 수 있었다. 그녀는 여름 보트 여행을 다녀온 후 이메일로 이 점을 확인해 주었다. 그녀는 또 자연의 힘에 깊은 경외심도 갖게 되었다고 한다.

LBL 세션의 경험을 삶 속으로 받아들이면, 세션의 효력은 오랜 시간

에 걸쳐 지속된다. 은퇴 후에 무엇을 해야 할지 알고 싶어서 압박감에 시달렸던 재클린도 이런 사례에 속한다. 그녀는 후속 메일에서 다음과 같은 멋진 통찰을 보여주었다.

세션에서 특히 두드러졌던 다른 면은 세션이 아주 완벽하게 제 현재 삶의 상황을 알려주었다는 겁니다. 저는 막 은퇴하려는 시점에 있었어요. 그래서 상담가라는 직업적 정체성이 없어지면 나는 어떤 존재일지 궁금해하면서 스스로 취약한 존재라고 느끼고 있었어요. 그런데 테레사로 살았던 삶에서 저는 농부의 아내로 매일 일상적인 일들을 하며 지냈어요. 그 생을 반추해 보면서 일상에서 위안을 얻게 됐어요. 일상적인 것이 있으면 충분히 평범한 사람으로 존재할 수 있어요. 그것은 지금도 마찬가지입니다.

귀향

몸을 어떻게 떠나든 한 가지 보편적인 점이 있다. 영계의 고향에 들어갈 때는 사랑과 지지를 받을 수 있다는 것이다. 우리는 전 세계 모든 문화권의 사람들을 대상으로 무수히 많은 LBL 세션을 시행했다. 그중에는 사후 세계를 믿는 사람도 있고 그렇지 않은 사람도 있었다. 하지만 귀향을 했을 때 우리의 영혼이 환영을 받는다는 점을 세션을 통해서 분명히 발견했다. 선행을 하며 살았든 그렇지 않았든, 젊어서 죽었든 늙어서 죽었든, 죽음을 받아들였든 저항했든, 우리는 환대를 받는다. 이것은 스탠의 사례에서도 증명되었다. 스탠은 생의 끝에서 그에게 필요한 환대를 받을 수 있었다.

스탄Stan은 어느 원주민 연장자로 살았던 전생을 경험했다. 그는 마을을 방어하다가 부상을 당해서 임상에 누워 있었다. 그는 전통 가옥에서 딸 티샤와 함께 있었으며, 부족민들의 기대를 저버렸다는 점 때문에 슬퍼하고 있었다. 그가 지혜로운 조언을 못 해준 탓에 전투에서 수많은 부족민을 잃을 수밖에 없었기 때문이다. 그는 딸과 부족민들을 떠나야 한다는 점도 비통했다. 하지만 스탄은 저세상의 존재들에게서 따뜻하게 환대받았다. 스탄은 이 상황을 다음과 같이 묘사했다.

티샤가 아주 편안하게 저를 안고 있는 게 느껴져요. 우리는 서로를 그만큼 신뢰해요. 말로는 표현할 수가 없어요. 저는 일어난 모든 일들 때문에 약간 슬퍼요. 저는 딸에게 언제나 그녀를 보살펴줄 것이며, 그녀가 부르면 지지와 사랑을 보내줄 것이라는 점을 되새겨 줍니다. 그 점에 대해서는 자신이 있으니까요. 그러고 나니 이제 좀 편안해지는군요. 떠날 수 있음을 아는 건 좋은 일이에요. 물론 저의 몸은 삶을 조금 더 지속할 수도 있어요. 하지만 그럴 필요가 없어요. 준비가 됐을 때 떠나는 것이 좋죠. 실제로 그렇게 되고 있고요. 저는 떠나가고 있어요. 이제는 제 앞에 있는 딸이 전처럼 보이지 않아요. 제 몸이 가벼워지고 강렬하던 슬픔도 사라졌으니까요.

사랑이 아주 많이 느껴져요. 사방에서 저를 향해 팔을 쭉 뻗고 있어요. 저는 더욱 가까이 다가갑니다. 그리고 서두르지 않고 천천히 포옹을 해요. 모든 일이 너무도 벅차요. 그들 모두 제가 겪은 일들을 알고 있어요. (큰 소리로 운다.) 제가 느끼는 사랑은 절대적인 인정과 이해에서 비롯된 사랑이에요. 삶이 고달프고 나름의 난관이 있다는 점을 그들은 알고 있

는 거죠. 마치 그들이 '잘했어요. 우리 모두 당신의 귀향을 반겨주기 위해 여기 모였답니다.'라고 말해주는 것 같아요. 잘했다니! 그들 모두 저를 지지해 주는 것 같아요. (웃는다.) 저를 안아주려고 쭉 뻗은 팔들도 감동적이에요.

저는 더 이상 피곤함을 느끼지 않아요. 제 에너지가 회복되어서 자연스럽게 흐르기 때문입니다. 지금은 그냥 그 느낌을 기분 좋게 즐기고 있어요. 제가 필요로 하는 한 그들 모두 언제까지나 거기에 있어줄 테니까요. 급할 건 아무것도 없어요. 제 자신의 리듬으로 갈 수 있을 때까지 완전하게 지지받는 느낌이 듭니다.

스탄은 전생에서 경험한 이 환대에 감동받았다. 임사 체험을 한 후 다시 돌아온 사람들처럼 스탄도 삶이 끝날 때 죄의식과 슬픔을 안고 있어도 죽음이 아주 부드럽게 진행된다는 것을 깨달았다.

———————

나이가 들면 쇠약해진다는 점을 받아들이는 것처럼 죽음을 준비하는 것도 지혜로운 일이다. 이 장의 사례들은 몸의 쇠약과 죽음을 품위 있고 편안하게 직면할 수 있는 지혜들을 제공해 준다. 우선 게일은 독립성을 내려놓는 법을 보여주었다. 독립성을 내려놓는 것은 장수하면서 자족적으로 살고자 하는 사람이라면 누구나 감당해야 할 일이다.

치매와 알츠하이머 같은 노인성 질환은 환자의 심신을 대단히 쇠약하게 만드는 것처럼 보인다. 가족들도 사랑하는 사람이 쇠약해지는 모

습을 지켜보면서 슬픔과 혼란을 느낀다. 프라우케의 이야기는 사랑하는 가족의 치매로 고통받고 있는 사람들에게 큰 위안을 준다. 그녀의 아버지가 남긴 메시지가 슬퍼할 필요가 없음을 알려주기 때문이다.

우리는 죽음도 두려워할 필요가 없다. 재클린은 테레사로 산 삶에서 생의 마지막에 죽음을 두려워하지 않았다. 그러나 다른 전생에서는 죽음을 맞이할 준비가 안 되어 있었다. 죽음에 대한 두려움은 우리가 사는 세계에서 흔한 일이다. 테레사처럼 내세를 강하게 믿는 사람들도 이 두려움의 에너지에 계속 영향을 받을 수 있다. 재클린이 경험한 두 전생은 우리에게 두려움을 내려놓고 죽음을 받아들여서 평화롭게 저세상으로 건너가는 방법을 가르쳐준다.

어떤 이들은 죽음과 맞서 싸운다. 그들이 살아생전 내렸던 결정들을 후회하기 때문이다. 스탄의 사례는 이럴 때 내려놓는 법을 보여준다. 저세상의 존재들은 어떤 판단도 하지 않는다. 그저 두 팔을 벌려 우리를 환대해 줄 뿐이다.

우리가 할 수 있는 현명한 선택은 살아 있는 동안 죽음을 받아들이는 법을 배우는 것이다. 다른 사건들에는 대비를 하면서 왜 우리 모두를 기다리고 있는 죽음에는 준비를 하지 않는가? 이 장의 사례들은 죽음에도 두려워할 것이 전혀 없음을 보여준다. 준비를 하면 평화롭고 부드럽고 품위 있게 저세상으로 건너갈 수 있다.

맺음말

이 세상에는 많은 즐거움이 있다. 존재하기에 아름다운 곳인 것이다. 그렇지만 우리의 영혼이 이곳에 태어나기로 선택한 이유는 배우고 경험하기 위해서다. 지구는 지혜롭고 자애로운 존재들의 보호와 지도를 받으며 성장하고 발전할 수 있는 학교와 같다.

우리는 이 지혜로운 존재들과 영적 동반자들의 도움을 받으며 지상에서의 삶을 위해서 신중하게 계획을 세운다. 이렇게 계획을 세울 수 있게 해주는 지지와 지도 체계가 완전하게 준비되어 있다. 그리고 분명한 원칙들이 지구 안에서의 행위들을 지배한다. 문제는 우리가 인간의 몸을 갖고 태어날 때 영혼 세계의 기억을 상실한다는 것이다. 이로 인해 지금의 생에서 우리가 선택한 인격이 우리 자신이며, 현세의 경험이 전부인 것처럼 믿는다. 그리고 우리 앞에 펼쳐지는 드라마, 특정한 배움을 얻기 위해서 우리 자신이 선택한 드라마에 깊이 빠져든다.

지구 학교에서 우리는 인간의 몸으로 존재하는 데 적응하고 우리가 진정한 자기라고 믿는 에고와도 타협해야 한다. 또한 자신을 돌보고 지지하며, 타인들과 관계를 맺고 협력하며, 우리의 삶을 의미 있게 살아가야 한다. 우리에게는 자신만의 경험을 창조할 능력과 자유의지가 있

다. 사랑과 기쁨, 평화, 충족, 창조, 성취의 잠재력도 어마어마하다.

하지만 이 모든 것은 우리가 병과 부상, 자연재해, 고립, 갈등, 폭력에 취약해질 수밖에 없는 환경 속에서 펼쳐진다. 이로써 우리는 두려움과 분노를 포함한 강렬한 감정들을 경험한다. 어려운 상황이 발생하고, 선과 악이 모두 작동한다. 이런 조건에서도 우리에게는 영적으로 빠르게 진보할 수 있는 잠재력이 있다. 힘들고 고통스런 상황들 안에서도 지혜의 선물을 발견할 수 있다.

LBL 세션은 인간의 경험에 몰두하면서도 우리의 진정한 자기와 연결될 수 있는 길을 제시해준다. 이 책의 사례들은 고차원적인 자기와 안내자, 지혜로운 존재들에게서 어떻게 지도를 받고, 어떻게 우리의 삶을 특별한 관점에서 바라볼 수 있는지를 보여준다. 사례들은 개인적이지만 삶의 상황은 그렇지 않기 때문이다. 우리가 탐구한 문제들은 많은 사람들이 이미 직면했거나 미래에 직면할 수도 있는 것들이다.

삶의 지혜가 많은 이들을 통해서 여러분에게까지 전달되어 왔다. 많은 영혼들이 전해준 것을 관대한 피술자들이 받아들이고 실어 날랐다. 마이클 뉴턴 연구소의 최면요법가들도 이 과정에 기여했다. 그런데 모두의 목적은 오직 한 가지다. 바로 인간의 몸을 가진 영혼으로서 여러분이 이 힘든 행성에서 직면하고 있는 고난들을 헤쳐나가게 돕는 것이다.

이 책에서 소개한 몇몇 사례들에 여러분의 마음이 움직였으면 좋겠다. 마음의 짐이 가벼워지고, 내면의 지혜와 연결될 수 있는 용기를 갖게 되기를 바란다. 여러분 모두 지상의 삶을 만족스럽게 이어가다가 때가 되면 홀가분하게 영혼의 고향으로 돌아가기를 바란다.

기여해 주신 분들

다음의 마이클 뉴턴 연구소 LBL 요법가들은 피술자의 허락을 받아 이 책에 포함된 사례 연구에 기여했다.

Paul Aurand, MHt: New York City, New York; West Palm Beach, Florida, USA
Email: paul@paulaurand.com
Website: www.paulaurand.com

Gayle Barklie, CCHT, MFC: Maui, Hawaii, USA
Email: soulpurposemaui@gmail.com
Website: www.soulpurposemaui.com

Bryn Blankinship, CMHt, CI: Wilmington, North Carolina, USA
Email: Bryn@BrynBlankinship.com
Website: www.BrynBlankinship.com

Rita Borenstein, CHt, DO: Uppsala, Sweden
Email: lbl@ritaborenstein.se
Website: www.spiritualregression.se

Eric Christopher, MSMFT, CHt: St. Paul, Minnesota, USA
Email: eric@ericjchristopher.com
Website: www.ericjchristopher.com

Ann J. Clark, Ph.D., RN: Birmingham, Alabama, USA
Email: hypnoannclark@gmail.com
Website: www.birminghamhypnosis.com

Scott De Tamble, CHt, CMT: Claremont, California, USA
Email: scott@lightbetweenlives.com
Website: www.lightbetweenlives.com

Morgan Dhanowa, BSN, RCCH: Victoria, British Columbia, Canada
Email: morgandhanowa@gmail.com
Website: www.innervisionhypnotherapy.ca

Patricia Fares O'Malley, Ph.D., NCC, CHt: Wilmington, Illinois, USA
Email: patiok@sbcglobal.net
Website: www.pat-omalley.com

Dorothea Fuckert, MD: Waldbrunn, Baden-Wuerttemberg, Germany
Email: doro.f@gmx.de
Website: www.fuckert.de

Laura Halls, BA, CHt: Marietta, Georgia, USA
Email: laurahalls@yahoo.com
Website: www.hypno-journeys.com

Marilyn Hargreaves, BS: Nanaimo, British Columbia, Canada
Email: marilyn@triologywellness.ca
Website: www.triologywellness.com

Billy Hunter, BS, CHt: Fairfield, Iowa, USA
Email: Billy.B.Hunter@gmail.com

Website: www.HolisticHealingFairfield.com

Elisabeth Iwona Roepcke, MA, CHt: Bremen, Germany & Poland
Email: iwonalbl@aol.de
Website: www.zyciemiedzyzyciami.pl, www.trance-forming.de

Karen Joy, BA, DIP Psych: Maleny, Queensland, Australia
Email: Karen@lifebetweenlivesregression.com.au
Website: www.lifebetweenlivesregression.com.au

Hila Kedem-Ferguson, CHt, RMT: Chandler, Arizona, USA
Email: Hila@door2change.com
Website: www.Door2Change.com

Sophia Kramer, MHt, RN: Germany & New York City, New York; West Palm
Beach, Florida, USA
Email: Sophia@SophiaKramer.com
Website: www.SophiaKramer.com

Lisbeth Lysdal, MSc: Roskilde, Denmark
Email: lisbeth@lisbethlysdal.dk
Website: https://lisbethlysdal.dk

Sylvia McLeod, CHt: Cedar Crest, New Mexico, USA
Email: sylviaclaire10@gmail.com
Website: www.sylviaclaire.com

Angela Noon, MCHt: East Grinstead, United Kingdom
Email: hypnonoon@gmail.com
Website: www.angelanoon.co.uk

Tianna Roser, CHt: Austin, Texas, USA
Email: tianna@awakeningtransformation.com
Website: www.awakeningtransformation.com

Joanne Selinske, Ph.D.: Baltimore, Maryland & Metropolitan DC, USA
Email: JoanneSelinske@theSoulSource.net
Website: www.theSoulSource.net

Courtney Starkey, MEd, MHt: Herndon, Virginia & Kailua, Hawaii, USA
Email: courtney@payitforwardhypnosis.com
Website: www.payitforwardhypnosis.com

Virginia Waldron, CH, CI: Cazenovia, New York, USA
Email: gatkepr@gmail.com
Website: www.TheRoseHeartCenter.com

Savarna Wiley, MA, CCHt: Santa Cruz, California, USA
Email: Savarna.Wiley@icloud.com
Website: www.HealingJourneysHypnotherapy.com

영혼들의 지혜

초판 1쇄 인쇄 2022년 8월 22일
초판 1쇄 발행 2022년 8월 30일

지은이 | 앤 클라크·카렌 조이·조안 셸린스케·마릴린 하그리브스
옮긴이 | 박윤정
펴낸이 | 한순 이희섭
펴낸곳 | (주)도서출판 나무생각
편집 | 양미애 백모란
디자인 | 박민선
마케팅 | 이재석
출판등록 | 1999년 8월 19일 제1999-000112호
주소 | 서울특별시 마포구 월드컵로 70-4(서교동) 1F
전화 | 02)334-3339, 3308, 3361
팩스 | 02)334-3318
이메일 | namubook39@naver.com
홈페이지 | www.namubook.co.kr
블로그 | blog.naver.com/tree3339

ISBN 979-11-6218-213-0 03110